UNREAD

Le crocodile d'Aristote
Une histoire de la philosophie par la peinture

亚里士多德的鳄鱼

画中有部哲学史

Michel Onfray

[法] 米歇尔·翁弗雷 著 邬亚男 译

北京联合出版公司
Beijing United Publishing Co.,Ltd.

目录

谨以此书献给布丽吉特·安扎隆。

前言　魔鬼藏在细节中 / 01

1　毕达哥拉斯的鱼 / 10
（约公元前 580—约前 495 年）
《毕达哥拉斯与渔夫》
萨尔瓦多·罗萨

2　阿那克萨戈拉的油灯 / 14
（约公元前 500—前 428 年）
《伯里克利对阿那克萨戈拉的友谊》
让-查尔斯·尼塞·佩林

3　德谟克利特的地球仪 / 18
（约公元前 460—前 370 年）
《赫拉克利特与德谟克利特》
彼得-保罗·鲁本斯

4　克桑蒂贝的水壶 / 22
（公元前 5 世纪）
《苏格拉底、他的两任妻子及亚西比德》
雷耶·范·布洛门达尔

5　苏格拉底的杯盏 / 26
（约公元前 469—前 399 年）
《苏格拉底之死》
雅克-路易·大卫

6　柏拉图的绳索 / 30
（约公元前 427—约前 347 年）

《洞穴之喻》
米歇尔·柯克西耶

7　第欧根尼的提灯 / 34
（公元前 412—前 323 年）
《柏拉图与第欧根尼》
马蒂亚·普雷蒂

8　普罗泰戈拉的柴捆 / 38
（约公元前 485—约前 420 年）
《德谟克利特与普罗泰戈拉》
萨尔瓦多·罗萨

9　亚里士多德的鳄鱼 / 42
（约公元前 384—前 322 年）
《亚历山大大帝派人将异国珍禽带给亚里士多德》
让-巴蒂斯特·德·尚帕涅

10　伊壁鸠鲁的颅骨 / 46
（公元前 341—前 270 年）
《虚空或人生之喻》
菲利普·德·尚帕涅

11　塞涅卡的刺血刀 / 54
（公元前 4—65 年）
《塞涅卡之死》
卢卡·焦尔达诺

12　马可·奥勒留的面包 / 58

（121—180 年）

《马可·奥勒留派发面包和药品》

约瑟夫－马里·维恩

13　奥古斯丁的贝壳 / 62

（354—430 年）

《圣奥古斯丁的愿景》

桑德罗·波提切利

14　托马斯·阿奎那的墨水瓶 / 66

（约1225—1274 年）

《圣托马斯·阿奎那》

桑德罗·波提切利

15　马尔西利奥·费奇诺的花园 / 70

（1433—1499 年）

《美第奇宫的柏拉图盛宴》

路易吉·穆西尼

16　伊拉斯谟的戒指 / 76

（约1466—1536 年）

《伊拉斯谟》

小汉斯·荷尔拜因

17　蒙田的诗琴 / 80

（1533—1592 年）

《蒙田的童年》

皮埃尔－诺拉斯科·贝尔吉

18　马基雅维利的手套 / 90

（1469—1527 年）

《马基雅维利的肖像》

塞迪·第·提托

加注　目光如铁，寒光似火 / 97

19　笛卡尔的手 / 102

（1596—1650 年）

《笛卡尔》

弗兰斯·哈尔斯

20　帕斯卡的纸卷 / 110

（1623—1662 年）

《布莱士·帕斯卡的肖像》

无名氏

21　狄德罗的睡袍 / 116

（1713—1784 年）

《丹尼斯·狄德罗的肖像》

路易－米歇尔·范·卢

22　伏尔泰的羽毛笔 / 122

（1694—1778 年）

《伏尔泰起身向秘书科里尼口述》

让·胡贝尔

23　卢梭的软帽 / 130
（1712—1778年）
《身着亚美尼亚式服装的卢梭》
艾伦·拉姆齐

24　康德的桌子 / 136
（1724—1804年）
《康德与饭友》
埃米尔·杜斯特林

25　达尔文的手稿 / 144
（1809—1882年）
《查尔斯·达尔文与查尔斯·莱尔爵士、约瑟夫·道尔顿·胡克》
维克多·尤斯塔菲耶夫

26　尼采的栏杆 / 152
（1844—1900年）
《弗里德里希·尼采的理想肖像》
爱德华·蒙克

27　弗洛伊德的鱼钩 / 160
（1856—1939年）
《前往伦敦的弗洛伊德》
瓦莱里奥·阿达米

28　萨特的眼睛 / 174
（1905—1980年）
《让-保罗·萨特的肖像》
罗伯特·康巴斯

29　福柯的牙齿 / 182
（1926—1984年）
《米歇尔·福柯》
热拉尔·弗罗芒热

30　德勒兹与伽塔利的皱纹 / 192
（1925—1995年）
（1930—1992年）
《吉尔·德勒兹的肖像》
《菲利克斯·伽塔利的肖像》
热拉尔·弗罗芒热

31　德里达的猫 / 202
（1930—2004年）
《德里达》
瓦莱里奥·阿达米

结语　绘画修改痕迹之想象博物馆 / 215

参考文献 / 224

《哲学家与一本翻开的书》，所罗门·科南，巴黎卢浮宫

前言

魔鬼藏在细节中

唯有借助眼睛才能正确聆听无声的画语。

我们以伦勃朗的名画《沉思中的哲学家》为例，它几乎遍布所有高中毕业班的哲学教材。其实，画家的真正意图并不像作品名称所反映的那样，描画一位沉思中的哲学家，而是在于表现一则《圣经》主题：托比特[1]与安娜在等待儿子归来。事实上，这位荷兰画家常常以《圣经》为题材进行创作。

来自文学界或哲学圈的作者们常以华丽的辞藻对该幅画作加以引用、分析、评论或解读，连精神分析领域的现代占星师们也不甘人后。可问题在于，他们并未真正看懂它。除了将作品名称忠实地复述一遍外，作者们对这幅画真正表现的内容视而不见。因为在他们

该画长久以来被人们称为《沉思中的哲学家》，实际应为《托比特与安娜在等待儿子归来》。伦勃朗，巴黎卢浮宫

1　某些译文将托比特（Tobit）误写为托比（Tobie）。事实上，他们并非同一人，后者为前者之子。托比特偕妻子等待儿子托比归来，后者治好了罹患失明症的父亲，还以自己的名字命名了一部作品，即《托比书》。

看来，作品名早已将主题与内容概括其中。甚至作品本身完成与否也无关紧要。

然而光阴流转，并非所有作品名都能与画作一同保存下来。当绘画跨越了世纪，它的主题与创作方式才是真正抵御时间的武器！事实上，许多绘画成了无主之作：人们不清楚它们究竟为何人所画，也无法知晓创作主题真正的含义，甚至指鹿为马、张冠李戴……

这幅伦勃朗的名画便是如此。人们误以为画中的主人公是一位眼神放空、陷入沉思的哲学家。实际上，这是双目失明的托比特，他正等待着儿子归来，替自己医好眼疾。

画面右下角，一个女人正在为壁炉通火。假如画中男子是一位哲学家的话，那么这个女子的身份要么是他的妻子，要么是他的女仆。要知道，在伦勃朗作画的那个年代，不论是哲学家还是在壁炉前通火的女子，都应当出现在作品名中。可是，《沉思中的哲学家》仅仅提到了哲学家，却忽略了处在同一画面中的女性。这显然与另外两幅哲学绘画的命名标准相悖：一幅画作表现的是苏格拉底的妻子克桑蒂贝正在往哲学家身上倒水，另一幅描绘的是交际花费利斯（Phyllis）骑坐在亚里士多德的身上。

将画中人物看作一位已婚或是由女仆照料的哲学家实属无稽之谈。事实上，伦勃朗所表现的人物关系处在《圣经》的故事框架当

《克桑蒂贝将水灌进苏格拉底的后颈》，卢卡·焦尔达诺，意大利卡斯泰纳索的马拉诺，莫里纳利收藏

《亚里士多德与康帕斯贝（费利斯）》，被认为是埃蒂安·若拉的作品，法国第戎美术馆

> 事实是，他失明了，从解剖学的角度来看，他丧失了视力。

中，他们分别是先知托比特和他的妻子安娜。

  这位伦勃朗笔下的"哲学家"双手交握，将书搁在一旁，眼睛紧盯着地面。一种不带任何宗教色彩的解读是：真正的思想并不在于写书评或者分析、详述他人的评论，而在于沉思，即思考内心深处的自我与自我的关系，外部则表现为一种自省的、酷似放空的目光。

  若采用《托比书》的版本来解读的话，那么，陷入沉思的哲学家带有自省意味的目光、试图重返内部世界以找寻哲学真理就说不通了，因为该典故已明确说明：托比特是盲人！放空眼神、陷入沉思的说法显然没有说服力。事实是，他失明了，从解剖学的角度来看，他丧失了视力。托比特之所以对那些厚重的书籍置之不理，任其摊开在书桌上，仅仅是因为失明阻碍了他阅读。在托比特看来，真理并不在那些描述世界的书本里，而是存在于世界本身，他早在笛卡尔之前便意识到找寻真理应从内心世界开始。尽管如此，视力的丧失才是他背向书桌的原因。

《托比书》说托比特是一名犹太人，是拿弗他利部落的一员，后被流放到尼尼微。托比特是一位品行高尚之人。一次，一坨鸟粪掉进他的眼睛里，医生没能把他治好，托比特从此失明。他将其归咎于自己不够虔诚，于是开始祈祷。他觉得自己命不久矣，便让儿子托比去找一位名叫加贝尔的人索回欠款。托比在路上遇见了一位假扮成年轻人的天使，天使将托比带到一处水流边。他在那里钓鱼。托比听从天使的建议，将鱼的胆汁、心脏及肝脏保存好。《托比书》里这样记录道："至于鱼胆汁，将它涂抹在患角膜白斑的人的眼睛上，再往眼睛及角膜白斑上吹气，病情便会好转。"（Tb6，8）如有必要讲得更明确一些，伦勃朗是将《托比书》所记录的此处内容呈现在了画布上，即天使对托比说："你可知你的父亲在等我们。"（Tb11，2）伦勃朗创作的，是一位等待儿子归来的父亲形象。换言之，托比特等待的是天使的治愈，他相信天使，并没有丧气。不言而喻，画面所传达的信息是护教的，它所表现的正是天主教徒身上的神学美德：希望。

托比特不惧风雨。最终，儿子托比收回了欠款，与父母重聚，带回的药品也治好了父亲的眼疾。始终怀抱希望之人，总能万事大吉。

如此一来，我们离画作名称所指的"一位在楼梯下沉思的哲学家"便有十万八千里了……画中那段著名的楼梯，一种说法称其象征着上升的辩证法，通向柏拉图的理念天空；而在托比特与安娜的家中，它只不过是连接着不同楼层的木质结构而已……所谓放空的眼神也并非属于一位正在思考并等待灵感来临的人，它来自一位失明的父亲，他期待着儿子归家，后者将在天使的指引下治愈父亲的眼疾。若对宗教题材不熟悉，则会以不信教的方式去解读，从而得到一幅世俗的画面。我们能从中得到什么教训呢？解码是真正看懂绘画的必经之路，这是不言而喻的真理。可是我们的时代真理贫瘠，因而它值得被反复言说。

在带有象征或比喻意义的绘画作品中，图像可以表现一篇文本的内容，后者往往浓缩成一小句话，用以传递某个忠告，或者至少表达某个观点。如果观者不了解画作背后的文本，那么对绘画主题也会一无所知。他看不到、摸不着作品所传递的信息。他错过了，于是，为了掩饰真实意义的缺失，他不断堆叠着误读，这还不至于很糟糕。因空洞而感到恐惧的心智，有时还会释放出更多的空洞。

　　只有在对画作有所了解的前提下，才可能对神话、宗教及历史题材的作品进行理解、倾听与解码。否则，单凭画作本身是无法成功解码的。图像起到提醒的作用，要么唤醒我们的回忆，要么为无知的我们启蒙，并为未来埋下记忆。

　　在口述时代，记忆发挥着至关重要的作用。书写时代到来后，记忆的力量被大大削弱，人们宁愿去书中或画中寻找知识，也不愿下功夫学习它……古时候的人们可以背诵《伊利亚特》《奥德赛》，或者《埃涅阿斯纪》。然而当今还有谁知道，甚至将它们背诵出来呢？伴随记忆消亡的是知识的永别。

　　当观众具备知识背景时，他与所见之物的相遇与其称为初次见面，不如说是一次重逢。当观众不具备知识基础时，简单来说，他看不到任何事物，除了画面上的泡沫、皮肤及表面的细枝末节，他不可能看见其他事物，也永远无法获取背后的意义。

　　观众正赤裸裸地从巴布亚新几内亚的森林里走出来，对基督教闻所未闻，他能从一幅耶稣受难图中看懂什么呢？同样，在我们的时代，一名对奥维德《变形记》一无所知的年轻人又能从公牛劫掠欧罗巴的场景中获取什么信息呢？当他既非巴布亚人，也非年轻人时，如果对欧洲基督教国家与信仰伊斯兰教的奥斯曼帝国之间的地缘政治利害关系一无所知的话，他还能明白提香笔下关于勒班陀战役的隐喻吗？而一位西方观众，如果他不知道非洲马宏威（Mahongwe）的圣骨盒、多贡族的面具或鲍勒族的雕像背后的神话故事，他又能从画中读懂什么呢？

　　对于不具有相应知识储备的人而言，取材于神话、《圣经》或历史的绘画无益于其知识的增长。它们只能起到装饰作用——当然，是在皇家宫殿、王侯之家、红衣主教或教皇的私人居所，或者带有宗教性质的建筑里，如修道院或教堂，即那些本身能储藏记忆的建筑物内部。由此，我们便不难理解，宗教作品是如何利用其他方式来讲述圣人故事和教理书的。显而易见，艺术一直在为文明提供着凝练其神话故事的机会。

　　让我们像盲品一瓶好酒那样猜一猜眼前这幅画的故事吧。画中有一位上了年纪的男性，他须发灰白，肌肉松弛，看起来愁眉不展，而在他身后，有三位性感的女子，她们把最为鲜美的蔬果堆在他的脚边。这位自以为是的人是谁呢？为何选择了他呢？那凡间的美惠三

《毕达哥拉斯宣扬素食主义》，彼得-保罗·鲁本斯，英国汉普顿宫，皇家收藏

女神象征着什么？她们和在不远处埋伏的两位农牧神又有什么交易呢？其中一位农牧神送给她们一只苹果，他是偶然为之吗？另外，那三名躲在树后偷看、满面愁容的男子代表着什么呢？

蔬果堆当中的猴子们，它们在那里做什么呢？当然，上述每个问题都有答案。

此画名为《毕达哥拉斯宣扬素食主义》，创作于1618—1620年，作者是彼得－保罗·鲁本斯。当获取上述信息后，我们是否能更好地理解这幅画呢？答案是肯定的。由此可见，在观赏一幅画作时，我们所见正是作品名称所言嘛！我们按照字面的意思理解画面。如此一来，即使一幅宗教画也可以被看成一幅世俗的画像。名牌上的字词代表着作品的含义，但它们也以同样的方式限制着人们对作品的评论。而为了理解作品，更好的办法就是去了解谁是毕达哥拉斯，以及他本人与素食主义的联系。这意味着去了解他的哲学思想。那么，如何像希瓦罗人的缩头术一样，将一种哲学思想压缩成一个小点呢？

在画家看来，他需要说出一切，至少，他得以较少的形式画出尽可能多的事物，以实现效益的最大化。用一幅作品表现一种世界观，是最理想的状态。由此我们可以在画面上看到一段逸事、一个物体、一件小东西，种种细枝末节大体都反映着作品的整体概念。这也正是"魔鬼藏在细节中"的含义所在。

寻找体系中的类似物（analogon）便成了艺术家的必要工作。什么是"类似物"呢？该词源自现象学，是由胡塞尔提出的，之后频频出现在萨特论述"想象界"与"想象"的作品中。我们暂且不考虑它作为专业术语的用法，而把它看作"等量物"。在绘画艺术中，它指代能言说一切的物品，即绘画换喻法。同理，作品的核心意义与中心也尽在细节当中。

例如，鲁本斯所绘的毕达哥拉斯的蔬菜、亚里士多德与费利斯的骑行、苏格拉底与克桑蒂贝的水壶、阿那克萨戈拉的油灯、德谟克利特的笑容、赫拉克利特的眼泪、苏格拉底的杯盏、第欧根尼的提灯或木桶或碗、柏拉图的洞穴、普罗泰戈拉的柴捆、亚里士多德的鳄鱼、塞涅卡的刺血刀、马可·奥勒留的面包、奥古斯丁的贝壳，这些故事都属于古代哲学的范畴，通过画家的寥寥数笔，它们的轮廓便一一呈现在画作之上。

从一套哲学体系到一句话、一个观点、一个类似物、一个标志、一件物品，这正是绘画的妙用。它极为高效，前提是已明确解释物品的含义。之后则需要做相反的工作：从物品到体系。从下降的辩证法到上升的辩证法，又一次的循环……

唯有通过传递才可能理解画作。这一原则适用于超出具象艺术的一切艺术作品，尤其适用于抽象艺术、装置艺术，以及杜尚之后的艺术。列奥纳多·达·芬奇将绘画称为一种"精神的"事务，让我们换一种说法，一种心智的事务，但他不清楚它需要进行到何种程度，这正是我们认为他说得有道理的原因。绘画，作为一种精神的事务，通过模仿基督教和超验的宗教感情，为观众提供了一种不论神佛的、专注内在精神的场所。它通过比喻、象征、隐喻、换喻，以图像的方式，在有神和无神的世界里祷告，言说不止。

1

毕达哥拉斯的鱼

（约公元前580—约前495年）

人们通常认为哲学始于希腊，并且称前苏格拉底哲学家为最早的哲学家——他们生活在公元前7世纪的希腊。然而这种说法并不准确……

单从逻辑上来看，"前苏格拉底哲学家"这一概念具有时间性，指的应该是生活在苏格拉底之前的哲学家。但是，通过比对他们的出生日期，却发现了以下矛盾之处：一些被归为此类的哲学家反而比苏格拉底去世得晚。比如德谟克利特，他不仅比苏格拉底出生晚，而且在苏格拉底去世后仍活了近三十年……那么，为何我们要使用"前苏格拉底哲学家"这一概念呢？因为在哲学史中，苏格拉底与柏拉图这对双人组合犹如上帝和基督的摹本，地位无人可及。理想主义者柏拉图被看作万物之父；苏格拉底一生述而不作，却是公认的哲学先贤。后者的死亡颇具象征意义，是雅典民主政治制度将他"钉"在了十字架上。尽管我们知道，毒芹汁才是苏格拉底的死因，但不可否认的是，苏格拉底坚守了自己的信仰，为辩证理性从容赴死。

不过，同属这一范畴的前苏格拉底哲学家们不论在智性层面还是在精神层面都大相径庭：一些哲学家奉原子为真理，另一些则将概念当作真实；其中一位哲学家认为水是万物本源，另一位则认为万物由火而生，还有一位认为空气是万物始基；巴门尼德把球体看作万物之本，而赫拉克利特则认为"万物皆流"。

哲学并非起源于希腊，却在希腊得到了长足发展。事实上，哲学早已存在于希腊以外的世界各地。如迦勒底的占星师、印度的天衣派信徒、波斯的琐罗亚斯德教徒、腓尼基的圣职者、亚述和巴比伦的祭司……他们也在进行着哲学思考。第欧根尼·拉尔修曾言，古希腊哲学家毕达哥拉斯受到了"蛮族神秘之术"的启蒙，他不仅到过埃及，还学会了当地

《毕达哥拉斯与渔夫》，萨尔瓦多·罗萨，柏林画廊

的语言。因此，当时的人们认为毕达哥拉斯的希腊哲学源自蛮族以及欧洲之外的国度。

印度的天衣派信徒是印度宗教中的裸体圣人。在毕达哥拉斯的世界观形成过程中，来自东方的智慧起到了举足轻重的作用：在哲学家看来，非物质的灵魂离开濒死的肉身后，会轮回转世，进入另一具身体内部。转世的灵魂既有可能进入人类的身体，也有可能进入动物的身体。第欧根尼·拉尔修在《名哲言行录》中有如下描述："人们通常认为，毕达哥拉斯是第一位发现灵魂迁移的人。他认为命运终结后，灵魂会从一个存在转移并依附到另一个存在上，这便完成了一次圆周运动。"

柏拉图在《斐多篇》中将上述说法进一步完善。之后，毕达哥拉斯与柏拉图关于灵肉分离的思想又融入基督教，经由基督徒改造后，灵肉二元论不仅包含了永恒不朽的灵魂与日渐腐坏之肉身的对立，同时也提出，在肉身消失后，灵魂将寓居在另一具享天福的圣

身中。

在毕达哥拉斯的世界观中,其父的灵魂可以经由轮回转世寓居在一只猫或者一条狗的身上,抑或栖身在一头牛或一条鱼的体内。

正因如此,毕达哥拉斯告诫他的弟子们,要避免吃所有肉类食物。人们自以为正在享用一块猪排骨,其实他们啃食的,是自己的祖父……第欧根尼·拉尔修曾记录了这样一段故事:一次,毕达哥拉斯看见一只小狗正遭人虐待,他满心怜悯,说了这样一番话:"住手,不要再打了!我的一位朋友的灵魂正栖身于它的体内。当小狗吠叫时,我知道那便是他的声音。"(Ⅷ,36)

萨尔瓦多·罗萨在画中所描绘的情景便摘自普鲁塔克的《席间闲谈》:"据说,毕达哥拉斯曾经从一位渔民那里买下一整网的渔获,却尽数放生……毕达哥拉斯为鱼儿们支付赎金,如同解救了自己被囚禁的亲友一般。哲学家们身上所展现的善意以及人性让我们不由得陷入思考,他们之所以戒食海洋动物,是为了替它们伸张正义。毕竟鱼儿没有对我们造成任何伤害，甚至连伤害人类的能力也不具备。任何其他解释都将成为人类破坏公平正义的托词。"所以，哲学家买下所有渔获，是为了让鱼儿重获自由。

哲学家买下所有渔获，是为了让鱼儿重获自由。

除了用轮回转世说和心灵修行来解释放生渔获的行为之外，毕达哥拉斯学派的信徒们还补充了另一个原因：鱼是一种沉默的动物。在毕达哥拉斯学派看来，沉默是一种崇高的美德，因此，他们对鱼儿心怀敬意。对于任何加入毕达哥拉斯学派的人来说，沉默之道是他们必须恪守的教规之一。毕竟，天界诸神不会自我吹嘘，而是将自我尽显在造物之中。

画家萨尔瓦多·罗萨在历史上留下了一个好讽刺、喜论战的形象。在他的画里，远处船上的渔夫充当着背景，假设我们先忽略他不计，则会发现，除毕达哥拉斯以外，画家在画面的前景中还安置了另外十二个人。换句话说，我们面前的人物造型恰似基督与他的十二门徒。

不过，罗萨对基督及其十二门徒的人物造型的援引却是逆向的，可称为反向引用：与毕达哥拉斯将鱼放生的举动相反，耶稣和他的门徒钓鱼，将鱼从水下捞出。在希腊语中，"鱼"的发音近似ichtus。对于最早被驱逐的基督徒而言，鱼的形象是他们识别彼此身份的符号。Ichtus实则由"Iesum Christus Theou Uliou Soter"这五个词的首字母缩写而成，意思是：耶稣基督、上帝的儿子、救世主。耶稣鱼象征着最早一批跟随基督的门徒。

罗萨在画中正是运用了上文所述的象征意义：耶稣和基督徒们皆为爱鱼之人，毕达哥拉斯和他的十二弟子解救了鱼，让鱼儿重获自由。

然而，罗萨喜欢戴上面具来伪装。这幅画的背后还隐藏着另一种解读：画家将毕达哥拉斯与基督的形象并置，与其说想神化哲学家，不如说意在重提耶稣的哲人身份。毕达哥拉斯并不会因此而被列入圣人名册，但耶稣的朴素智慧却能无往而不胜。

2

阿那克萨戈拉的油灯

（约公元前500—前428年）

　　当画家以哲学为主题进行绘画创作时，他们大多会选择一篇文本，或是挑选文中的某句话、某个时刻来着意描绘。然而，把概念性的东西呈现于画布之上着实令人为难，更不用说一个浓缩着哲学家整体性思想的概念了。在笔者看来，必须借助具体物体才能将其表达出来。因此，在欣赏一幅带有哲学意味的画作时，我们必须聚焦于物体，正是它凝聚了哲思。对于阿那克萨戈拉而言，这便是一盏油灯。那么，其背后有着怎样的故事呢？

　　首先简单介绍一下阿那克萨戈拉。他出生于克拉佐美尼。第欧根尼·拉尔修在《名哲言行录》中告诉我们，"他以出身高贵、财富显赫著称，更因慷慨大方的品行而名噪一时。把遗产转赠给亲戚的行为便足以证明其为人"（Ⅱ，7）。阿那克萨戈拉在雅典授课三十载，悲剧作家欧里庇得斯和政治家伯里克利都曾是他的学生。尽管和苏格拉底（约公元前469—前399年）算是同时代的人，阿那克萨戈拉却被认为是一位前苏格拉底哲学家。

　　当别人指出他不关心政治时，阿那克萨戈拉一边指向天空，一边坚定地反驳，称自己比任何人都更对政治感到忧心。他的言下之意是，唯有了解自然哲学和宇宙的知识，才能使服从于事物秩序的名副其实的政策成为可能。

　　阿那克萨戈拉认为，心灵、智性、理性、能量——希腊语为努斯（Noûs）——是万物之因，是宇宙的首要原则。这为他赢得了"心灵"（努斯）这一别名！他曾写下这样的句子："万物本在混沌之中，而后有智慧出，对天地加以安排。这便是'智慧'一词的由来。"（Ⅱ，6）

　　"无物产生或消灭，唯存在结合并分离。"这句颇具现代意味的格言便源自阿那克萨戈

《伯里克利对阿那克萨戈拉的友谊》,让-查尔斯·尼塞·佩林,蒙塔日的吉罗德博物馆

拉之口。我们知道，拉瓦锡将这个观念发扬光大并影响了之后的19世纪。万物非生非灭，存在变化不息。正是这种动态、科学的对世界的解读才造就了辩证思考的哲学家。于阿那克萨戈拉而言，真理在于运动，静止的纯粹概念或抽象原则绝非真理。

阿那克萨戈拉的天文观同样不乏理性思维。在哲学家看来，星体并非神灵，而仅仅是一些与地球分离时炽热的团块。这又是一个现代性的标志……当所有人都从神学角度思考，把某些事物与一个非真实的彼岸世界相联系时，阿那克萨戈拉却以哲学家的方式切入，论证了无神存在的宇宙秩序。他认为，宇宙必须用一种纯粹内在的、非超验的方式去解读：论据仅存在于天地宇宙间，而非现实世界之外。阿那克萨戈拉对学生宣扬，解释世界无须借助诸神与超验世界。这让他被法庭控以"不敬神灵"的罪名。多亏弟子伯里克利从中斡旋，阿那克萨戈拉才免于一死。他被判处罚金，并被流放到朗普萨柯。

但为何是一盏油灯呢？

普鲁塔克曾写道：伯里克利家境富裕，他救济了许多穷人。据说有一次，伯里克利正公务缠身，当时高龄的阿那克萨戈拉躺在床上，无人照料，孤苦万分，他用布袍蒙住头，饥肠辘辘，等待随时离开人世。这件事传到伯里克利耳中，他连忙跑到老人身边，苦苦哀求他活下去："我哭泣，不仅为您感到伤心，也为自己难受，因为我在处理国家大事上将失去一位难得的顾问。"阿那克萨戈拉解开蒙在头上的布袍，对他说道："伯里克利啊，谁需要一盏明灯，谁就得往灯里添油。"（《伯里克利传》，16）

> 阿那克萨戈拉解开蒙在头上的布袍，对他说道："伯里克利啊，谁需要一盏明灯，谁就得往灯里添油。"

这个故事同样刻画出一个务实的哲学家形象，他忧心于现实，对空泛的概念不以为意。柏拉图在对话录中将纯粹概念的友谊作为《吕西斯篇》的主题；而亚里士多德则在《尼各马可伦理学》中，将友谊看作冥想的场所，用以思考它的本质和可能性。但阿那克萨戈拉并不认同两人的观点，在他看来，友谊是一种需要证明的美德。缺乏证明的友谊是不存在的。

这幅画便证明了这一点。画家让身着红袍的伯里克利张开双臂，迎接疲惫不堪的阿那克萨戈拉，地上画着后者的手杖和脱下的布袍。阿那克萨戈拉指向那盏著名的陶土油灯。灯盏下的半截石柱在共济会的语言中意味着未履行的承诺，也象征着在失败中迷失、堕落的人。只有践行真正智慧的人，才能忏悔补过。阿那克萨戈拉之于伯里克利，便是这盏明灯。后者身为一名叱咤风云的政治家，雅典卫城里包括帕特农神庙在内的许多建筑皆归功于他，但同时他也是智者阿那克萨戈拉的学生。美德不应该只停留在嘴上，更应践行在点点滴滴中。这便是哲学家阿那克萨戈拉留给政治家伯里克利最后的箴言。

3

德谟克利特的地球仪

（约公元前460—前370年）

在绘画中，赫拉克利特与德谟克利特总是成对地出现。然而，他们无论在生活上，还是在思想史中，都是独立的存在。作为标志性的哲学家，他们二位极具辨识度，啼哭者为赫拉克利特，而德谟克利特则面带笑容。在直面世界的原貌后，赫拉克利特洒下热泪，因为到处都充斥着谎言与卑鄙、邪恶与龌龊，弥漫着痛苦与不幸。可是，面对同一个世界的德谟克利特却纵声大笑：世界的真实面貌令他满意。正因如此，地球仪历来和两人的形象一同出现——在世界各地，既有能让赫拉克利特流泪之事，也有能让德谟克利特放声大笑的事。不过，为什么宁愿悲伤，也不肯欢笑呢？或者，宁可雀跃，却不愿流泪呢？

根据第欧根尼·拉尔修的记载，赫拉克利特（约公元前544—约前480年）出生在爱菲斯城邦，他是个"自视甚高，傲慢无礼"的家伙。人们对赫拉克利特的负面评价有增无减。赫拉克利特希望荷马被禁止参加比赛，甚至扬言荷马应受到鞭笞；他喜欢对人评头论足；他远离男性团体，更喜欢亲近孩童，和他们玩抛接石子的游戏；他不奉任何人为师，既想要了解一切，又不愿亏欠人情；为了不被任何人理解，他故意用晦涩难懂的语言写作，因此得到"晦涩的赫拉克利特"的称号；据泰奥克利特回忆，赫拉克利特曾受胆汁折磨。"最终他变得非常厌世，以至于远离人群，隐居山里，和药草、植物做伴。"（IX，3）赫拉克利特也曾写信给国王大流士："地球上所有人都与真理、正义背道而驰；人们贪得无厌、唯利是图，他们的灵魂更是蒙昧无知、狰狞可怖。"（IX，13）信中显而易见的厌世气质倒让哲学家流下的悲叹眼泪变得情有可原了。

画家鲁本斯笔下的赫拉克利特身系腰带，上面用希腊文醒目地标注着哲学家的名字，他强壮的双手合在一起，仿佛正在祈祷。他撇着嘴，目光阴郁，眼睛斜视。赏画时，赫拉

《赫拉克利特与德谟克利特》，彼得-保罗·鲁本斯，西班牙巴利亚多利德，国立雕塑博物馆

克利特出现在画面的右侧，但在实际场景里看，他却位于左侧。左侧常被看作预示着灾祸的不祥之兆。在基督教徒合拢双手向上帝祈祷以前，囚犯常做出此举以祈求恩典。由此我们可以发挥想象，为了帮助赫拉克利特摆脱悲观的情绪，画家同时借助了古文献和基督教教义的力量。画中双手合拢的赫拉克利特像是在祈求上苍："发发慈悲吧！"赫拉克利特认为，火统治着全世界；人不能两次踏进同一条河流。换言之，一切都在运动，没有什么是静止的；一切生命体都完全服从于命运，由于对立面的斗争，才促成了矛盾双方的相互转化；存在唯一的一个有限宇宙，世界是永恒反复的。

与绝望的哲学家赫拉克利特截然相反，出生在阿布德拉的德谟克利特乐天开朗。在前

苏格拉底哲学家当中，德谟克利特留给我们的作品残卷最多。在他看来，一切都是由虚空中的原子组合而成的。他是原子论和唯物主义的代表。与德谟克利特正好相反，物质在柏拉图看来却是面目可憎的，他曾想将德谟克利特的所有作品付之一炬！在毕达哥拉斯学派哲学家的劝阻下，柏拉图不再执着于此。在其卷帙浩繁的著述中，柏拉图从未援引过德谟克利特的名字，为此他颇为自得。

德谟克利特的哲学思想是什么呢？第欧根尼·拉尔修告诉了我们。在德谟克利特看来，"愉悦，亦说'幸福'，是至高无上的善"（IX，44），它并不像一些人误以为的那样，与快乐是一回事；由于愉悦，灵魂平静而安泰地活着，不为恐惧、迷信或情感所打扰。他为这种愉悦起了"幸福"和其他许多名字。而这种愉悦也伴随着德谟克利特的每一幅肖像画。画面上，他要么独自一人，要么与他的同伴，即爱哭的赫拉克利特一同出现。鲁本斯笔下的德谟克利特歪着脑袋，像一位仁慈的、留着胡子的基督。哲学家的右手置于地球仪的顶部，左手的食

这种手势想要指控什么呢?

指指向赫拉克利特。这种手势想要指控什么呢？出生在加尔文教派家庭的鲁本斯转而改信天主教，并为反宗教改革运动进行创作。懒惰是天主教教义规定的罪恶之一。这正是画中的食指所完成的指控：它指向哭泣的赫拉克利特，揭露懒惰之罪，即缺乏希望。而希望与信仰、慈善并列神学三大美德。通过此幅画作，鲁本斯意在告诉人们，不要像赫拉克利特一样，对世界感到绝望，更不必为此哭泣，而应该热爱这个世界，像德谟克利特及每一位自重的天主教徒一样，去爱护它，因为上帝创造了这个世界……

4

克桑蒂贝的水壶

（公元前5世纪）

克桑蒂贝不是哲学家，而是一位哲学家的妻子。不过，克桑蒂贝离"哲学家的妻子"这一名头还差得远呢……

苏格拉底相貌丑陋，但人们通常认为，在他那酷似希腊神话中的山林之神西勒诺斯的丑陋面孔下隐藏着独一无二的内在美。这就如同牡蛎，虽然外表粗糙、暗淡，它那丰盈柔软的内在却包裹着最美丽的珍珠。在所有接触过苏格拉底的人看来，他是当之无愧的智慧之师。他未曾写下任何书面作品，主张发挥言语的作用，通过对话的形式，令对方慌张失措，旨在让其先验地产生自我怀疑。在跟苏格拉底对话之前，人们以为自己无所不知；在对话过程中，却发现自己知晓得越来越少；对话结束后，会发现自己对世界一无所知。一切回到原点，一切重新开始……苏格拉底的父亲是雕刻匠，母亲是助产士，他总喜欢说自己和母亲从事的是相同的工作，与母亲引导产妇产下孩子相似，他帮助人们发现原本存在于内心的答案，引导人们产下真理。这种产下真理的艺术被形象地称为精神的助产术。

第欧根尼·拉尔修曾记载："根据亚里士多德的说法，苏格拉底有两位妻子。克桑蒂贝为他生育一子，名叫兰普洛克勒斯；后来苏格拉底又娶了法官阿里斯蒂德的女儿米尔陀，并育有两个孩子——索弗仑尼斯克（Sophronisque）和梅内塞（Ménéxène）。另有一些作家认为米尔陀才是苏格拉底的第一任妻子，还有人声称他同时娶了她们两人。"不论真实情况如何，不可否认的是，苏格拉底不仅结过婚，也曾为人父，而他的家庭生活看起来与哲学格格不入。

提起哲学，人们会联想到智慧与从容、冷静与自修、平和与专注。然而，一个女人，再加上一个孩子，便足以破坏这位哲学家内心的宁静。苏格拉底不仅有两个老婆，还有三个孩子。

画家将哲学家和他的两任妻子搬上画布。画中，苏格拉底的第一任妻子克桑蒂贝正往他

《苏格拉底、他的两任妻子及亚西比德》,雷耶·范·布洛门达尔,法国斯特拉斯堡美术馆

脑袋上倒水,而克桑蒂贝的"同谋"——米尔陀,正捉弄着她们共同的丈夫。苏格拉底席地而坐,将手肘撑在一块石头上,托着脑袋,表现出一副漫不经心的模样。石头上面用希腊文刻着苏格拉底的名言"认识你自己"。它最早出现在德尔菲神庙,被认为是一则神谕。画中,

苏格拉底对妻子们的把戏无动于衷,他像是在思考哲学。实际上,哲学家的眼睛却直直地看向美丽的亚西比德。苏格拉底被突如其来的爱意冲昏了头。画面中的这位小伙子是当时有名的花花公子,他曾将狗的尾巴割掉,却总带着这只断尾的大狗一起出行。不管"花花公子"的名号是否属实,亚西比德却牢牢吸引着苏格拉底的目光。哲学家嘲笑着自己的两位妻子,眼里却只有这位金色鬈发的美少年。

这幅画取材于第欧根尼·拉尔修的一段文字:"一天,克桑蒂贝对苏格拉底大发雷霆,骂完还不解气,又端起一壶水浇到苏格拉底的头上。亚西比德挖苦道:'你老婆简直就是泼妇,完全不可理喻。'苏格拉底则对他说:'我难道不知道雷声之后必有暴雨吗?我已经习惯了,就像听惯了鹅叫一样。你也能忍受鹅的叫声吧?'亚西比德答道:'那是因为我的鹅会下蛋,也能孵小鹅。'苏格拉底反驳说:'我的妻子也为我生下了孩子。'"他还补充说,作为一种哲学练习,和悍妇一起生活可以锻炼忍受力及人际交往的能力,万一将来在其他地方也碰到了不好相处的人呢?

苏格拉底的眼里却只有这位金色鬈发的美少年。

谈到苏格拉底，第欧根尼·拉尔修曾记录了这样一段话："我们经常就是否该结婚向他咨询。他总是回答说：'无论你们做什么，你们都会后悔。'"这应该算是苏格拉底的经验之谈吧。

雷耶·范·布洛门达尔（Reyer van Blommendael）在画中描绘了一种希腊式的爱：发生在成年男子与少年之间的爱，年长者通常是主动的爱人，年幼者是被爱的人，前者为后者提供一切必要的教育和指导。而女人的地位呢？即使她们耍手段，玩花样，甚至掀开上衣，露出娇嫩的乳房，哲学家也视而不见，满不在乎。

柏拉图在《会饮篇》中提出，一个人从爱上一个美少年开始，从这些美的事物开始，这样他慢慢就能完成学习美的理念的过程，抵达美的本质、美之本身。我们不妨展开联想，在通往美之本质的路途中，苏格拉底兴许频频把车停在路旁，以便自在地打量那些一路同行的香车宝马吧。

5

苏格拉底的杯盏

（约公元前469—前399年）

  苏格拉底不仅是克桑蒂贝和米尔陀的丈夫，还是一位著名的古代哲学家，被认为是西方哲学的先驱。他一生述而不作，只在去世前的数小时，在囚室中创作了一首"阿波罗的颂歌"（《斐多篇》，60d）。讽刺是苏格拉底的代名词，他出言诘难，善于利用反诘的方式令对话者动摇、发现自己的错误、澄清妄想，最终引导对话者发现真理。苏格拉底曾说过："我只知道一件事，就是我什么都不知道。"他认为，无人自愿作恶；哲学在于认识自己；进行哲学思考与学习死亡无异。与诡辩派有偿传授修辞和辩论技巧的智者不同，苏格拉底从不收费，主张开放式教学。苏格拉底为信仰慨然赴死的举动更为其增添了神秘色彩。

  我们对苏格拉底的了解均来源于他人的记述。作为苏格拉底的得意门生，柏拉图以对话的形式记录下苏格拉底的言行，色诺芬的著作里也记载着苏格拉底的主张，他们笔下的苏格拉底均分别带有作者本人的特质。然而，喜剧家阿里斯多芬则在他的戏剧作品中对这位讽刺者大加嘲笑。

  第欧根尼·拉尔修对苏格拉底的记录最为公正。他认为苏格拉底在"谈论生活的艺术"（Ⅱ，20）。锡诺帕的第欧根尼是犬儒学派的创始人，出生在昔勒尼的亚里斯提卜则是昔勒尼学派的创始人。苏格拉底和他们一样，不断思考人应该如何生活，以及如何在生活中践行其思想。他主张简朴、美德、勇气、节制与淡然，并一一践行。他认为不应做违法乱纪之事，他以身作则，一以贯之。

  正如人们所见，苏格拉底相貌丑陋，但举止与众不同：在一次酒宴中，所有人都醉得一塌糊涂，唯独苏格拉底依然保持清醒。当同行的人再次找到苏格拉底时，他看起来精神焕发，正凝视着初升的太阳。在波提狄亚战役中，他表现出十足的刚毅和英勇。柏拉图说，

《苏格拉底之死》，雅克-路易·大卫，纽约大都会博物馆

苏格拉底很喜欢容貌俊美的少年，他们魅力十足，尽管苏格拉底存心敬而远之，还是不经意地被吸引了。他声称自己能听见一种声音，告诉他什么该做、什么不该做，像是一位能够沟通物质和能量世界的萨满。节制、耐心、好沉思、为人英勇、刚毅、受神灵启示的苏格拉底是贤哲的代表人物。

柏拉图受苏格拉底启发良多，后者经由柏拉图的润色与创作，反而令真实的历史人物处在阴影之中。苏格拉底更像是一名为己身存在的艺术家，第欧根尼和亚里斯提卜有时也被赋予相同的精神特质。换言之，他们与利用知识赚钱的诡辩家或职业教师不同，诡辩家令知识屈从于蛊惑性的话语，其任务在于引诱并使人享乐，不必百分之百真实，差不多就可以；职业教师所传授的是来自他人的知识，另外也并不打算在生活中践行知识。而苏格拉底呢？他为真理服务，他的话语是为了通向真理，他不仅自己践行，还劝告他人践行。

他不免会得罪权贵与政治家。因此,在审判中,他被状告亵渎神灵、敬事新神、腐化青年。法院以投票的方式,判处苏格拉底死刑。柏拉图在《申辩篇》和《斐多篇》中记叙了审判的过程。雅克-路易·大卫描绘的苏格拉底被执行死刑的场景正是取材于《斐多篇》。前来执行死刑的仆人带来了一杯用毒芹草熬制的毒汁。苏格拉底将杯子接过来,一点颤抖的迹象也没有。他提出想向神灵献祭,即在场的每个人须从杯子里倒出一点以施浇祭。颇为讽刺的是,仆人在听完苏格拉底的请求后,告诉众人,毒汁的量刚刚够毒死一人,并无多余。苏格拉底则说:"我明白了。"这可真是太讽刺了。他接着说道:"至少,我想我可以,而且我必须向众神祈祷,请求他们保佑我从这边一路走向彼岸世界时能走得顺利。我现在做的这个祷告,便是在祈求神灵实现我的愿望。"(《斐多篇》,117c)

赏画时,可以从右往左徐徐看之,形势也会随之急转直下。那杯毒芹汁位于画面的中央,所有弟子都悲痛万分,有的泪如泉涌,有的不忍注视而用手撑住低垂的头,还有一位伏在墙上哭泣。那背对着苏格拉底的人便是柏拉图,他显出苦恼的样子,仿佛正在沉思。然而实际上,公元前399年,苏格拉底被执行死刑的那天,柏拉图并不在场。画中的苏格拉底眉头紧皱,一只手指向上空。地上画着打开的镣铐和散落的手卷本。墙上的环象征着监狱、牢房,并使人联想到囚犯被处决时的情形。苏格拉底的弟子们曾提出帮助他越狱的安排,却遭到了苏格拉底的拒绝。他可真是一个难懂的人啊……

苏格拉底一只手平伸向装有毒芹汁的杯盏,另一只手高高抬起,指向上空。前者指向的是执法不公的俗世人间。哲学家自由表达思想和言论,却被雅典民主政治判处死刑,苏格拉底从未表达过对民主政体的欣赏，反倒更看好贵族政体。后者指向的是天上之国，是属神的国度，也是天使的乐园。苏格拉底因此成为俗世之酒杯与基督教天堂之间的连接点。

大卫于1787年创作了《苏格拉底之死》，当时的法国正处在大革命前夕，君主制维系着王朝的统治，天主教被认可为官方宗教。这幅画既带有申辩的意味，也笼罩着基督教的色彩，透露着迎合时代的教化意义：画中人物在临终前显出从容的样子，天国将是他的归宿。大卫还指望靠这幅作品赢得奖励呢。不论是柏拉图笔下的他，还是大卫画布上的他，苏格拉底早已不再是他自己。一个又一个世纪过去了，对苏格拉底的重读却从未停止。除了教会圣师以外，还有世俗民众、无套裤汉、抵抗运动、"法兰西行动"组织、共济会成员、电影、电子游戏……更不用提哲学家们自发的阅读了。而苏格拉底允许每个人各抒己见。这不正是神话传说的特性吗？

我们将牢记苏格拉底面对死亡时的表现：他依旧是那个惯于讽刺、勇气十足、品行正直、脾气温和、为人淡漠，却抓住一切机会传授哲学的人。在笔者看来，他恰当地表现着一种哲学式的生活。

6

柏拉图的绳索

（约公元前427—约前347年）

《洞穴之喻》是西方哲学必读的经典。柏拉图著作颇丰，作品多以对话的形式展开。其对话体作品《理想国》是一本伟大的哲学著作，其核心正是第七卷书（从514a到541b）的《洞穴之喻》。它生动形象地阐明了柏拉图的整体思想。下面，我们就来了解这个著名的比喻。

一些人自小就被囚禁在洞穴的尽头。这些囚徒都被绑住了手脚，他们不能转头，因此无法看到身后发生的事情。他们的背后究竟有什么呢？那里筑有一堵矮墙，墙的另一面闪着火光，有人举着人偶和兽像越过墙头，有的在说话，有的沉默无声。然而，囚犯们看不见墙后的人偶和兽像，只看得到眼前投射在洞壁上的人偶及兽像的影子。他们自然以为影子是真实的事物。假如他们之中有一人获释，他会因初见光明而感到眩晕，继续将人偶和兽像看成假象，却把它们投射的影子当作真实的存在。如果他走出洞穴，来到阳光下的世界，他会感到更加目眩，也无法看清任何事物；需要慢慢适应洞穴外面的新世界：最初，看阴影最容易；其次是看人或物在水中的倒影；然后，他可以在夜幕降临的时候遥望夜空中的星辰、银河、月亮；于是，他会在某一天明白太阳是什么，并领悟太阳照耀下的万物才是真实的存在。这个明白人开始怜悯他从前的狱中同伴。如果他重新走回洞穴，他的眼睛已经不再适应黑暗，他将什么也看不清。那些从前不幸的伙伴还会嘲笑他。如果他此时释放被束缚住的从前的伙伴，甚至会被他们夺去性命。

这个比喻意味着什么呢？

《洞穴之喻》，米歇尔·柯克西耶，杜埃市查尔特勒博物馆

> **他们把看见的人偶和兽像的影子当成真实，却忽略了背后真正的实在。**

被绳索束缚的人从未学习过真正的哲学，他们把通过五感感知到的世界当作真实的世界——他们把看见的人偶和兽像的影子当成真实，却忽略了背后真正的实在。前者只是感官造成的假象，只有火光背后的人偶和兽像才是真真切切的实在，是神圣纯洁的理念，不依靠可感知的投射也可以独立存在。即使它们的影子没有被火光投射在洞穴的内壁上，即使没有被感知，它们也仍然存在。真实的存在并非存于表象，而是存于本质之中：尽管没有被看见，它们仍然是存在的。真实的存在无须借助任何感官的帮助。作为一切的开端，火光将事物的阴影投射在墙上。矮墙起到区隔的作用，在墙的一边，是真正的哲学家，另一边是无知的民众。柏拉图提出，哲学家适合做统治者，人民必须服从哲学家的统治。绳索则代表着感官的、感性的、身体的、物质的和肉欲的奴役，阻碍人们领悟完美而理想的实在。

柏拉图提出，被松开束缚而获得自由的人是哲学家，他践行着一种上升式的辩证法，得以分辨事物真正的本质：常人以为的真实存在实为假象，感官并不能觉察唯一的实在，只有心智才能将其发现。不论是可见之物，还是所见之物，皆为假象，唯有心智才是真实存在。换言之，现实可感的世界是虚构的，真正的实在只能被心智觉察。

在基督教精神的笼罩下，米歇尔·柯克西耶在16世纪中叶完成了此幅饱含天主教隐喻的作品。画家自相矛盾的地方在于，他改造了柏拉图原本的无神论比喻，并加强了比喻本身的象征意义。那么，这是以何种方式实现的呢？画家在洞穴中画有八名囚徒，他们所在位置也明显构成一个圆圈。下面我们开始揭晓谜底。

以杰罗姆和奥古斯丁为代表的早期基督教研究教会圣师著作的作者将七与八对立，前者代表第七天，即休息日，也称周日；后者为第八天，即安息日，这一天才是真正的休息日。第八天是基督徒通过洗礼"重生"的日子，也被视为永恒生命的象征。正因如此，天主教的宗教建筑师们设计的圣洗堂或是洗礼池的造型大都是八角形。数字八意味着从一个现实通往另一个现实。

柯克西耶通过八角形的构图使人联想到基督教并非通过五感，而是通过心智传授唯一

可见的真实。不同于生活在黑暗中的被囚禁之人，永恒的生命是不被绳索束缚的自由之体。血肉之躯乃是囚笼，而不朽的灵魂才是通向实在的道路。只有了解了光芒所代表的真实与生命，才能获得救赎之道。我们不能确定柏拉图是否赞同这个基督教的神话故事，但基督教神学的建立却深受柏拉图的影响，尤其是后者提出的两个世界的理论。柏拉图坚信存在一个可感世界和一个可知世界，并否定前者的价值，而肯定后者的价值。柏拉图关于身体是真理的牢笼的说法也被基督教神学用来呼吁信徒彻底服从神职人员，后者长期以来，被认为是真正掌握真理之人……

7

第欧根尼的提灯

（公元前412—前323年）

这幅画在1688年前后完成，是一幅巴洛克时期的美术作品。画中的两位主角分别是柏拉图与第欧根尼。前者头戴一顶毛皮帽子，身穿一件带有毛皮内衬的红色大衣；后者戴着一顶黑色无边圆帽，穿着一身棕色粗呢长袍。这两身装扮并非古希腊式的，而是与画家生活的年代相一致。不论颜色、质地还是上面的装饰，柏拉图的大衣都透露出一股当权者的气势——可能是政治家或者是高级神职人员。第欧根尼看起来则像一位修道士，仿佛已经立下志向，要甘于贫困，毋行淫邪，严遵戒律。画面中的二人仿佛是行政官或红衣主教与修道士的当面锣，对面鼓。

两人的视线并无交错，而是一同看向观众，好让我们为他们做证一般。他们的食指分别指着某处。柏拉图指向一本翻开的书，书上用拉丁文写着三个词：*Causa causarum miserere*。第欧根尼一手持着一盏点亮的提灯，一手指着他的同伴。

柏拉图是一位声名显赫的哲学家与思想家。在他看来，理念和可知世界是第一性的，现象与可感世界则是第二性的；他也从理论角度论述了哲学与权力的伙伴关系。第欧根尼却迥然不同，他不仅认为现象和可感世界才是第一性的，而且亲身实践了哲学与权力之间的对立关系。两位哲学家的相持不单是个体层面的，也同样是两种世界观的对峙，这样的局面直至今日也未曾改变，即欣赏权力和批判权力的对立。换言之，亦是大红皮草与棕色粗呢的对峙。

让我们的目光回到柏拉图所持之书上，那三个词表达的意思是什么呢？它们是西塞罗的临终遗言："*Causa causarum, miserere mei; non ignoravi me mortalem genuisse.*"意思是："原因之端啊，怜悯我吧，我知道自己是必死的。"事实上，柏拉图生活在公元前四五世纪，而

《柏拉图与第欧根尼》，马蒂亚·普雷蒂，罗马首都博物馆

西塞罗生活在公元前2世纪到前1世纪。后者较柏拉图晚好几个世纪出生，他当然可以引用柏拉图的话，但柏拉图又怎能援引西塞罗的遗言呢？画中《巴门尼德篇》的作者摇身一变，成了西塞罗的代言人。非但如此，这句拉丁语的引言还带有天主教的色彩！这样一来，一切历史的杜撰竟都弄假成真了。巴洛克画家笔下的柏拉图不光是西塞罗的拥趸，也是基督教的信徒：他不单属于柏拉图学派，甚至也是一位新柏拉图主义者，比柏拉图还要柏拉图……画中这位不够纯粹也谈不上专一的柏拉图也因此没那么柏拉图了。

那么第欧根尼呢？他自己是一名信奉第欧根尼主义的人。换言之，他信奉的是古代语境下，或者说是历史语境下的犬儒主义。那么，这盏提灯意味着什么呢？它生动地诠释了第欧根尼那挑衅的、夸张的、发人深省的传授哲学的教学法。

不同于以严肃、学究式的方式去传授"自然法则的权威远大于文化习俗",第欧根尼在集市手淫,并补充道,他根据自然行事,主张戳穿人类一切遮遮掩掩与辩白否认的行为。

他坚信真正的权力应是支配自己,而非强制他人。有一次,亚历山大大帝专程去拜访第欧根尼,他看见哲学家住在一个大陶罐里。于是,亚历山大弯下身子,询问第欧根尼有什么愿望,并保证帮他兑现。第欧根尼却回答道:"请别挡住我的阳光!"[1]

他还试图论证舍弃财富是一切智慧的基础,并认为人必须抛弃所有的财产。他解释道,我们所拥有的比我们所缺乏的更能支配自我。他放弃了自己的全部财产,只留下一根手杖、一件外套和一只碗。有一次,他在一处喷泉看见一个小孩用手捧水喝,哲学家自言自语道,这个小孩比自己更简朴,也更豁达。于是他扔掉了自己的碗……

他希望学徒能认识到人类既不善良也不慷慨,他便面对雕像乞讨,正因为他明知自己绝对无法从一座雕像那里获得什么。第欧根尼认为人们必须意识到这一点:任何摇尾乞求

---

[1]《第欧根尼与亚历山大》,马特维·伊万诺维奇·普奇诺夫(Matvei Ivanovitch Putchinov),俄罗斯国家博物馆;《亚历山大与第欧根尼》,加埃塔诺·甘多尔菲,印第安纳波利斯艺术博物馆;《第欧根尼》,尼古拉斯-安德烈·蒙西奥,鲁昂美术馆;《亚历山大拜访第欧根尼》,让-巴蒂斯特·雷格纳特,巴黎国立高等美术学院;《亚历山大与第欧根尼》,克劳德·塞文(Claude Sévin),图卢兹奥古斯丁博物馆。艺术家们均选取了第欧根尼·拉尔修的这句话进行创作:"在克兰尼翁,正值下午一点钟,天气晴朗,亚历山大大帝拜访第欧根尼,并对他说:'告诉我你想要的东西,我保证你会得到它。'第欧根尼回复道:'请别挡住我的阳光!'"(VI, 38)

举着提灯的哲学家实际是在找寻柏拉图口中理想的人，"人"的理念，但由于他是完美的，第欧根尼绝不可能在路上找到他。

钱财之人，除了被断然拒绝外，一个子儿也得不到[1]。那么，他的那盏提灯呢？

面对柏拉图所强调的理念的"人"、理念世界的人，第欧根尼主张的却是真实、具体的人，可触摸的、可感受的、可觉察的、可见的、显而易见的人。他一边举着提灯，一边喃喃自语，试图让对手的理想主义陷入荒谬的境地。

第欧根尼·拉尔修对锡诺帕的第欧根尼有过如下描述："他曾在大白天举着灯笼，口中念念有词，'我在找人'。"（VI，41）这不正是马蒂亚·普雷蒂所画之人吗？

事实上，有些人对这幅作品的分析存在一定的问题，他们妄想让犬儒主义名誉扫地，这样的做法终究会作茧自缚，因为他们并不能理解第欧根尼所表现出的苏格拉底式的讽刺：举着提灯的哲学家实际是在找寻柏拉图口中理想的人，"人"的理念，但由于他是完美的，第欧根尼绝不可能在路上找到他，他既不在这里，也不在别处，到处都不可能找到他。作为一个纯粹的理念，是找不到的，也因而不存在。提灯便证明了这一点：它照耀着启蒙时代哲学的来龙去脉……

---

1 《第欧根尼向雕像乞讨》，让-伯纳德·休斯特，图卢兹奥古斯丁博物馆。

8

普罗泰戈拉的柴捆

（约公元前485—约前420年）

奥卢斯·革利乌斯在《阿提卡之夜》中这样描述了哲学家德谟克利特和普罗泰戈拉的相遇。当时，普罗泰戈拉在阿布德拉城做挑夫谋生，而德谟克利特已经因哲思超群而远近闻名了。当看到普罗泰戈拉如此轻松地背着一些用短绳捆绑的木柴时，德谟克利特感到非常惊讶。这些木柴确实笨重，不过却被人精巧娴熟地捆在了一起，使其各部分重量合理分配，以便在运送过程中保持平衡。于是德谟克利特问是谁用这样的方式把这些木柴捆绑起来的。当普罗泰戈拉回答说是他自己时，德谟克利特便请求他解开绳子，再按原样捆绑起来。普罗泰戈拉听从他的话，将柴捆松开又照旧绑好。我们可以看到，在画家萨尔瓦多·罗萨的笔下，德谟克利特正观察着面前的挑夫，也许还在自言自语："谁能绑好这堆木柴呢？要怎么绑呢？"挑夫却已轻而易举地解决了这个实际的几何学难题，令这位原子论哲学家大吃一惊。

奥卢斯·革利乌斯又写道："德谟克利特钦佩这位未开化者身上的敏锐与聪慧的心智。'我的年轻人，'他说，'你天资卓越，若你跟随我做事，定能有一番大作为。'于是他把普罗泰戈拉带回自己家，从此令其在身边，供其花销，向他传授哲学，使其成就日后之功绩。然而，必须澄清一点，普罗泰戈拉并没有成为真正的哲学家，却成了最擅长辩论的智者，他每年都向学生收取高额学费，并承诺将教会他们借助文字的考究和微妙之处，把最薄弱的理由变为最强有力的理由。"（Ⅴ，3）这段故事同样也被第欧根尼·拉尔修记录在《名哲言行录》（Ⅸ，42）中，也被阿泰奈记录在《哲人宴享》（Ⅷ）中。

▷ 《德谟克利特与普罗泰戈拉》，萨尔瓦多·罗萨，圣彼得堡艾尔米塔什博物馆

39

普罗泰戈拉是一位享有盛名的智者。除他以外，智者学派的代表人物还有高尔吉亚、希庇亚斯、普罗狄科、安提丰、卡里克勒等。他们向有钱子弟收取高昂的学费，并向他们传授辩论技巧和修辞文法。他们被认为是舍本逐末之人，被看成专擅诡辩、玩弄辞令和歪曲真理之人。

普罗泰戈拉有一句脍炙人口的名言："人是万物的尺度。"它体现着智者派共同的思想特征，即相对主义和感觉主义。而在柏拉图看来，理念才是度量万物唯一的圭臬。

柏拉图之后的哲学家们一边倒地对智者学派横加指责，针锋相对。他们认为智者们惯与富有的资本家而不是贵族为伍，并将智者看作唯利是图之人。可从未有人指出，对于出身一般的智者而言，收费授徒是他们的生存之道。而柏拉图家境富庶，无须为钱担忧。哲学传统对智者所传授的观点"人是万物的尺度"穷追不舍，并借此斥骂智者多为见利忘义之辈，由此造就了智者留在历史上的最终面目。

萨尔瓦多·罗萨的这幅画可以理解为哲学语境下的画家自画像。尽管罗萨年轻的时候爱惹麻烦，但他生活幸福：他和四海为家的强盗们度过了年少时光；他以极低的价钱出售自己绘制的风俗画；当他在罗马被一位红衣主教收留时，他为教堂创作了一幅名为《圣托马斯的怀疑》的画；他爱好哲学，为此留下了不少画作——《坟地中的德谟克利特》《苏格拉底之死》《毕达哥拉斯与渔夫》《从地底世界升起的毕达哥拉斯》，一幅《一位哲学家的肖像》，两个版本的《第欧根尼扔碗》，《柏拉图学园的哲学家们之间的讨论》以及这幅《德谟克利特与普罗泰戈拉》；他也创作剧本，甚至在罗马狂欢节期间上台表演；他对罗马的上流社会冷嘲热讽，对资助人和当权者大发雷霆；他不得不离开罗马，在佛罗伦萨创建了"疯子学园"；重返那不勒斯后，他成为那不勒斯人民起义首领马萨尼埃洛的朋友，并与那不勒斯人民一同反抗西班牙统治；他所在的军队被称为"死亡连"；面对西班牙军队的前哨时，他与强盗一起撤退回阿布鲁兹；他发表过一些讽刺诗，在诗中他持剑对抗全世界；在去世前的日子里，他准备画一系列的讽刺肖像画，其中包括一幅自画像……他任性妄为，不按委托作画；他拒绝在作画前商定价格。可以说，他的作风酷似第欧根尼……

"你天资卓越，若你跟随我做事，定能有一番大作为。"

正如上文所言，这幅作品像是罗萨的自画像。这个到处惹麻烦的男孩过着一种怎样的生活呢？如今我们将他称为无政府主义者或是极端自由主义人士。罗萨身上不仅有传承自德谟克利特的原子唯物主义、普罗泰戈拉的相对主义和感觉主义、第欧根尼的犬儒主义与极端自由，还有苏格拉底的讽刺和颠覆性，否则，他怎能创作出正在怀疑上帝的圣托马斯呢？

斯特拉斯堡博物馆展览着罗萨的《自画像》，画中人满脸胡子、须发蓬乱，像是个长在草莽中的野人，他看起来像是耽于幻想之人，眼神放空，但也绝不会被权势者的眼神打倒，不管是红衣主教还是王子，他都毫不妥协。

从创作时间来看，他与17世纪的普桑是同代人，但是画中所营造的氛围却与浪漫主义如出一辙：阴沉可怖的天空、形同废墟的岩石、现身多时的女巫，仿佛地下世界被召唤出来。在德谟克利特与普罗泰戈拉相遇的场景中，天空不见诸神，唯有凶兆铺天盖地而来。

9

亚里士多德的鳄鱼

(约公元前384—前322年)

《雅典学院》是一幅不朽的作品,在这幅宏大的百科全书式画卷上,拉斐尔绘制的哲学之花绰约无比,精妙绝伦。画中的柏拉图食指指向天空,在其一侧的亚里士多德则手掌向下。前者代表柏拉图的哲学思想,他认为来自天空的理念是唯一真实的可见;后者则提出智慧源于实践,真正的哲学研究应从实际出发,通过观察、分析、描述、脉络梳理,重返现实世界。

亚里士多德是一位百科全书式的人物。他的著作所涵盖的主题十分广泛,从伦理学到政治学,从逻辑学到气象学,从诗学到修辞学,从物理到形而上学,从经济学到光学,从机械到音乐,包罗万象,不一而足。

在动物学方面,他也发表了相关的论著,如《动物史》。第欧根尼·拉尔修在《名哲言行录》中如是记载:"在其关于自然历史的研究中,即使最细微的现象,他也给出了相关的解答。无怪乎他在这方面的论著有不少。"(Ⅴ,32)以下四篇同样是亚里士多德的著述:《动物之构造》《动物之运动》《动物之行进》,以及《动物之生殖》。

在书中,亚里士多德对以下问题穷追不舍:为什么鱼类没有睾丸;蛇类如何交尾;软体动物与甲壳动物如何形成精液;如果黑人的精液是白色的,那么胚胎会如何发育;喙和趾是由什么构成的;为什么母骡不能生育;蛋黄由什么构成;海蛙的受精卵与什么相似;黄鼠狼是否通过嘴分娩;鬣狗是否雌雄同体;枪乌贼的子宫长什么样;为什么会出现畸胎;为什么有孪生兄弟……对自然数不胜数的问题以及对应的回答构成了千余年来的一部百科全书式的总论。

《亚历山大大帝派人将异国珍禽带给亚里士多德》，让－巴蒂斯特·德·尚帕涅，巴黎凡尔赛宫

与柏拉图相反，亚里士多德主张从可感、可察觉的现实出发，通过观察、描述并思考所见之物，从而得到一些哲学思想。

柏拉图可以就一条鳄鱼发表长篇大论，尽管他一生中从未见过鳄鱼！他精妙地谈论"鳄鱼性"（crocodilité）以及鳄鱼的理念，再高明地将一颗颗概念化的珍珠串联在一起，最终得出结论。这样一来，人们对于鳄鱼的了解也许并没有加深，但对柏拉图其人以及柏拉图主义一定会有更多的认识。

那么，在亚里士多德的书中，鳄鱼长得像什么呢？尽管它们属于水栖动物，但它们长有四足；它们的下颚不能移动，但上颚可以；它们的前肢和后肢均向前弯曲，并且略微向两侧倾斜；与其他卵生四足动物相比，它们既没有感觉器官，也没有乳房，没有外部可见

的生殖器;它们没有耳朵,只有一条耳道;它们也没有毛,但是全身都覆盖着凹凸不平的角质鳞甲;它们的眼睛没有角膜翳;它们不停地转动自己的眼睛,变换视线,以便看见它们想看到的任何东西;从解剖学角度来看,鳄鱼并不属于同一家族,而是独立成类;它们是有血动物,因此它们有肝脏和脾脏,虽然鳄鱼的脾脏生得格外小;它们都有一个单一的胃;它们在陆地上产卵,颜色为白色,并会蹲在上面孵化六十天;它们从小不可言的卵慢慢长成极其庞大的动物;它们不能长时间脱离水体,否则便不能存活下去;它们能在极度寒冷与极度炎热的天气里蛰居数月,不吃任何东西;它们张大嘴时,鸟会适时地飞进嘴中,为鳄鱼们清洁牙齿;若是食物丰足,鳄鱼也会变得驯良,与人类和平相处,"例如,在一些地方,祭司为鳄鱼提供食物,它们就对祭司甚为温驯"(609a)。

由此,我们看到亚里士多德的"现象学",一种对所见事物进行简单且纯粹描述的方法。步骤可分为:观看、分析、研究、观察,也很可能需要阅读，因为所累积的知识体量远远超出了某一个体的能力范围。其后，他开始描述。从某种程度上讲，亚里士多德还发明了"实验法"。即通过观察研究个体以及其他不同的个体，在各种各样的案例中总结出相同点以及不变量，以便最终建立普遍适用的法则。

让－巴蒂斯特·德·尚帕涅想通过这幅画说明什么呢？艺术家画过大量的宗教画。通过其叔叔，以创作詹森派人物肖像而出名的菲利普·德·尚帕涅，让－巴蒂斯特·德·尚帕涅与皇家建筑工地联系紧密，为装饰凡尔赛宫进行创作。顺便一提，此画现收藏于凡尔赛宫。

在创作此画时，画家让－巴蒂斯特·德·尚帕涅并没有为亚里士多德劳神费心。我们当然能在画中看到哲学家的身影，他位于画面的左侧；而占据作品中心位置的人，则是亚历山大大帝。画中另绘有几名仆从，他们抬着一条鳄鱼，有人还举着一只鸭子；与此同时，在画面的前景中，一条大头鱼和一只巨型甲壳动物正平躺在地。此画的主要人物当数亚历山大大帝，换句话讲，正是这位君王才使得思想家得以研究自然并进行哲学思考。画中的亚里士多德坐在桌前，手里拿着一支尖头笔，正准备写作，看起来像是要记录亚历山大大帝所说的每字每句。一代帝王则保持着站立的姿势，打量着座位上的哲学家——他看起来像是在等待君王的命令。只见亚历山大大帝一只手指向鳄鱼，另一只手像是在对亚里士多德说"开始写"……

此画是一幅描绘宫廷场景之作，或者更加直白地说，这是一幅奉承君王之作。亚历山大大帝之于亚里士多德，正如同路易十四之于让－巴蒂斯特·德·尚帕涅：多亏了慷慨的赞助者，这样一幅以君王为主题的创作才得以呈现于世人眼前。

10

伊壁鸠鲁的颅骨

（公元前341—前270年）

希望菲利普·德·尚帕涅的亡灵能宽宥我！他在巴洛克发展的全盛时期创作了这幅画，笔者未尝不知它与伊壁鸠鲁及伊壁鸠鲁主义实无任何牵连！菲利普·德·尚帕涅是一位17世纪的宗教画家，他擅长表现詹森教派的清戒与严峻，以刻画这些奥古斯丁式冒险的风云人物而闻名：圣奥古斯丁、圣西朗的神父、女修道院院长安洁丽科·艾尔诺（mère Angélique Arnaud）、画家之女圣苏珊娜的卡特琳（Catherine de Sainte Suzanne）、安东尼·森格兰（Antoine Singlin）……此处画作表现的正是詹森派最纯净的教义：虚空。具体来讲，它指涉的是《传道书》中的记载——"虚空的虚空，一切都是虚空"，而并非古代世界的异教信仰。

那么，为何在此引入这幅作品呢？

答案是，为了堵住缺口，去直面西方绘画史中的一个谜题：就笔者所了解的情况而言，在全世界的绘画艺术创作中，几乎没有一幅描绘伊壁鸠鲁，或某位古代世界追随伊壁鸠鲁学说的信徒，又或某名花园学派弟子的画作（伊壁鸠鲁学派的别称）。

圣奥古斯丁的肖像画比比皆是，甚至一部学术著作以五卷本的篇幅为世界各地刻画奥古斯丁的画作[1]一一编辑索引。反之，却不存在一幅描绘伊壁鸠鲁的肖像画。这一结论仅需占用一行的空间！

---

1 《圣奥古斯丁的肖像集》，珍妮与皮埃尔·库塞尔（Jeanne et Pierre Courcelle），巴黎，奥古斯丁学说研究：卷1.《14世纪的肖像画》，1965年，253页；卷2.《15世纪的肖像画》，1969年，369页；卷3.《16世纪及17世纪的肖像画》，1972年，372页；卷4.《18世纪的肖像画，1.德国》，1980年，217页；卷5.《17世纪（第2部分）及18世纪的肖像画》，1991年，206页。

《虚空或人生之喻》，菲利普·德·尚帕涅，勒芒市泰赛博物馆

更确切地说，拉斐尔在巨幅画作《雅典学院》中，凭空将伊壁鸠鲁想象成一位体形肥胖，脖子周围还挂着一串花环的无须男子。然而，在雕塑艺术中，伊壁鸠鲁的形象却是一名长着络腮胡的长脸男。这背后又暗藏着何种古怪的原因呢？

伊壁鸠鲁是一位思想家，他的原子论和唯物主义哲学在数世纪中都被认为是基督教的劲敌。他的学说旨在破除宗教神话迷信，抨击一切精神层面，以及与哲学相关的盲目信仰。世界万物是由原子和虚空构成的，原子在虚空中向下降落，由此形成的一切物质组成了现实世界，任何形而上学都属无稽之谈。在伊壁鸠鲁学说的框架下，诸神与彼岸世界、奖励与惩罚均难自圆其说。同样，人们对基督教的传说——耶稣的身体存在于圣饼中或耶稣的

血液流淌在盛着葡萄酒的圣杯里——也不敢苟同。

跨越数个世纪，伊壁鸠鲁学派的信徒们不断耕耘着一段被笔者称为"逆反"的哲学史：原子论、唯物主义、感觉主义和无神论。然而，提出上述思想的主人公们却极少留下肖像。留基伯一幅也没有；德谟克利特倒有一幅，不过那是托了赫拉克利特的福，只为在同一幅画作上呈现两种对立的世界观，借用前者愉悦的欢笑来衬托后者悲观主义的眼泪；伊壁鸠鲁和卢克莱修一幅也没有。

但人们对此已司空见惯。古往今来，艺术品一向是有权有势之人把玩的对象。君主与国王、红衣主教与教皇、银行家与资本家，他们委托画家作画，而后提着叮当作响的钱袋前去兑换。面对企图摧毁他们的世界的思想，权势者们可没有任何理由对其施以援手。

绘画艺术把西方哲学史搬上画布，为了填补其中的空白，笔者为伊壁鸠鲁学派选择了菲利普·德·尚帕涅这幅著名的虚空画。甚至可模仿《传道书》中的语句，将此画称为"虚空的虚空，一切都是虚空"……

人们习惯于描述该幅虚空画中静物的静止状态，却往往遗漏了以下内容：物品下方的大理石台面、停驻在郁金香左侧花瓣上的苍蝇，以及光线、黑暗和影子之间的游戏。笔者希望对此幅作品中的动态感进行描述，尽管绘画对象确实为静物，但其中呈现的画面却异常生动。

如果留神听的话，我们能从画作近乎死寂的环境中听见两种声音：第一是沙子轻微颤动的声响，它们从沙漏的一个玻璃瓶漏进另一个玻璃瓶，尽管这一动作并未反映在画面当中，画家巧妙地将其隐藏在沙漏的一根竖直木头组件背后，它连接着沙漏的上部及下部。换言之，它连接的是即将来临的时间及业已发生的时间，上部象征将来，下部代表过去，它们中间的衔接部位也被黑色木头制成的圆环遮挡住了，圆环代表现在，但由于前部木头组件的遮挡，它同样是不可见的。

第二种声响来自苍蝇的翅膀，它发出一种窸窸窣窣的动静。当郁金香开始下垂时，这只飞虫便会适时地从花朵左侧的花瓣飞离。郁金香为何会弯曲呢？原因就在小花瓶里，其中的水不足以代替大地的活力，大地赋予了郁金香魅力及力量，而瓶中水只能延续魅力与力量存续的时间。此外，我们可在任何时刻感知到时间的影响，这符合大自然的规律。花瓣合拢的

姿态则是一个熵的符号，它正在衰退，正在走向虚无。

而虚空中的虚空，便是这只苍蝇。苍蝇是分解的工具；它向腐烂的尸体进击，将其变成白骨；它洗净灵魂直至骨头；它因死而生；它以腐烂为食；它与死亡的过程密不可分。此外，它甚至被看作死亡的符号。

画中，它只是一个小黑点，停留在郁金香红黄相间的花瓣边缘。这枝郁金香并不简单：在花语中，红黄相间的郁金香意味着爱情的动荡不安；若从历史的角度看，郁金香则让人回忆起某段荷兰的历史，那时的郁金香球茎十分珍贵，以至于出现了郁金香投机商人，他们时而成为暴发户，时而又变成落魄潦倒之辈，他们的命运一直动荡不定。画中这枝郁金香正是"永远的奥古斯都"品种，因其红黄相间的花瓣也被称为火焰郁金香，它象征着人类事业的虚无，投机取巧的虚空，以及虚无缥缈的、求而不得的激情。

对画作进行动态解读不单单可以从声音着手，也可以从视觉角度切入。郁金香被安放在一个精美小巧、注好水的短颈花瓶中，房间窗户的亮光映照在花瓶表面，那是画家作画时所在的房间。沙漏下部玻璃瓶的鼓凸部分也能看到同样的映射。它们随阳光而变动，是万物柔弱的象征。另外，玻璃内部嵌着某种形状，最轻微的动静也能将其改变。还有那花瓶投在大理石台面上的阴影，以及位于台面侧边那些细细小小的刻痕及凹口，它们同样诉说着万物的脆弱，哪怕看起来无坚不摧。这块白色底纹的亮面石头与水平放置的墓碑相似。墓碑用于埋葬已故之人，墓石上也摆放着代表虚空的符号。脆弱易逝的阴影同坚硬牢固的石头一样，逐渐衰竭。一切正在死亡，除却死亡本身。

画家将标记虚空的静态符号减至最少：沙漏、郁金香和颅骨。但是他却到处散播动态的细节，将虚空嵌套在虚空之中：花瓣上的苍蝇、花瓶上的阴影，还有花瓶、颅骨及沙漏的影子，它们证实了光源来自左侧，即当我们面朝北方时，日落的方向。因此，这是一束来自日落夕阳的光，它照着石头上的切口和刻痕，留下道道阴影。

最后，为凸显死亡的庄严与崇高，画家将颅骨安放在画面正中央的位置，它就在我们面前，直视着我们，丝毫不拖泥带水：嘴巴无声地向我们诉说着什么，好些牙齿都已脱落，空洞的眼眶紧盯着我们，一声不响，被蠕虫噬空的鼻子竭力闻着我们的气味。这是属于我们的死亡之景：永恒流逝的时间之沙漏即将战胜那红妆凋残的郁金香，白骨枯枯，死亡永续。

这一切与伊壁鸠鲁有何关联？

赫库兰尼姆古城位于维苏威火山的山脚下，信奉伊壁鸠鲁主义的哲学团体住在城内罗马式别墅里，在这里，我们可以找到这种巴洛克式的虚空，像画一样。一座计时漏刻里不断流逝的水、一种坎帕尼亚的茛苕花，以及一颗颅骨也可能出现在伊壁鸠鲁派诗人贺拉斯的弟子所创作的壁画上。罗马文"Memento mori"意为"牢记你是必死的"，不正好与《传道书》中的"虚空的虚空，一切都是虚空"遥相呼应吗？

在为一切立法的死亡面前，菲利普·德·尚帕涅倡导过一种虔诚的基督徒式生活，但信奉伊壁鸠鲁学说的人却会得到一种截然不同的结论，后者会劝告人们充分利用时间，为此岸世界而生，绝不为彼岸世界而活。从该角度来看，此幅画作可以从哲学的角度形象地描绘伊壁鸠鲁。

伊壁鸠鲁的哲学观点在于通过思想摧毁胆怯和恐惧，消灭痛苦及磨难。要如何做呢？

借助物理学。它与任何的形而上学都不相容，换句话说，它禁绝一切对世界的观念。若从词源学的角度加以分析，便可知形而上学（métaphysique）表示在物理学（physique）之后还存在某些事物……

科学是让信仰退散的唯一途径。一旦人们知道什么真正存在时，便不会再虚构出一个彼岸世界，原因在于，物理学可以对此进行全面解释。只有诸神才栖身在彼岸世界，我们无须在意他们以何种方式寓居在那里。

伊壁鸠鲁口中的物理学所言何物呢？大量的原子在虚空里直线下落，在发生倾斜以前，原子间互不接触，偏斜（clinamen）使原子之间发生碰撞，并相互结合，形成第一个集合体，世界由此形成。不论是在世界中，还是在由多个世界构成的宇宙中，只有原子和虚空。

以上便是原子物理学理论。

一切由原子构成，也包括居住在数个世界之间的神祇们。他们也是由极其微小的原子构成的，他们毫不在意人类是什么，也不关心人类的构成。因此，人类无须害怕。诸神与人类之间并无任何关联，除永恒的赏罚并举外，神灵们仍需要操心其他事务。他们沉着镇定，不忧心，不动心，这理应成为人类的生存目标，即人类在拥有相当的智慧后所渴盼的品质。

以上学说构成了无信仰神学。

为了与诸神一样在日常生活中不受困扰，则需遵行四项法则（希腊文写作：*tetrapharmakon*）——无须害怕神祇；死亡并非坏事；苦难可以承受；幸福可以实现。

前文的论述已阐明"无须害怕神祇"的理由：他们就在那里，对人类毫不在意。因此，人类也无须畏惧他们的注视与评判。

提出"死亡并非坏事"的理由如下：当死亡现身时，我们已不在；而当我们在世时，死亡尚未来。与其说是将死亡看作一种事实存在，不如说它是一种提醒，劝诫我们要珍惜时间。如何珍惜呢？一方面，避免用苦难的记忆浪费时间；另一方面，防止因害怕可能发生的事情而浪费时间。因此，我们必须活在当下，不受过去及未来困扰。贺拉斯曾写下"Carpe diem"（抓住今天）。从今天起，采摘生活的玫瑰吧。也可以换一种说法：充分地活在当下的每一刻，因为日月如流，时间一去不复返。

"苦难可以承受"同样是伊壁鸠鲁的学说。实际上，苦难要么令人难以忍受，将我们摧毁，要么它无法粉碎我们。因此，它远没有人们想象中的那么凶猛。当时的死亡率很高，尤其是儿童的死亡率居高不下，人们既不会消毒，也不懂抗菌，药剂与外科知识均十分浅薄，实施救助与护理的可能微乎其微，疼痛宣告着不幸，与今日人们所理解之苦难是大不相同的。尽管如此，每个时代的苦难总与意志相连，并受其左右。因此，意志一直以来皆不乏用武之地。

四法则的最末一条为"幸福可以实现"。伊壁鸠鲁给幸福下了十分简单的定义：幸福是不受困扰。那么，何为困扰？又饥又渴。人们如何消除这些困扰？口渴时饮水，饥饿时进食，且饮少许水及进一点寡淡的面包即可，其余情况则不必吃喝。据说，有一天，哲学家仅用一位朋友送的一小锅奶酪大开宴席……更别提豪饮名贵的法莱纳葡萄酒或大吃特吃佩特罗尼乌斯宴会上夸张的菜肴了。只需以最简单的方式满足饥饿与口渴的需求。一旦欲望得到了满足，人们便不再受困扰，于是便进入不动心的境界了。

伊壁鸠鲁对欲望的类型加以区别。第一类为自然且必要的欲望，动物与人类皆受其支配，如果欲望无法得到满足，我们将面临死亡，即饥饿与口渴；第二类为自然且非必要的欲望，比如性欲，它同样支配着人与动物，如果没有得到满足，我们并不会因此丧命；第三类为非自然且非必要的欲望，它专属于人类，即对功勋、财富及名誉的占有与积累的欲望。幸福属于自然且必要的欲望——让我们想起：为解渴而饮水，为止饥而进食。人们不再苦行……一位修士也会赞同以上与欲望相关的饮食学吧。

以上为伊壁鸠鲁伦理学的内容。

原子物理学确立了一种无神的神学，后者最终可通向享乐主义的伦理学。三者形成了一个封闭自足且十分自洽的系统。在伊壁鸠鲁的时代，正如前文所述，理想主义者柏拉图希望唯物主义者德谟克利特的所有著作被焚毁。显而易见，原子论对理想主义起到了解毒剂的作用。

然而，基督教思想是充满理想主义的。可想而知，正是由于柏拉图与亚里士多德的作品与基督教思想兼容，他们的著述经由修士们不断誊写、抄录，历经数世纪而保存至今。伊壁鸠鲁的著作虽然多达三百余本——这个数字被第欧根尼·拉尔修记录了下来——却几乎消失殆尽了。他留给我们的只剩下三封信，一封是写给希罗多德的，关于自然哲学的信；另一封是写给毕陀克勒的，关于天象的信；最后一封是写给美诺西斯，关于伦理道德的信。同样被保留下来的还有一百余条格言，原本遗失，后重现于梵蒂冈，是以得名《梵蒂冈馆藏格言集》。

伊壁鸠鲁最有名的弟子名为卢克莱修，他生活在数世纪后的罗马，是一位因伊壁鸠鲁主义而闻名的诗人。他将伊壁鸠鲁的希腊苦行哲学罗马化，使其变得更具可操作性，其学说尽数反映在哲学长诗《物性论》当中。此篇诗歌并非严格按照六音步诗进行创作，它于14世纪在一座修道院被发现，彼时的欧洲正处在基督教大厦将倾的局面中，长诗的发现为欧洲知识界注入了新鲜血液。

有目共睹的是，西方艺术从未希望借绘画之手令《物性论》的作者名垂青史。

11

塞涅卡的刺血刀

（公元前4—65年）

塞涅卡之死是西方绘画的经典主题。多位古代作家均曾对塞涅卡之死加以描写，其中画面感最强的为塔西佗所作。他在《编年史》中记录了这一伟大的哲学时刻：尼禄皇帝因坚信塞涅卡密谋造反，而下达了命这位哲学家自杀的敕令。这并非传统意义上的自杀——当事者自愿了结性命——而是一场死刑的判决，是非自愿的死亡，尽管仍由哲学家自行了断性命。事实上，塞涅卡并无选择的余地：皇帝的士兵将哲学家的寓所——一间位于罗马附近的乡村小屋包围了起来，假如塞涅卡试图逃脱，他们会助其了断性命。

在收到尼禄下达的命令后，塞涅卡请求再看一次遗嘱。但是将尼禄的命令带给哲学家的百人团长拒绝了他的请求。无论如何，塞涅卡说道，至少让其将"他唯一的但最美好的所有物，也就是他的生活方式"（XV，62）留给他的朋友们。意大利画家卢卡·焦尔达诺依照此句进行创作：哲学家传于后世的生活方式。哲学家又言："如果他们把我的生活方式记在心里，他们便可以从这场真诚友谊中取得酬报，即因道德上的成就而享有的声誉。"

他的朋友们忍不住哭泣，塞涅卡严厉地指责他们忘却了斯多葛学派的哲学箴言：一方面，对于力所能及的事情，我们要尽自己所能去做；另一方面，超出能力范围的事，我们则需凭借智慧接纳它，绝不可为其哀悼。对尼禄下达的死刑命令我们无能为力，因为不公正与残暴实乃暴君本性，因此必须胸怀宽广地服从命令。此为"必然性"。塞涅卡决意赴死，他拥抱了妻子，并恳请她尽力做到："不要过度悲伤，不要把这样的事情永久记在心上，而是要想到我那过得极有意义的、崇高的一生。如此一来，你虽然失去了丈夫，却可以得到体面的安慰。"（XV，63）但他的妻子宝琳娜要求与丈夫一同赴死，塞涅卡不愿阻止她，他们一起切断了各自的血管。塔西佗有如下记载："塞涅卡上了年纪，简单朴素的生活

《塞涅卡之死》，卢卡·焦尔达诺，巴黎卢浮宫

更使他面容憔悴，他的血流得很慢，于是他又切断了腿部及膝盖后部的血管。"（XV，63）在卢卡·焦尔达诺的画作中，一位男性正用一把刺血刀割开塞涅卡脚背上的血管。

塞涅卡不愿让宝琳娜看到他临终前痛苦的场面，劝她离开。在画面的远景中，我们可以看见宝琳娜和女仆们正登上楼梯，离开房间。

临终前，塞涅卡把文书人员召来并命其记录下他最后的经验之谈。他的两位弟子出现在焦尔达诺的画中。塔西佗告诉我们，"谈话的全文已经发表，因此我就无须在这里重述了"。遗憾的是，塞涅卡临终之谈的文稿并未被保留下来，我们不得而见。

如果根据切开血管人会暴卒这一说法，事情的发展并非一如所想。尼禄时刻了解着事情的动向，他下令阻止宝琳娜自杀，并派人照顾她。有人替她包扎了手臂，止住了流血。她就这样又活了几年。

尽管血流不止，塞涅卡也并没有即刻死去。他把他的医生朋友请来，求医生把毒芹汁给他。塞涅卡把毒药吞了下去，但毒芹汁并没有起什么作用……最后，他把自己泡在一盆热水里，为了加快血液循环和死亡的到来。他把盆中的水洒在身旁的奴隶身上，并做出说明，此举是为了向解放者朱庇特神行灌奠之礼。然而，放血、毒芹汁、热水浴都不管用。于是他被抬进蒸汽室，在热气的作用下窒息而死。他终究还是去世了。

此画大有教化意义。它所凸显的观念是：即使面对死亡，也必须应对得体。斯多葛派实际上把自杀合理化了：在他们看来，如果房间冒烟的话，只需走出房间即可。但前提是，只有当房间真正变得烟雾腾腾时，死亡才是必要的。斯多葛派劝导人们不为轻微的理由自杀，只有当死亡接近我们时，我们才有资格超过它。

卢卡·焦尔达诺采取了对角线的构图方法，令对角线从作品的右上方向左下方贯穿——通向死亡之端。塞涅卡的身体完全贴合着对角线，给人以快速下滑之感。哲学家在滑向死亡的过程中，既没有丧失智慧，也没有丧失意识。在生命的最后几分钟，他挣扎着不愿离世，思考发生在自己身上的事情，并将其记录下来，以飨世人。

他一直受到斯多葛主义的熏陶：痛苦的模样取决于人们如何看待它。它只存在于人的想象当中，因此，只需想象它不存在，它便不复存在。无须畏惧死亡，此为伊壁鸠鲁学派的主张，塞涅卡在《致鲁西流书信集》中也有类似的论述：假若我在，死亡便不在；如若

哲学家在滑向死亡的过程中，既没有丧失智慧，也没有丧失意识。

死亡在，那我已不在；死亡并非一个令人不安或害怕的主题，除了将一个存在分解之外，死亡并未引起任何变化，存在被分解后也不会完全离开，而是重新组合在一个大整体中。"忍受并克制"体现着生存的智慧：通过死亡，塞涅卡亲身践行着这条斯多葛派的箴言。

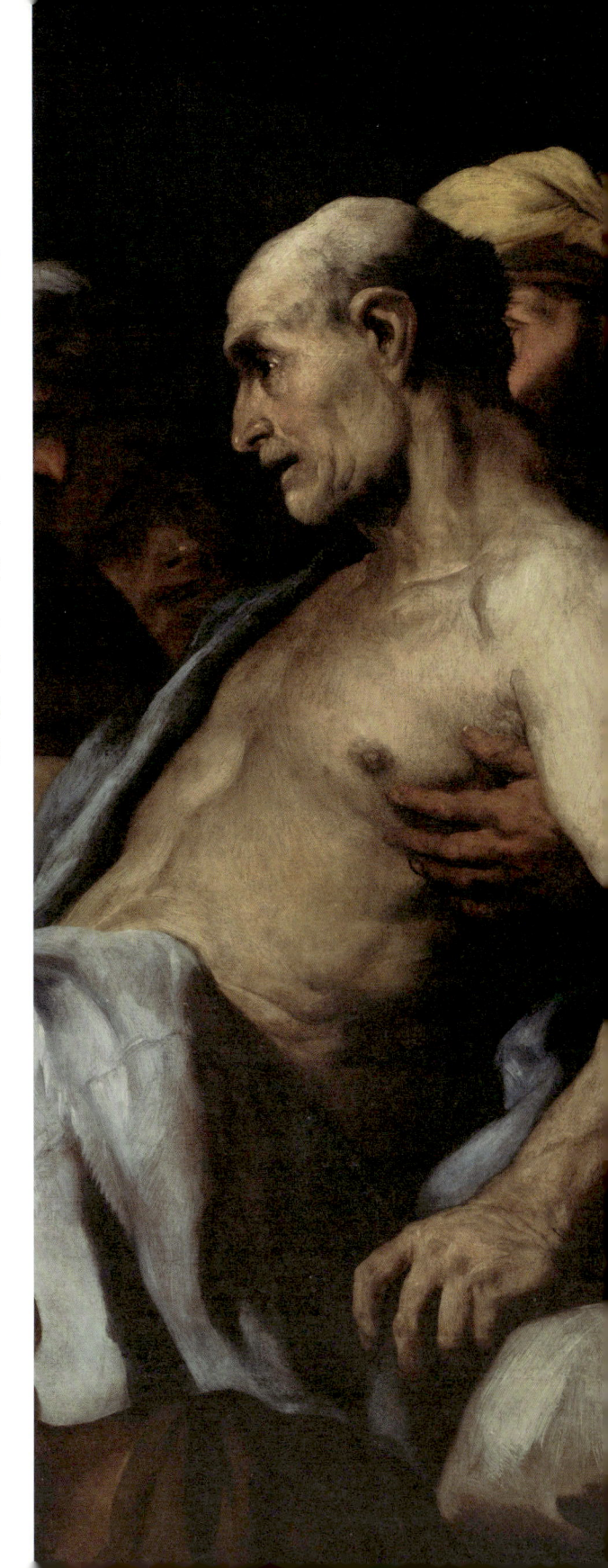

12

马可·奥勒留的面包

（121—180年）

马可·奥勒留在位期间，罗马瘟疫肆虐。这场瘟疫史称"安东尼瘟疫"（165—191年）。一般认为，法国画家约瑟夫－马里·维恩所描绘的正是这段历史时期的图景：马可·奥勒留在元老们及士兵的陪同下，向罗马市民派发面包与药品。瘟疫横行，导致饥荒暴发，派发面包的目的是解决饥荒问题。在当时的背景下，人们可以在干草烟熏法的帮助下治疗疾病。不过，画中却无任何干草的踪影……

画面中的罗马人看起来完全不像饥肠辘辘或感染瘟疫的样子。出人意料的是，两名幼童都长得胖嘟嘟、圆滚滚的，脸蛋也很圆润，其他人物的脸色均十分红润，精神格外饱满。我们无法在其中找到任何一个脸色蜡黄之人，亦无人面容憔悴。

作为罗马帝国皇帝的马可·奥勒留同样是一位斯多葛派的哲学家，著有《沉思录》一书。通过寓意推断可知，该画的主旨在于使皇帝基督教化。

为何这么说呢？原因有三点：从精神层面上看，此画显然符合耶稣使徒在《约翰福音》（6，11）中的一段描述，耶稣正向众人派发面包，其中富有象征意义。从政治层面上看，该画作为一座皇家城堡的装饰物，旨在借助基督教故事，提醒君王承担相应的义务，如坚守与基督教精神相契的仁慈、布施及正义等品行。从形式上看，这与当时的社会风尚有关，人们往往习惯从美学角度切入，对基督教神话进行加工创作，常见主题包括天神报喜、圣家庭、先知权威、圣母永眠、哀悼基督……同时这也被认为是必要的主题训练。

画面右侧有三人成组，他们支撑着第四人，后者双臂张开，眼睛注视着天空，表达了哀悼基督的模样。事实上，在耶稣受难的十字架旁也站有三人，她们分别是耶稣的母亲玛利亚、革罗罢之妻、耶稣母亲的姐妹玛利亚，以及抹大拉的玛利亚。因而出现在约瑟夫－

《马可·奥勒留派发面包和药品》,约瑟夫-马里·维恩,亚眠的皮卡第博物馆

马里·维恩作品右侧的三人所指涉的，正是圣家庭：他们分别是一位男生女相的男性，其中一位女士是他的妻子，另一位则是他的女儿，这同样让观众联想到耶稣被钉在十字架上后发生的故事。换言之，画中的马可·奥勒留正处在掌权初期阶段，与《圣经》所记载的，耶稣权威的早期发展阶段相一致。

画面左侧，一位女性侧躺在地，看起来已陷入昏迷，一个小孩正对着她的耳朵讲话。我们不妨设想，这名幼童代表着无翅小天使，天神报喜及圣母永眠的联结正是通过他才得以实现的，前者预示救世主的到来，后者暗示圣母升天。换言之，圣母玛利亚在诞下救世主后，结束了在世生命，其灵魂将被接进天堂。这亦是"耶稣"一词的词源，意为"升天以前"。

是以，画面中围绕皇帝、哭泣的三人及末世母亲的三组人物各居一端，形式上援引基督教神话三部曲：哀悼基督、天神报喜及圣母永眠。画家将此三部曲呈现在同一画面上，以绘画的形式展现了斯多葛主义的三位一体奥义：宣告教权、行使教权、实现教权并与世长辞，一切尽在三角形内，它集合了哲学王的哲学冒险。

罗马皇帝的服装经过了精心挑选：大红色的长袍、右侧肩膀上别着的一枚衿针、绑带凉鞋、精心制作的皮质盔甲、悬挂于腰间的佩剑。头戴显眼头盔之人为百人团长，他们正在分发面包。其中一人甚至手持侍从官的束棒。

当时正处于罗马帝国时期，根据背景可推断出，画中场景发生在古罗马广场上，竖立在广场的圆柱正是为了纪念马可·奥勒留对抗日耳曼人及萨尔马提亚人时取得的胜利；右侧前景中的两根圆柱令人想起安东尼乌斯与福斯蒂娜神庙，该神庙为马可·奥勒留的养父安东尼乌斯所修建。他去世后，哲学家马可·奥勒留决定以安东尼乌斯夫妻二人的名字命名神庙。

画面远景中的立柱建于176—192年。初建时皇帝在世，不过直到皇帝于180年去世时，立柱的修建工作仍未完成。确切地说，画中场景发生在176—180年，为了将彼时尚未修建好的立柱搬上画布，艺术家并未遵循历史发展的顺序，而把12年后才建造完成的立柱提前呈现在画面中。历史绘画很少与历史相关，人们更多地要求它具备教化意义。为此，画家需借助比喻及象征的手法，比如，派发的面包及药品便充满了比喻和象征意义。一方面，当疾病真正来临时,是有形的、真正的面包和药品在起作用。另一方面,在实在的物质以外,还存在比喻意义上的真实:对于身体健康的人而言,面包意味着其乐融融的生活;对于病人而言,药品等同于照料与治疗。

> 派发的面包及药品便充满了比喻和象征意义。

画中派发的面包与药品均为精神层面的食物与养分。它们意指斯多葛哲学的智慧之道。斯多葛派为基督教注入了大量新鲜血液:"忍耐并克制"的箴言;即使对方不友善,或尤其当对方不友好时,也需友善、平和地对待;通过训练意志力将忍耐升华为一种生活艺术;在任何境遇下顺从命运的安排;全身心地沉浸在自然中是必要的;在伦理道德方面着重训练以下美德——善良与人性、和气与仁慈。《沉思录》中所论述的观点均能与早期基督教的教诲一一对应。对于身体健康之人,面包于他们有益;对于生病之人,药品于他们有益。在上述两种情况中,营养物不仅为物质的身体提供生活所需,也为不朽的灵魂提供补给。

约瑟夫-马里·维恩将画中的马可·奥勒留立柱截去一段。其原因如下:最初,如画中所绘,此根立柱为纪念性建筑,并有马可·奥勒留的青铜塑像装饰其上。然而,该青铜像于中世纪被毁坏——一个宽容度并不高的时代……教皇西克斯图斯五世派人用一个圣保罗的雕塑将其替换,此雕塑为莱昂纳多·达·萨尔扎纳(Leonardo da Sarzana)与托马索·德拉·波塔(Tommaso Della Porta)共同创作。是以,于画家而言,将公元2世纪的马可·奥勒留与一件创作年代为1589年的装饰物并置在画面当中,这绝非易事。在西方绘画中,年月紊乱的比喻及象征是可能出现的,甚至被看成一条法则,但从历史角度切入,画中的年代混乱却过分醒目——这至少无法逃过接受了良好教育且与艺术家生活在同一历史时期的公众的眼睛。但如今,又有谁会注意到呢?

该画大有教化意义,或许正因如此,它常受人冷落:狄德罗在1765年的《沙龙》中对此画多有中伤。另外,当权者很快便将此画从墙上撤了下来,将其安放在别处。随后,此画被挂在杜巴丽夫人的住所内,于她而言,画中所传达的美德教育恰到好处。

古往今来,君王们总是对智慧的忠告与训诫心生抵触。

13

奥古斯丁的贝壳

（354—430年）

为纪念L.J.

　　欧洲肖像画中最常见的哲学家莫过于奥古斯丁了。最伟大的艺术家们均曾以他为主题进行创作。他的人生片段接二连三地被西方艺术再现[1]，不论是生平故事还是护教时刻，都成为艺术家们灵感的源泉。乔托将哲学家置于米兰的一座花园里，他被象征永恒的孔雀守候着；蒙素·德斯德里奥（Monsù Desiderio）描绘的则是一座无名城市的废墟，表现着异教世界的分崩离析，而其中的教会圣师却步履不停，精进不休。奥古斯丁曾多方游历——塔加斯特城、迦太基、米兰、罗马、希波，如记号般地标示着哲学家传授宗教奥义的旅程：

---

[1] 奥古斯丁的身影随处可见：埃斯特万·牟利罗的《受神灵启示》（西雅图艺术博物馆）、胡基·里韦拉的《祈祷》（马德里普拉多博物馆）、桑德罗·波提切利的《冥想》（佛罗伦萨诸圣教堂）、蒙素·德斯德里奥的《与一名幼童在废墟中》（伦敦国家美术馆）、卡巴乔的《表达愿景》（威尼斯圣乔治信众会会堂）、马格纳斯科的《再一次，和小孩一起》（热那亚新街博物馆）、鲁本斯的《与天使》（布拉格国家博物馆）、弗拉·安吉利科的《皈依时》（瑟堡托马斯亨利艺术博物馆）、胡安·德·博尔戈那（Juan de Borgoña）的《头戴主教三重冕》（那不勒斯卡波迪蒙特博物馆）、加默·胡盖特的画（加泰罗尼亚国家艺术博物馆）、桑德罗·波提切利的《身处囹圄》、丁托列托的《治愈残废之人》（维琴察基耶里凯蒂宫）、贝诺佐·戈佐利的《受其父母委托去拜访塔加斯特城的老师》《在奥斯提亚安提卡下船》《离开罗马去往米兰》《把他们的准则传给僧侣》《与童年耶稣交谈》（圣吉米尼亚诺圣奥古斯丁教堂）、乔瓦尼·卡米洛·萨格拉斯塔尼的《在玛丽·玛德莲娜的心上写字》（佛罗伦萨圣弗雷迪亚诺教堂）、阿里·谢菲尔的《与珍爱的母亲一同狂喜》（伦敦国家美术馆及巴黎卢浮宫）、马可·卡尔迪斯科（Marco Cardisco）的《与异教徒争论》（那不勒斯卡波迪蒙特博物馆）、柯勒乔的《向圣约翰学习神圣的三位一体的奥义》（帕尔马圣约翰福音教堂）、奥塔维亚诺·内利（Ottaviano Nelli）的《被母亲莫尼克送去学校》——这位画家同样在一座教堂内手绘了一部百科全书式的肖像画集，为呈现《上帝之城》作者的一生：《带着母亲的愿景》《在迦太基求学》，其后是《从迦太基离开去往罗马》《抵达奥斯提亚安提卡》《抵达米兰》《在罗马授课》《听圣安伯罗斯传道》《母亲前来看望》《受洗》《重返非洲》《被授予神父的圣职》，接着是《被授予主教的圣职》《立誓》《在书房里》《表达愿景》《逝世》（古比奥圣奥古斯丁教堂），《母亲的亡故》也未曾被画家遗漏。一言以蔽之，对于西方艺术而言，奥古斯丁是如白玉一般的无瑕存在。

《圣奥古斯丁的愿景》，桑德罗·波提切利，佛罗伦萨乌菲兹美术馆

出生，上学，皈依，研修，传教，封圣；他的书房令人联想起哲学家丰沛的创造力，在其诸多作品中，最为雄浑的两部著述分别为《忏悔录》及《上帝之城》，它们为犹太－基督教文明奠基所做出的贡献甚至超越了《新约》，原因在于，奥古斯丁发现了福音书中的纰漏，并在《上帝之城》中填补了这些漏洞；书中所探讨的问题在温柔、平和与仁爱的耶稣面前也迎刃而解：玷污身体、欲望、享乐、性欲；贬低女性；性化原罪；将战争合理化，即所谓的"正义之战"；解释处女生子；劝告天下女子守贞；容许卖淫作为社会必要之罪恶而存在；通过假定彼岸世界的存在而诋毁此岸世界；将人之城与假想的上帝之城对立，尽管后者的存在从未被合理地验证；建立神权君主制；将国王变成上帝在尘世唯一的代表；实行死刑。总而言之，在异教世界的废墟之上创立罗马天主教。

浩繁的画作使得对符号体系的思考成为可能：书籍、尖刀、三重冕、权杖、孔雀、门廊、花朵、无花果树、梨……笔者从中拣选此幅描绘奥古斯丁与孩童的作品，画中人物安排沿用自中世纪的寓言故事。

以下便是这则寓言故事：奥古斯丁一边走在沙滩上，一边冥想着三位一体的奥义。他刚好看到一个孩子在离岸边好几米的地方挖洞，他想用一块贝壳盛水以填满所挖之洞。哲学家向孩子解释道，大海如此辽阔而洞孔甚小，想将大海全部装进洞里是不可能做到的。孩子赞同他的说法，并补充说："你的理智是你唯一的倚赖，与你相比，我更容易参悟三位一体奥义的深邃。"说完，孩子便消失不见了。据说，这名幼童可能是一名天使，也可能是童年的耶稣。

> "你的理智是你唯一的倚赖，与你相比，我更容易参悟三位一体奥义的深邃。"

故事的真实性已频频为自作聪明的学者所证实！显而易见的是，除非真正相信天神现身，否则人们不可能赞同上文所述是一次确凿无疑的经历，它只是一则寓言故事，其来龙去脉可追溯至13世纪。

尽管此篇故事与真实的历史相去甚远，却仍不失为一则实实在在的寓言，它从奥古斯丁的一段论述出发，哲理丰富，内涵深长。《论三位一体》被认为是奥古斯丁在《上帝之城》及《忏悔录》后的又一力作，这部伟大的作品记录着如下文字："我承认对上帝的周全认识超越了我的短处，而前者正是我无法企及的……"（XV，27 [50]）

据说，在奥古斯丁的作品中，他引用《旧约》与《新约》的次数分别是13276次和29540次。即便如此，他仍坦然承认，普通人，尤其是他自己，无法超越对上帝的认识。此开诚布公之举无疑令人震撼。自此，如若人类渺小的智慧无法认识上帝的话，那我们唯一可做的，便是回忆上帝的恩典，并祈求或祈望恩典的降临。

数世纪间，与恩典相关的问题一直受到奥古斯丁主义的关注，尤其备受托马斯主义、莫利纳主义、新教主义、詹森主义及寂静主义的注视。即对自由、自由意志、决定论、选择、恩典有关的问题之重视，直至萨特的存在主义……

沙洞下有深渊，其中恩典涌现，或隐匿不见。

14

托马斯·阿奎那的墨水瓶

（约1225—1274年）

在此幅作品中，桑德罗·波提切利描绘的是心智的训练，更确切地说，是与天主教的智慧相关的训练。圣托马斯·阿奎那身穿多明我会的修士服，包括一件浅色内长衣及一件黑色束边斗篷，前者仅在脖颈处与袖口处隐约可见。他头戴一顶黑色无边软帽，帽子上方环绕着一圈光晕。四射的光芒不但将人物笼罩其中，还给头部饰以光环。词源可证，这片神圣之光同样也是智慧之光。词源能够起到联结之用，将原本风马牛不相及之物关联起来。在未用其描述"启蒙运动"（les Lumières）以前，该词表示知识之光，用以对抗无知的黑暗：天空与天堂是光明且属神的，而地狱则是黑暗且邪恶的。光明与黑暗，意即生命与死亡、幸与不幸之对立。黄金之所以异常珍贵，不仅在于其产量稀少，还在于它那如太阳般的光芒。光是地球上一切生命体的能量来源。那环绕着托马斯头部的光芒意即神圣与智慧之光，亦称黄金之光。

于托马斯而言，头颅即身体，别无其他。他已立下贫苦、纯洁及服从的誓言，遵从秩序，无欲无求，唯有头脑。他的身体便是一个大脑；反之，他的大脑可看作魁梧的身体。

他的大脑，即他的头部，而他的头部，即他的脸庞。托马斯面容憔悴，作为一名成熟男性，他的面部开始松弛。他目光敏锐，但眼神所及之处令观众茫然无解：他可能在看，却没看见任何实质的东西，因为其所见超越了可感知的实在。托马斯当然可以盯着平庸世界里的某一寻常之物，而他即大脑，别无其他，作为经院哲学的杰出代表，其大脑所见仅为观念与概念，它们为经院哲学里的小小世界添砖加瓦：实体与偶然、本质与表征、形式与属性、行为与能力、数量及质量、关系与模态及许许多多的其他概念，齐集在托马斯的

▷ 《圣托马斯·阿奎那》，桑德罗·波提切利，瑞士里吉斯贝格的阿贝格基金会

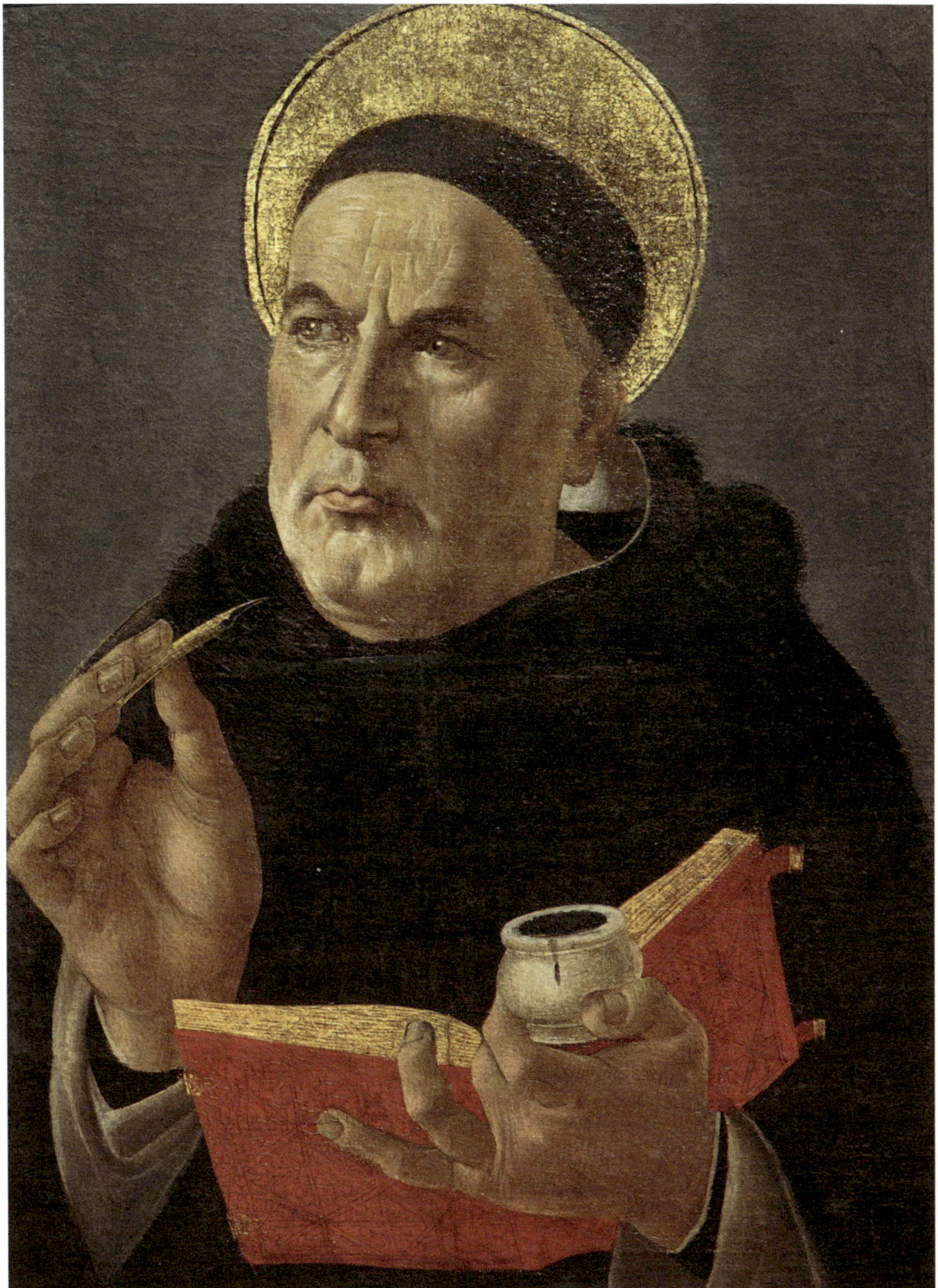

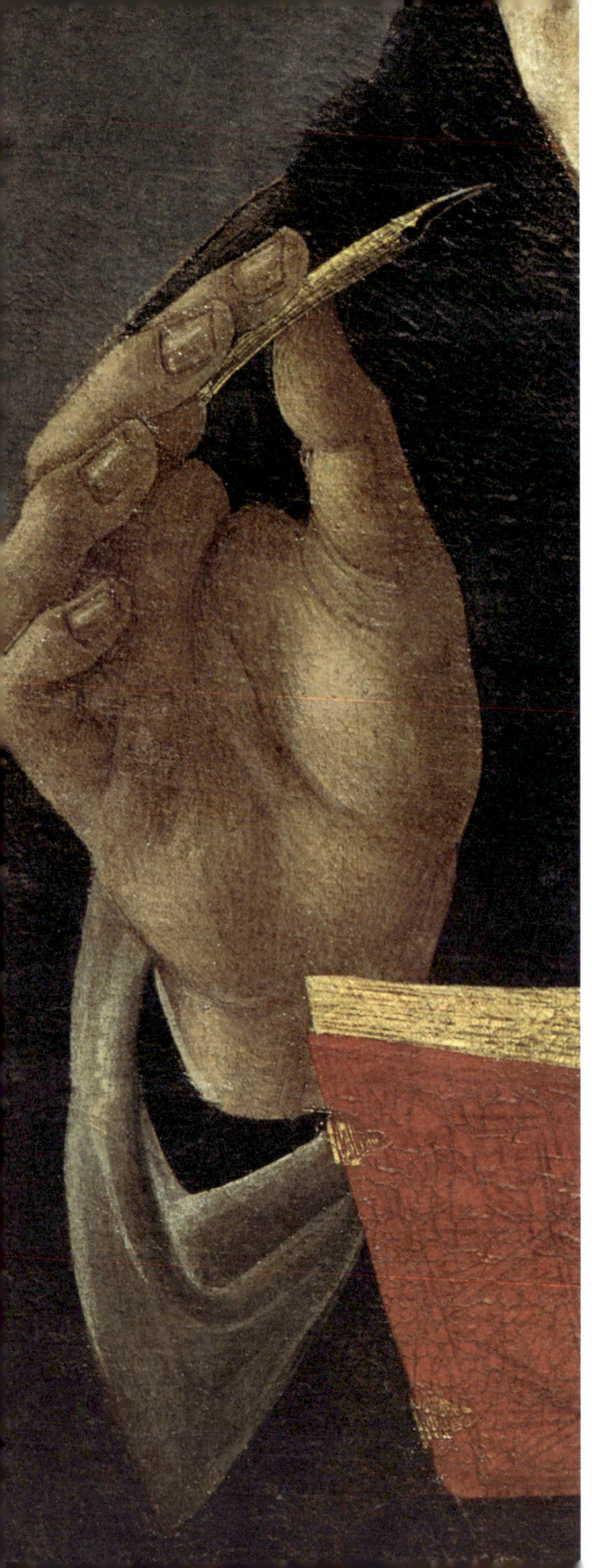

著述《神学大全》中。这部不朽巨著如一座教堂，内建拱顶、拱扶垛、护墙、尖顶、横肋、立柱，以柏拉图的理念学说和亚里士多德的形而上学为根基，为教会创制教义及教理。然而，其自相矛盾之处在于，托马斯强调基督教真理是超理性的，却并未就此摒弃理性，反而将理性之法贯彻至终！

经由奥古斯丁、教会圣师、托马斯·阿奎那及经院哲学家之手，基督教的大厦业已落成。人们可以在大厦的荫蔽里暗自思量，耶稣能否重新找到他的鞭子，再次上演在圣殿驱逐商人的场景呢？耶稣是否会喜欢这些既不着边际又无益于将人引向幸福之路的胡思乱想呢？我们对此并无把握。托马斯造就的，是爱争辩之人，远非圣人。经托马斯主义熏陶后，教师们专擅修辞及诡辩之术，却于培育善良之存在毫无用处。

在波提切利的画中，历经千余年的基督教成为一门书写的事业，与仔细修剪的鹅毛笔、满盈的墨水瓶及光滑的纸张有关；另一方面，与书写美之德行相比，对书的品评更受青睐，甚至催生出书评之书评。

基督教成为一门书写的事业，与仔细修剪的鹅毛笔、满盈的墨水瓶及光滑的纸张有关。

　　托马斯皱起眼睛，看向某处，它并不存在于这个世界，一切集中在他的理性思考及理性积累上，其目的在于证明这一宗教的真实性，为中世纪的灵魂与身体立法；额头的皱纹讲述着他的烦恼，相比于劝诫人们模仿耶稣生活，更令他懊恼的是未能将令人满意的推理记录在纸上；紧绷的嘴唇是沉思者的无声沉默；他的眼睛能看见常人看不见之物，他的大脑千思万想，他的手常备不懈，将纷繁思绪化作书上文章：教会圣师因此颁布法令"哲学应成为神学的仆从"。

　　在数百年间，哲学的大权旁落，寄人篱下；文艺复兴将见证它重振旗鼓。

15

马尔西利奥·费奇诺的花园

（1433—1499年）

古代的哲学先贤聚在学园里收徒办学，传授哲学：柏拉图在柏拉图学园授课，亚里士多德在吕克昂学园讲学，斯多葛派在画廊学园上课，而被人们挖苦的犬儒主义者则在快犬学园或者在小狗墓园里教学，他们将四足动物看作其哲学思想的存在模型——满足当下的自然需求，饮水，进食，睡觉及在公共场合交配，吠叫，露出尖牙并咬伤令人嫌恶之人，在雕塑上小便，肆无忌惮，茹毛饮血……第欧根尼及犬儒主义者对狗的喜爱与反柏拉图主义不无关系。柏拉图主张纯粹理念，提出洞穴之喻，将可知世界的美与可感世界的丑对立，宣称永恒不朽的灵魂降身在寂灭腐朽的身体里。

自公元前387年至前86年，柏拉图学园存续了三个世纪，这三百年的历史筑造了柏拉图主义。柏拉图本人生活宽绰富裕，所收学徒尽是有钱子弟。在学园这处真正的哲学城中，哲学家的地位至高无上。在古代，哲学并非一门发明概念的艺术，它真正探索的是如何过一种哲学式的生活。而柏拉图学园提供的，正是这样一种哲学式的集体生活。

柏拉图学园位于雅典郊区一片空旷的土地上，那里有一片开阔的花园、一座献给雅典娜的神庙、若干祭台、一座体育馆、一座图书馆、些许房舍及一尊掌管着众缪斯的阿波罗塑像。学生齐聚学园，不论男女，尽管第欧根尼·拉尔修告诉我们，柏拉图学园仅有两名女学员，不论是雅典本地人还是外邦人，都会受到同样的欢迎。学园的校训是："不懂几何者不得入内。"一方面，柏拉图学园的教育面向所有人开放；另一方面，学园专门为精英人士提供一种晦涩难懂的教育。前者所包含的公共课程在同一时间向所有人开放，而后者则为私人的隐秘课程，以数学与几何学为基础，主要通过口述的形式向特定人群展开。人们对此类教育的细节所知甚少，除了知晓柏拉图在家中授课外，只清楚其课程目标，即为城

《美第奇宫的柏拉图盛宴》，路易吉·穆西尼，都灵现当代艺术馆

邦管理培养知识精英，此乃柏拉图之心愿。以上反映了柏拉图著名的哲学王理论，根据他的设想，要么训练哲学家，使其出任为王；要么使国王在成为哲学家前，接受哲学训练。知识与力量的组合必能产生最佳效果。

柏拉图在《理想国》一书中写下副标题："论正义"。然而，古希腊哲学家所处的时代与如今我们所处的时代相去甚远，其关于正义的定义也与我们所想象的千差万别。当今之正义在于平等地将其所有物归还给对方；而柏拉图的正义观则主张物体根据宇宙秩序，各在其位。是以，正义即不平等。在等级制度下，社会由哲学王统领，或者哲学王与朝臣共同实施统治，士兵、战士、军人位列其下，任务在于保卫上层阶级免受下层百姓的侵害，后者由劳动者、生产者及手工艺人组成。[1]

历史上，曾出现多所柏拉图学园：第一所柏拉图学园也被称为老学园，其组成人员皆与柏拉图早有往来，学园严格信奉柏拉图主义，柏拉图本人曾在学园授课四十载；第二所被称为中期学园，或者皮浪学园，根据皮浪的说法，学园内信奉怀疑论；第三所为新学园，依卡尔内阿德斯而建，新学园信奉或然论，是柏拉图主义及皮浪主义的综合体，它仅将可能性看作真理；第四所被称为谬误论学园，它重回柏拉图主义，但力求将其与斯多葛主义和解，后者昔时正风头无两；第五所，诸说混合，以抛弃谬误论为前提，追本溯源，以建立一种中期柏拉图主义。

希腊的罗马化始于公元前86年，罗马将军苏拉占领雅典，下令关闭哲学学园，摧毁建筑物。马可·奥勒留在位期间，一所新柏拉图主义的学校于176年诞生。这位信奉斯多葛主义的皇帝共创办了四所学校，并由国家提供经费，它们分别信奉柏拉图主义、亚里士多德主义、斯多葛主义，最后一所尊奉伊壁鸠鲁主义。自400年起，一所新的雅典学院成立，它被认为是第六所柏拉图学园。它持续运营，直到529年才终了。同年，基督教的强制立法在教会圣师们的帮助下取得了胜利。

画家路易吉·穆西尼的绘画风格颇为矫饰。其作品《美第奇宫的柏拉图盛宴》更像是一幅超现实主义的照片……其中所描绘的，可称为第七所学园，或称为新柏拉图主义式学园。1459年，科西莫·德·美第奇创办了一所以马尔西利奥·费奇诺为中心的柏拉图主义学园，后者将柏拉图及新柏拉图主义者带回欧洲。柏拉图重回哲学领域的表现内含深意：作为一种战争机器，它与亚里士多德主义之间的力量对抗不断，而前者的胜利与经院哲学一脉相承，托马斯·阿奎那所发挥的作用更是不可小觑。在中世纪，新柏拉图主义是对付亚里士多德主义的抗体，后者深陷于晦涩难明的词汇中，被充斥着虚假三段论的论述所纠

---

[1] 毫不奇怪，哲学家阿兰·巴迪欧（Alain Badiou）（生于1937年）在一本名为《柏拉图的理想国》（2012年）的书中同时讲授罗伯斯庇尔主义和柏拉图主义，该书是对柏拉图的文本的自由解读与评论。我们可以想象谁会在同时也是一位数学家的巴迪欧的理想城邦中扮演哲学王的角色，请参见他与吉尔·哈里（Gilles Haéri）合著的、由弗拉马利翁出版社出版的《数学赞歌》（2015年）一书。在巴黎高等师范学院，他主持的论坛被看作柏拉图学园的恰当延续。卡尔·波普尔（Karl Popper）在《开放社会及其敌人》中展示了此种柏拉图式的机构与极权主义之间的关联。

缠，在不合理的逻辑面前停滞，一切都把天主教的鱼淹没在荒谬论证的毒浴之中。

请允许我做出如下解释：为了讽刺上文所描述的那个世界，蒙田使用有趣又绝对、奚落又苛刻的话语，发明了一种错误的三段论，与经院哲学家过去经常使用，甚至滥用的三段论属同一类型，目的在于讥讽那些"完美无瑕"的逻辑与论证，而这些看似合理的论据和推论实则徒有其表，它们推导出的结论荒诞失实：火腿致人喝酒，而喝酒解渴，所以火腿可解渴，解释完毕……

马尔西利奥·费奇诺召回柏拉图主义，并由此开创了新柏拉图主义。那么，何为新柏拉图主义呢？它指的是某几位作家对柏拉图的解读。普罗提诺便是其中的关键人物。普罗提诺的口述作品经由他的门徒波菲利（Porphyre）筹备后出版，作品名为 Les Ennéades。从词源上讲，标题的意思为按数字九分组。随后，普罗提诺拥有了一批勤奋且细心的读者和弟子，其中便包括普罗克洛和杨布里科斯。

上文所述的此种柏拉图主义代表着一个机会，即回归非亚里士多德主义神学的机会：上帝之名，是为一善，它如燃烧的烈火一般光芒四射。

新柏拉图主义同样援引了柏拉图之上升辩证法，它如圣体一般贯穿在普罗提诺的作品当中：它是一门艺术，从最感性之物——事物，通向最易懂之原理——心智之理，即从一种实体转向另一种实体的过程。

最后，新柏拉图主义可使一种神秘主义成为可能，它通过引述普罗提诺所经历的狂喜，即波菲利在其作品《普罗提诺的一生》中提到的三次狂喜，将非物质灵魂与首要原则相结合，即从身体、智力、哲学及精神层面不断践行的苦行及禁欲。

一个新的上帝，一个与之结合的方法，一个待实现的目标：新柏拉图主义不是一种无休止地谈论概念的艺术，而是一种讨论概念以使哲学生活成为可能的艺术。新柏拉图主义通向一个为存在而准备的计划，却不只是一个空泛概念上的计划。

马尔西利奥·费奇诺将柏拉图、普罗提诺、波菲利、杨布里科斯、赫耳墨斯·特里斯墨吉斯忒斯及大量其他作家的作品翻译成拉丁文；他对柏拉图的《会饮篇》予以评论，并发表了《论灵魂不朽的柏拉图主义神学》。他的思想促成了新柏拉图主义的诞生，后者也被称为美第奇家族的新柏拉图主义运动。换言之，这是一场在科西莫·德·美第奇的支持与资助下发起的运动,此人不仅家境富裕,也因其资助事业而美名远扬。

穆西尼画了一个花园。背景中的两棵树援引的正是伊甸园中的知识树和生命树。但这座花园同样是柏拉图学园的花园。伊甸园的花园以哲学的方式叠加在柏拉图学园的花园之上:天堂就在学园里。画面背景意味着重生。背景中的大门象征着象牙塔与世俗世界之间的通道,而其三角楣上,突出地装饰着美第奇家族的纹章——六枚圆形徽章,其中主要的那枚徽章为天蓝色,并饰有三朵黄金所制的花卉;另外五枚为红色。

因此,在《圣经》中的天堂与上帝之间,柏拉图学园与柏拉图之间,美第奇学园与马尔西利奥·费奇诺之间存在一种前后关系。哲学家站立着,左手指向柏拉图所主张的可知世界的天空,右手放在柏拉图的一本作品之上——它是人间世界的巅峰之作。而哲学家本人却被更为属神的目光注视着,那是来自科西莫·德·美第奇的注视,其身下的座椅被大红色的长袍完全笼罩。

资助者的目光严肃且认真,他看向哲学家,而哲学家的视线越过了资助者,看向观众。马尔西利奥·费奇诺在一座半身像旁边进行教学。在柏拉图学园里,这本该是一座掌管缪斯女神的阿波罗的半身像,而画中显然是一座柏拉图的半身像,上面装饰着花环。

该场景同样暗指最后的晚餐,除了科西莫和马尔西利奥以外,分享这顿精神食粮的……共有十二人!显然,画中人物可分成三组——五位居左,三位居中,四位居右——这一构图令人联想到十二门徒。与此同时,科西莫·德·美第奇和马尔西利奥·费奇诺的关系看起来同上帝和先知之间的关系如出一辙。

路易吉·穆西尼描绘的是一个使徒团,并运用譬喻的手法将学园同时期的积极参与者——搬上画布。我们想到的有:皮科·德拉·米兰多拉(Pic de la Mirandole)、波利齐亚诺(Poliziano)以及杰罗姆·贝尼维埃尼(Jérôme Benivieni)。由于旧时的肖像画并没有明确地表现上述人物的形象特征,画家便以其同代朋友的形象作为参照——其友人可是生活在19世纪中叶啊!尽管画中所有角色均身穿文艺复兴时期的服装,但艺术家却能优游自得地援引属于其个人的万神殿。此举常见于当时的绘画中。想象一下:在位于画面右侧的四人组中,两人正聊着天,并无意关注身边的人和事,第三人面向观众,最后一人背向观众,他渴望了解全部。他头戴一顶红色小圆帽，留着花白的长胡子，而其他人皆无胡须……他将左手放在一本立起打开着的书上，右手叠放在左手上方。当然，画中还出现了其他帽子，它们足以代表文艺复兴。而这顶帽子很可能是一个标记，标志着对伊斯兰哲学家阿威罗伊的认可。

> 对话是柏拉图式的教学方式。因而，以经院哲学的方式羞辱对方是完全不必要的做法。

另有一幅糟糕的作品。画面中，圣托马斯·阿奎那相貌庄严，如取胜般地将阿威罗伊踩在脚下[1]……为何用"糟糕"一词呢？因为犹太－基督教与伊斯兰教的关系以一种令人羞惭的形式被表现在画布上：一位哲学家平躺在教会圣师的脚下。换言之，他在搏斗中被圣人击倒，而后惨遭踩躏。

阿威罗伊教义也称阿威罗伊主义。根据该教义的说法，这位伊斯兰哲学家为了一个伟大的集体灵魂而否认个人灵魂的不朽，主张前者能激发我们每个人身上的可知观念。因此"我"将不再是家中的主人，自由意志将不复存在。天主教不能接受这样的论点，这无可厚非，因为这一观点破坏了天主教大厦建成之基石，即自由意志的存在，断言原罪是滥用自由意志而造成的，犯下过错必须赎罪，通过赎罪可创造真理并使其合理化。

我们并不清楚马尔西利奥·费奇诺的做法。他试图让人了解，科西莫如同一位企图帮助柏拉图恢复声誉之人（满足尊重资助者这一惯例），但除此之外，或许他的真正计划是针对威尼斯的阿威罗伊主义者的亚里士多德主义发起的。费奇诺在其作品《柏拉图主义神学》的第十五卷中写道：阿威罗伊不懂希腊文，因此他并不了解亚里士多德。费奇诺在书中谈到"阿威罗伊式的怪物"，据他说，此乃经院哲学所犯一切错误之原因，费奇诺则希望超越它。

因此，这幅画所传达的是阿威罗伊并没有被托马斯·阿奎那踩在脚下，换句话说，也没有被天主教的经院哲学所践踏，但是，他最好开始听柏拉图的论说，目的在于为纯粹智性的基督教做出贡献。对话是柏拉图式的教学方式。因而，以经院哲学的方式羞辱对方是完全不必要的做法。如若不然，未来某天曾羞辱对方的自己也需为此付出政治代价。

---

[1] 《圣托马斯·阿奎那战胜阿威罗伊，在柏拉图和亚里士多德之间》，贝诺佐·戈佐利，巴黎卢浮宫（请参阅第216页）。

16

伊拉斯谟的戒指

（约1466—1536年）

　　伊拉斯谟在世期间，画家马西斯、荷尔拜因及丢勒曾不下十次为其作画，很抱歉，数量还是太少了……1519年，马西斯为这位哲学家雕刻了一块纪念章，在其正面用希腊文和拉丁文刻了一段铭文："他的作品将呈现一幅更为美好的图景——一幅参照现实并打动人心的图景。"纪念章的背面则镌刻着界神的形象及伊拉斯谟的名言："不让步。"界神是一位罗马神，他是朱庇特之子、边界之神，是良好、融洽的邻里关系与和平的保护神。在希腊神话中，相当于赫尔墨斯，是掌管道路及十字路口之神。

　　人们提醒他，"不让步"这句箴言几乎称得上一种傲慢的罪过了。伊拉斯谟则机灵地指出这句话并非他的原创，而是出自界神之口。作为边界之神，他也同样掌管着人类生活的边界。哲学家斩钉截铁地宣称，他绝不为此事让步！

　　根据伊拉斯谟的遗嘱，他将两枚戒指遗留给了约翰·福洛本，"一枚无宝石，另一枚镶着一颗绿松石"（《伊拉斯谟的一生》，t. II，P418—419）。是否存在"一位女士回头凝视过"（P419）的这枚戒指呢？伊拉斯谟赠给尼古拉·依皮斯皮乌（Nicola Episcopius）的妻子茱斯蒂娜"两枚戒指，一枚镶钻，另一枚嵌着一小颗绿松石"（出处同上）。哲学家为壁橱中的所有物列了清单：若干杯子、瓶子、勺子、他人赠送的手表，其中的几块为纯金所制。他补充道，"我有许多件珠宝"（P434）。

　　小汉斯·荷尔拜因的画作足以证明哲学家所言属实。画中的伊拉斯谟右手执一根芦苇笔，他正在写作，右手的其余细节无法辨认，而左手清晰可见，搁在一张刚完成的手稿上。仅戴在左手上的戒指就有四枚：食指上有一枚，无名指上有两枚，最后一枚戴在小拇指上。

▷《伊拉斯谟》，小汉斯·荷尔拜因，巴黎卢浮宫

77

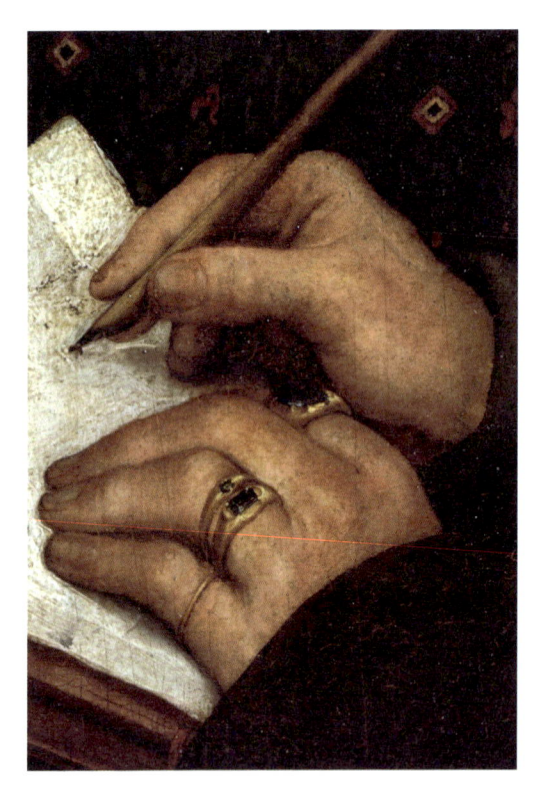

中指上并无戒指。画中细节让人无法辨别哪枚镶了钻石、哪枚嵌了绿松石。唯有戴在小拇指上的那枚看起来像黄金素圈。哲学家有一枚戒指上带有刻着界神形象的凹雕宝石。不过，此块宝石实为参照酒神巴克斯的形象雕刻的！它是一份来自学生亚历山大·斯图亚特大主教的礼物。作为老师的伊拉斯谟是否知晓呢？学生又是否知晓呢？答案不为人知。笔者倾向于以下猜测：哲学家学识渊博，不会对这个问题一无所知，他一定知道真相。尽管如此，伊拉斯谟并未察觉到不妥。我们并不清楚，小汉斯·荷尔拜因画中的凹雕宝石戒指是否是人文主义思想家自己戴在手上的那一枚。或许，正是食指上的那枚？

上述内容并非与主题无关。伊拉斯谟的著作《会谈集》中包含两篇《宴饮》，其中人物混杂，特质相异。尽管如此，人物间的联系不容忽视，包括耶稣与伊壁鸠鲁……

伊拉斯谟的哲学计划在于去除天主教日积月累的糟粕。作为一位神父的私生子，伊拉斯谟声讨着教士的罪恶，修士的荒淫，买卖圣物，非法的赦罪交易，神父少条失教，厚颜无耻，纳污藏秽，与有钱有势者勾结以对付穷人，圣事收费，教皇好战，骄奢淫逸，对斋戒、圣徒、圣母玛利亚及誓愿过分迷信：贫穷酿成寄生现象，有悖于天性的贞洁令罪恶丛生，服从导致奴役。

基督为人节俭，却少有人为此大肆宣扬。更欣赏苏格拉底而非柏拉图的伊拉斯谟主张在践行智慧的同时，令生命与思想相吻合，正如耶稣一样。他一心想通过改革以拯救教会。

伊拉斯谟赞扬禁欲主义、节制、简单与俭朴中的乐趣，它们因舍弃世俗之乐而高尚。

他所提倡的享乐主义与福音书中主张的快乐可以兼容。伊壁鸠鲁的花园中的生活是一种基督徒式的生活。幸福的顶点是什么呢？一种安宁的心神。什么人最悲惨？蔑视宗教的人。问题出在哪里？在上帝与人类相交的滞碍中。何为基督教所言心神安宁？灵魂宁静之人无有自责处。何为至

> 假设梵蒂冈听取了主张人文主义的伊拉斯谟的提议……欧洲本可以避免宗教战争的爆发。

高乐趣？像基督一样生活：方济各会修士因此将金钱、荣誉、权力、财富及女人通通舍弃。尘世的快乐虚幻且短暂，而享乐之后，完整的欲望重返，将人强制奴役在一个永恒的循环当中。当精神经受阻碍，宁静更是梦幻泡影。何处有真正的消极？在磨难、病痛、衰老、危险、战争、死亡中。

真正的基督教并非在伊拉斯谟的时代胜出的基督教，而在其创立之时，那赞美磨难、讴歌痛苦、贬抑肉体的基督教。

为了过一种基督教式的及伊壁鸠鲁主义的生活，必须直接阅读神圣文章，而不借由教士为中介。更倾向于教父圣师著作之研究，而非经院哲学，跟着福音书的内容操练自己。人们同样应该远离庸俗的肉欲，利用贞洁消除性欲的负罪感。真正的爱情不在性里面，而在于价值的和谐共享。感官的爱情越是减少，真正的爱情才会增加。这里人们联想到卢克莱修的平心静气。同样应该享受快乐：关于爱情的快乐，还有友谊、交谈、对话、用餐以及哲学的快乐。

教会并不会听取天主教徒伊拉斯谟的提议。情势会每况愈下，以至于两个世纪之后，新教教义凭借自身的力量扭转乾坤，这也是人们有目共睹的。假设梵蒂冈听取了主张人文主义的伊拉斯谟的提议，其表现形式是一种信奉伊壁鸠鲁主义的基督教，甚至是一种符合基督教教义的伊壁鸠鲁主义，人们可以想象，欧洲本可以避免宗教战争的爆发，其面目也会因此发生改变。

17

蒙田的诗琴

（1533—1592年）

来自波尔多的画家以吟游诗人的风格，将蒙田在其《随笔集》中所述一景呈现在画布之上。蒙田同样来自波尔多。与其同行一样，艺术家以文本入画，他所选取的，是一段带自传性质的叙述文摘要，与哲学家在童年时期所接受的教育相关。哲学家的父亲所期待的教育是人文主义式的，它与来自鹿特丹的伊拉斯谟的精神相契。为此，哲学家的父亲以古人为榜样，将西塞罗的语言运用到教育的方方面面。在家里，包括父亲、母亲、雇工、侍女、用人在内的所有人都讲拉丁语。若干年后，连周遭的村庄也受到了影响，以至于某些拉丁语名称在那里生了根，并沿用至今。蒙田写道："没有方法，没有书籍，没有语法或规则，无需教鞭，无眼泪，我就学会了拉丁语，并且同我学校老师的拉丁语一样纯正。"（Ⅰ，26）幼年时，他就能阅读拉丁文的古文献。他也学过希腊语。他读过普鲁塔克的《平行列传》以及塞涅卡的《致鲁西流书信集》，后者是斯多葛哲学的集大成者。

该画所描绘的正是如下一段话："早晨孩子还在熟睡中就粗暴地把他们弄醒（他们睡觉比我们更沉），这会扰乱孩子娇嫩的头脑。我父亲听信了这个迷信，每天早晨便用乐器声将我唤醒。我身边从未间断过给我演奏的人。"（Ⅰ，26）关于这件乐器，蒙田并未准确描述过，它是一种小型羽管键琴——用云杉制成的微型拨弦古钢琴。画家皮埃尔－诺拉斯科·贝尔吉为其选择了诗琴，它是新哥特浪漫主义精神的代表乐器。

在接受了一种卓越的罗马式教育，并受到巴洛克音乐及拉丁哲学的熏陶之后，蒙田出版了《随笔集》一书。据他所言，在书写的同时便已完成了此书。作为西方思想史中的巨著，《随笔集》在蒙田看来，仅是一件替代品，用来代替和已故好友埃蒂安·德·拉波哀西

《蒙田的童年》,皮埃尔-诺拉斯科·贝尔吉,利布尔讷美术博物馆

之间的对谈。后者的名作是《自愿奴役论》，他在书中断言，权力得以存在，是因为民众并无抗拒。多亏《随笔集》为其提供荫蔽，此书才得以出版。在宗教战争期间，它还成为新教教徒们的必读书目。作为《自愿奴役论》的外壳，《随笔集》还包含了拉波哀西的二十九首诗篇。但蒙田显然不愿看见他的好友被法国的某一宗派利用，来打击另一派别。

此部巨著是一本巴洛克式的作品：它像一间珍奇屋，在所有主题的论述中，来自古代的参考文献比比皆是。当蒙田向一位秘书口述《随笔集》的内容时，他偶尔会从堆放着上千本书的架子上抽取出某位古典作家的作品，并援引其中某段内容，要么用于阐释自己的陈说或推进相关的论述，要么作为某章节的抨击对象。

在这本百科全书式的作品中，一切应有尽有：爱情的悲欢、友谊的伟大、生命的短暂及面临死亡的必要准备、教育孩童的游戏、讲求公正的政治艺术、单纯的上帝本质及宗教层面的约束、动物的智力与大自然的教训、野蛮人的机敏和文明人的粗野、历史的经验教训与人类本性的秘密、美德及激情的构造、经院哲学的荒诞和具象思维的必要性、书籍的奥妙及女子相伴的甜蜜，等等。

蒙田的学问并非来自哲学书，在他看来，那些书仅仅是在评论其他哲学书，而其他哲学书也同样是在对另外的哲学书发表议论：它们实为蒙田所嘲讽的对象，即注释者以及对注释的注释者。蒙田的做法是讲求从日常生活出发，从所观察的人与物出发。他的作品中充满奇闻逸事，以及一些使人获益匪浅的小故事，它们全都来自蒙田曾经所见或所读之物。通过对自我的审视，哲学家得以创制一幅关于人类之状况的肖像。他从自身出发，而普遍性才是其最终目的。

蒙田的思想与个人生活融为一体：他的童年自由自在，被温柔和游戏所填满，这令蒙田豁然开朗———一颗满满当当的脑袋不如某个千锤百炼的头脑；他的妻子和母亲是两位脾气火暴的女人，这导致他在谈及女性时，会表现出倨傲无礼的样子；蒙田十分爱戴他的父亲，不遗余力地履行着儿子对父亲的义务；骑马事故令蒙田发表对死亡的论说，在他看来，死亡的来临并不像人们以为的那样扑朔迷离；当他的目光投向自己养的小猫时，蒙田将对动物的智力做出前所未有的阐述；当他看见痛失孩子的乡民当天便下地耕作时，蒙田不由得陷入深思，从而发出如下的美妙陈说：贫贱之人亦有其伟大之处，即同宇宙保持步调一致；他记录下与巴西人在波尔多的相遇（但在《随笔集》中，蒙田将波尔多改为鲁昂。由于国王在某次造访波尔多时对城市印象不佳，为了不冒犯国王，才作了以上改动）。当时，人们才刚刚发现巴西人的故土，这次邂逅开拓了蒙田对基督教世界的有限了解；他与当权者，尤其是国王来往频繁，亨利三世曾在蒙田家留宿，亨利四世也与蒙田关系匪浅，另有当选波尔多市长的经历，都促使蒙田开始思考如何实践政治；在《旅行日记》中，蒙田记下自己出国旅行的经历，并借此劝告人们向他人学习；蒙田还患有结石症，某天，受病痛启发的哲学家开始思考痛苦——他的一切思考皆源自其本身存在之经历，并为存在之大厦的建成而倾注心力。

蒙田并非在不同时期分别信奉斯多葛主义、怀疑论及伊壁鸠鲁主义，而是在同一时间既是斯多葛主义，又是伊壁鸠鲁主义和怀疑论的簇拥。此外，蒙田还信仰苏格拉底，但从来不奉柏拉图主义为上。他欣赏苏格拉底关于自由之人的自由之路的论断；他为思考而活，也思考生活；他不在书里，而在世界当中找寻世界的真相；他缺乏严肃精神，却偏爱幽默、讽刺及修辞的捷径；他讽刺纯粹的理念及概念，嘲讽当时的经院主义阐述及学术言论；他认为许多大部头的书籍不仅编排杂乱，而且一文不值，其唯一的用处在于为教师工资做辩护；他并非为职业思考者而思，而是和大家一同思考，并为所有人思考。

蒙田的作品使法国哲学成为可能，而后者为欧洲的其他哲学开辟了道路。正是蒙田的著述开创了法国哲学的原则：简明写作；文学相随，文章得以练达；以第一人称写作，运用主观修辞；忧心普罗大众，却对教授精英或大学精英不以为然；尖锐的心理刻画，以促成对人类本质公正的认识。

《随笔集》推动着思想走向现代化。实际上，蒙田在哲学领域有相当多的重大发现。

他发明了非宗教化的思考：在此前千余年的时间里，哲学一直服务于神学，并必须竭尽全力为上帝、基督之真理及《圣经》庆祝。同时，哲学还被用于解释基督教的种种奥秘：一个人如何既是贞女，又是母亲呢？他怎能既是父亲，又是儿子，还是圣灵呢？基督的身体如何出现在圣饼里呢？他的血液如何存在于葡萄酒之中？在蒙田看来，他思考的对象是此岸世界，而非彼岸世界，是当时当下，而非信仰者所虚构的天上世界。一千种不着边际的推论和诡辩在蒙田这里土崩瓦解。

> 在蒙田看来，他思考的对象是此岸世界，而非彼岸世界，是当时当下，而非信仰者所虚构的天上世界。

蒙田发明了自省的方法，这在笛卡尔写出《谈谈方法》并提出"我思"的一个世纪之前，与奥古斯丁生活的年代更是相去甚远。后者在《忏悔录》中很少言及自身，更多则是谈及上帝——他的交谈对象。蒙田提出真理不在书中，尤其不存在于教会圣师及经院哲学的圣书中，他主张真理在身体内部，提倡从自身找寻真理。

如此一来，他发明了现代意义上的主体概念，这让我们沿用至今，即一个独立、有主权、自由的主体，一个可以称"我"以及"我自己"的主体，尽管帕斯卡将在《思想录》中指责蒙田，但他并非意在责问蒙田的利己或自恋、自尊或自满，而是指摘蒙田的好奇心，他那为了获得无可争议的真相而熊熊燃起的好奇心。

因此，为了践行先驱克洛德·贝尔纳的思想，他发明了实验哲学，即从感官可感知的实际出发，在蒙田看来，它比所谓的心智真实更为重要，后者仅可被智力所感知。因此，蒙田所建立的哲学与柏拉图的正好相反，他既不喜欢柏拉图，更不喜欢柏拉图主义，它与基督教的联手，使得后者在公元4世纪初期君士坦丁大帝的统治下，成功变成了官方宗教与哲学。而蒙田的探究方向并不在于基督教中所谓的真实，而在于他将登陆的那片未知土地，作为一名发现者，他所面对的是一个有关精神、心灵和智慧的新世界。

他在"食人肉者"一章中提出了文化相对主义。他与波尔多的巴西人进行交流，并惊讶于人们将不着紧身长裤之人称为野蛮人。蒙田描述着巴西人的风俗习惯，包括饮食、穿衣、打猎、用餐、攻击、吃死人肉及结婚，并得出结论：一种文明比另一种文明更高级，但低级文明也同样可以给我们以经验教训。蒙田的一名仆从来自诺曼底，他曾是一名水手，在巴西居住过，会讲当地的语言，因此充当着蒙田与新世界来人之间的翻译员。多亏了他，蒙田才得以开始收藏我们如今称为原始艺术的作品。

于是，蒙田创造了赤身裸体的人，他还未从犹太-基督的上帝手中脱离，便由于原罪被立马贴上了下流的印记，但如此模样之人却出自大自然。他将很快成为高贵的野蛮人，并将拥有一个确定的未来，此话出自卢梭之口，他正在给克劳德·列维-斯特劳斯，即

《忧郁的热带》的作者写信，内容是《论人类不平等的起源和基础》。

一千种不着边际的推论和诡辩在蒙田这里土崩瓦解。

本着这一精神，蒙田提出了幸福的节制：简单、朴素、天然的善、苦行，那些原本被认为是野蛮人的生活结果被证实是非常文明的。巴西人不会积累资金，不做无用的工作，不会设法囤积，他们不会将工作变成一种宗教，而将工作看作生产基本物资而进行的必要活动。饮酒，进食，穿衣，保护自己不受恶劣天气影响。野蛮人为了存在而生活，而不是为了占有。

以上所有发现均在为真实且具体的世界正名。带着这些发现，蒙田提出了理性宗教。他绝不是为了否定上帝的存在，蒙田并非无神教徒。他祈祷，默诵天父，将一块还愿牌存放在洛雷托圣母院的圣母前，他在家中参加弥撒，并敲响三钟经，在巴黎议会前公开声明信仰天主教。但同时，对于天主教中他所认为的迷信部分，他会将其扫除：圣迹，圣牌，被抑制的道德，即对身体、欲望、激情及冲动的仇恨，迫害美洲印第安人，赦罪，给自杀定罪。因此，蒙田是一位具有批判精神的天主教徒，在他看来，由于他出生在法国，而法国是一个天主教国家，因此他自己就该是一名天主教徒，就像在德国，他会是新教徒，或者在波斯，他会是伊斯兰教徒。他的上帝很朴素，不花里胡哨：他赐予或者不赐予恩典，人们既无法证明上帝存在，也无法证明上帝不存在。理性没有用武之地：上帝许下诺言或不遵守诺言。这正是忠实信仰者的姿态。早在康德发表《单纯理性限度内的宗教》之前，蒙田就已经提出了理性宗教。

和野生动物及仆人共处，观看猫的成长和农场动物的生活，由此蒙田提出了反物种歧视主义。在《随笔集》中的《为雷蒙德·塞朋德辩护》一文中，蒙田摧毁了基督教的以下观点：动物是由上帝创造，并供人类使用的，因此人类可以凭借自己的喜好随意处置它们，如让动物工作，饲养动物的目的在于吃掉它们，将动物撕成碎块则是为了得到它们的皮毛，这便是物种歧视，即一种针对物种的歧视（20世纪，哲学家彼得·辛格发明了"物种歧视"一词，好比"种族歧视"意即针对种族的歧视，"性别歧视"意为针对性别的歧视）。早在达尔文发表《物种起源》以前，蒙田便认为人与动物之间并不存在本质上的差别，只存在程度上的不同。蒙田并非现代语境下的反物种歧视者，但正是他才使得该思潮成为可能，在他看来，动物会思考，有思想，拥有智力，有记忆，它们承受痛苦，会爱，会沟通，懂交流，会预测，懂得照顾自己，会学习。甚至，动物在某些时刻比人类更高明。因此，没有任何动物是另一种动物的奴隶；动物比人类更为忠诚；它们不会折磨自己的同类，不会向同类发起战争，只会为进食而杀戮；它们的亲吻单纯地指向发生性行为；它们比我们这样的两足动物更具有远见；与我们相比，它们对所承受的善与恶拥有更长久的记忆；最后，它们践行着美德：忠实、感激、宽恕、懊悔、感恩、宽厚，这些在智人身上已属罕见。

更令人震惊的是，蒙田也阐释了女权主义。为何这"更令人震惊"呢？因为蒙田家里，有几位憎恶女性的人，或按当今的说法，存在几个大男子主义者，但如何能在16世纪出言指责他们呢？蒙田写下了这段话："雄性和雌性都出自同一块模具：除构造与功用外，差别并不大。"（Ⅲ，5）换言之，他既肯定了差异的存在，同时作为一名天主教徒，他也提出了一种系谱，不是自然的，而是一种文化的系谱：女权主义的基础观念。西蒙娜·德·波伏娃在《第二性》中更无别样的阐述。

蒙田的母亲向他隐瞒了他太太出轨的事实，这样想来，蒙田确实可以为自己找到不少合理的、轻视女性的理由。但他也有许多不错的、认可女性的理由：他与玛丽·德·古尔奈不仅维系着智力层面与精神层面的关系，还可以将二人的关系上升至充满爱意的友谊，蒙田将玛丽称为他的"义女"，而她不仅给蒙田的生命带去了不少幸福的时光，也不断鼓励蒙田进行创作。

在这样的状态下，他提出了后基督教友谊：《随笔集》中的某些篇目被蒙田用来献给某些女士，而拉波哀西更常是蒙田的题献对象，这最终演变成了一种哲学层面的"驴桥定理"。此外，他曾为拉波哀西写下数篇美妙的篇章。他恢复并重建了罗马式的友谊。换言之，它并非由利益驱动，而在于渴望友谊之愉悦。他明确解释，该种友谊十分罕见，三百年出现一次；时间会改良它，反之时间会损坏爱情；给予友情的人也会收获友情；而男女之间难以产生这样的友谊，因为两性之间总是掺杂着身体的欲望，不然就混杂着快感，这便是他不承认与玛丽·德·古尔奈之间存在友谊的原因。在两性关系中，一切都是平常的，"意志，思虑，判断，财富，女人，孩子，荣誉和生命"，与友谊——同窗之谊或者同伴关系截然不同。

此类友谊可被称为后基督教友谊，因为基督教并不喜欢罗马版本的友谊，它认为后者过于精英主义，过于贵族，过于拣选，此种友谊的运行与同类的爱情邀请正相反。在基督教看来，同类之爱是对所有人的，是对上帝的普遍的爱，也是被上帝所爱，并为上帝而爱，没有特权，没有区别，没有选择。但当友谊无处不在时，它也无迹可寻。

通过以上巧妙地反基督教化的过程，蒙田提出了后基督身体。它不再与相信我们自伊甸园堕落有关，也不再与我们带着原罪的身体相关。对于天主教堂的顶礼者而言，一具被虐待的身体意即被救赎的身体。而蒙田则主张爱护真实的肉身，一具喜欢饮酒、进食、亲吻女孩、享受存在之愉悦的身体，而无须产生罪恶感或认为自己是道德败坏之人。《随笔集》中充满了大量关于作者身体的描写：喜爱牡蛎和淡红葡萄酒，调戏女孩，骑马直至精疲力竭，承受着结石症，老去，表现出笨拙的样子，睡觉并做梦，差点因骑马事故而殒命。从此以后，这具身体才是他思考的对象；从此以后，这具身体才是他必须予以重视的对象。身体，与蒙田一起，再次落入凡尘。

最终，蒙田发明了教学法。我们能在皮埃尔－诺拉斯科·贝尔吉的画中找到相关的内容。童年的蒙田出现在画面中，看起来像是一个不具备超验性的基督，他的身体不同于孩童的身体，更像一个矮个子的成年人。我们可猜测那便是哲学家未来的身体。他倚在篮子里的几块软垫上。一位女士，她可能是蒙田的母亲，正充满母爱地用右手怀抱着蒙田。她的左手正拿着一本书，手指像书签一样分开书页。在画中，我们看到一位母亲正在给她的儿子念故事，手中的书意即一种启蒙的方式，而蒙田年幼之时，所受到的教育便是如此，他是听着古代作家的作品长大的。我们可以把画中母子看作圣母与基督，画家采用吟游诗人的风格，并在处理赤裸孩童的身体时，借用矫饰主义的手法，利用一块

> 画中的母亲代表着精神的食粮，而这位家庭教师则意味着有形的食物。

织物及时遮盖住他的性器官。在这美丽的孩子身后，站着一名正在表演诗琴的男子，以及一位看起来像家庭教师的女性。她的手里端着一个杯子，似乎正要给孩子喂食——可能是早餐。画中的母亲代表着精神的食粮，而这位家庭教师则意味着有形的食物。而画布之上的蒙田是一位没有父亲的男孩，陪伴他的，是一位深情的母亲、一位家庭教师及一位音乐家，后者属于家仆。一本翻开的书被放在地上，这意味着当诗琴演奏者出现时，人们便将书籍教给我们的东西踩在脚下，相较而言，诗琴的演奏更能给予孩子良好的教育。此种场景发生在某座城堡的大厅里，厅内竖立着多根古代的列柱及巴洛克式的帷幔，画家将罗马式教育及当时的音乐融合在一起。而在画面的背景中，天空布满了晨曦的色彩。所画即所写。哲学家曾写下：在他的童年时期，人们用音乐启发他成长。

这个孩子将成为一名哲学家，他也将创立一种具有改革精神的教学法，并启发后世的教育家们——其影响从卢梭的《爱弥儿》和《新爱洛依丝》开始。那么，这种教育科学的实质是什么呢？

蒙田讨厌装得满满当当的头脑，当时的人们同每个时期的人一样，用当下的蠢话和蠢事填充自己的脑袋。相比而言，蒙田更喜欢精心打造的头脑。他的这句名言也变得家喻户晓。如果智力会犯错，那满满当当地装着那么多事物还有何用呢？一只鹦鹉或一只八哥不可能成为好学生的模范！

蒙田断言，成人从童年便开始被塑形。自从诗人华兹华斯宣称"孩子是人类的父亲"（而弗洛伊德也认为这一说法大有好处……）以来，此类言论就变得很平庸了，但在当时，蒙田的论断是具有革命性的。

为造就一位哲学家，无须将托马斯·阿奎那的《神学大全》放在男孩或女孩的手中，这种做法只会让孩子扫兴，而是应该邀请他们去亲眼看一看这个世界，并教他们解决世界上存在的各种各样的谜题。一切都在运动、流逝，寻找事物的唯一起源是不必要的：早在很久以前，赫拉克利特就已言明，河流是世界的真相，我们不能两次踏进同一条河流，而应该了解事物的运动。

蒙田劝告人们不要将书籍变成无法逾越的教育之困，而应该去旅行，了解世界的风貌，并且不能忽视身体之教育，因为健康的精神还需寓居在健康的身体内。他还建议去践行美德——诚实、正派、有道德感、坦率、正直、忠正、真诚……在幼年便向孩子传授哲学，因为伊壁鸠鲁曾经说过，"投入哲学学习既不会太早，也不会太晚"，蒙田还主张寓教于乐，可以通过游戏学习。例如，在这幅画作上，我们可以在孩子的脚边看到某类游戏。

该画将上述一切都囊括其中。在观赏这幅画时，会发现它透出一缕温情、一脉柔情、一种成年人对孩子的爱。画中的孩子十分开心，他像童年的耶稣一样存在于世，那时还没有上帝，就像孩子的父亲在画中也是缺席的一样。在戒尺和纪律统治的那个一百年里，身体的惩罚成为学校苦行的一部分。这种耶稣诞生于一个崭新世界的气氛，宣告着画家在作画的当时所了解的事情：画中的孩童是一切现代性的父亲。因此，他的父亲无须存在于画中。他在画中没有父亲，因为他自己就是父亲：没有他，法国哲学将不复存在。

18

马基雅维利的手套

（1469—1527年）

与其说矫饰主义画家塞迪·第·提托笔下画的是马基雅维利，不如说是马基雅维利主义。准确地说，当创作此幅画像时，马基雅维利本人并不在场，他早已去世。画家是在他去世9年后才出生的。该画的创作时间可追溯至16世纪下半叶，不过我们已无法知晓更准确的日期了，而《君主论》的作者马基雅维利死于1527年，因此，思想家与此幅肖像画之间相隔了四分之一到半个世纪的历史。此段间隔相当之长，我们与其说画像表现了思想家的原貌，不如说我们所看到的，是他最终呈现在画布上的模样，即马基雅维利的具象表现。

而马基雅维利主义并非马基雅维利本人的思想。至少，前者只是从马基雅维利的整体思想中所提取的一小部分内容。而它实际上歪曲了这位佛罗伦萨人真正的政治思想。

何为马基雅维利的思想呢？

尼科洛·马基雅维利所思考的是具体的事物：他的工作内容并不在于传授哲学观点或依照书本教授哲学，而在于努力争取外交方面的权利，即积蓄战争的力量，或者可以反过来说，他努力积蓄战争的力量，以获得外交方面的权利。身穿外交家服饰的马基雅维利为佛罗伦萨共和国效力长达14年。在工作中，他亲眼见证了腐败、阴谋、诡计与投机，也深知人类灵魂深处的恶行。他对人的本事一清二楚。在西班牙人的帮助下，美第奇家族的拥护者颠覆了共和国。它仅存续了18年，马基雅维利曾与共和国同在，他拥护共和政体。在他生活的年代，意大利还不存在，它整体的模样还需等待3个世纪才能初见端倪。在此之前，城邦国家林立，它们相互分离，各自独立，也因此经常成为欧洲君主制王朝的刀下亡魂。

《马基雅维利的肖像》,塞迪·第·提托,佛罗伦萨旧宫

马基雅维利的想法并不复杂：联合所有的城邦国家，使其合并为一个唯一且强大的主权国家。作为思想家，他想将一个个分散的单位组合成一个整体的国家。以上正是《君主论》中的主张，即将多元的单位整合成唯一的政治体。加入人民的阵营后，马基雅维利公开反对专制君主：在他看来，人们并不希望自己被残暴地对待，而专制君主却只向往专制统治。是以，马基雅维利成为一名共和主义者，他拥护的是共和政体。在他的另一本著作《论李维罗马史》中，可见真凭实据。它最好能和《君主论》搭配着一起阅读。尽管《论李维罗马史》仅仅被认为是马基雅维利的二流之作，但此书却成功地将罗马共和国变成了一个政治模型，并推动当时的人们去思考，如何才能将多个城邦国家变成一个强大的国家联合体。

罗马人眼里的独裁专政不可与现代语境中的含义同日而语，尤其与20世纪出现的集权主义截然不同：它含义明确，指将一切权力赋予元老院所指派之人，且此人需实现的唯一目标是完成一个特殊计划，当任务完成后，独裁官将所有权力归还元老院。因此，罗马独裁官不能滥用个人权力以图私自享乐，其权力除了受死亡因素的制约以外，还受时间限制。他的真正角色在于使用人们所给予的权力，以完成元老院所指定的任务，而非掌握权力。

作为一部注明年代与历史背景的作品，《君主论》为专制君主提供了一种罗马式的操作指南，目的在于实现一项明确的计划：意大利共和国的统一，并把中世纪的城邦国家从君主专制的猎食行动中拯救出来。然而，除《君主论》以外，马基雅维利的所有作品一概被搁置不论，就连《君主论》也被压缩为一个观点：政治哲学存在两大问题。第一：如何掌握权力？答案：一切手段皆可用。第二：一旦掌权，又该如何维持呢？答案：一切手段皆可为。更准确地说，对于"如何掌握权力"这个问题，马基雅维利的回答是：像狐狸一样狡黠或者像狮子一样使用力量。而对于另一个问题"一旦掌权，又该如何维持"，马基雅维利再次回答道：像狐狸一样狡黠或者像狮子一样使用力量。但，请大家不要忘记，模仿狮子或狐狸的君主，并非为树立其个人权威，也不能像尼禄一般大肆享乐，他的行事目的在于结束羸弱的城邦国家，并建立共和国，这与实现人民主权及公民平等息息相关。

何为马基雅维利主义呢？如若忽略此书所注明的年代背景，将其置于临时的实用主义场合，《君主论》将即刻转变为一册反历史的、超验的、理想的、本体的哲学著作。它不再执着于联合城邦国家以建立统一国家的具体目标，而是摇身一变，成为犬儒主义的枕边书，被最无德的政治家奉为圭臬。

在狄德罗与达朗贝尔联合编撰的《百科全书》中,"马基雅维利主义"被定义为"令人憎恶的政治,若用几个字解释的话,便是专制的艺术,其原则常见于佛罗伦萨人马基雅维利的著作"(t.9,P793)。可是,这段臭名昭著的定义却与马基雅维利的思想核心大相径庭。

它们之间的联系是如何产生的呢?即通过目的来区分不同的手段。换句话说,令狐狸和狮子运用各自的特质——狡黠与力量,为自身利益考量,却无意将共和国与人民纳入其政治计划的范畴内。更有甚者妄图进行另一种政治计划,其目的在于推翻共和国,并废除人民权利,这无疑是火上浇油。如此一来,《君主论》便成为敌人的枕边书,它站在人民与共和国的对立面。罗马独裁官的模式已彻底被独裁专政歪曲了,后者仅仅考虑自身的利益,而对前者提出的共和国或人民的计划置若罔闻。

诚然,马基雅维利将"道德不应该制约君主"的观点加以理论化,在他看来,由于君主的行为必须符合福音书中对"善"的解释,他便不能将其计划置于危险的境地当中。如若不存在圣保罗教义,耶稣不可能独自创造出如此这般的文明帝国。正是圣保罗教义规定了普及基督教的政治计划,并将其置于一切道德准则之上。假如没有圣保罗的剑,也没有追随其左右的军队,真福的唯一耶稣也无法让君士坦丁大帝正式宣布基督教的合法地位,从而建立一统的基督帝国。事实上,福音书中既没有关于狮子也没有关于狐狸的动物寓言,却存在着象征和平的鸽子,作为祭品的羊羔,牛及马厩里的骡子,象征不朽和重生的孔雀,象征第一批基督徒的鱼。耶稣赞美家禽饲养场、农场及湖泊的平和;而马基雅维利颂扬的却是热带稀树草原与森林的粗犷。在马基雅维利的著述中,我们可以读到以下句子,君主"为治理国家,经常被迫与人性、仁慈甚至宗教抗争。必须……尽力而为,在必要之时,远离善途,走向恶之路"(XVIII)。让我们暂时忘记上述说法中不道德的部分,它的目标在于辩证地实现一个道德的计划,即建立一个允许人民自我管理的主权国家:共和国。如果我们将错误的手段与向善的目的完全区隔开,那么哲学家所传递的信息将被拦腰截断,从而变成彻头彻尾的犬儒主义。他并没有提出"目的说明手段正当",而是主张"当目的为善的时候,手段才是合理正当的"。以上两种说法不完全相同,前者的说法并不排除目的可以为

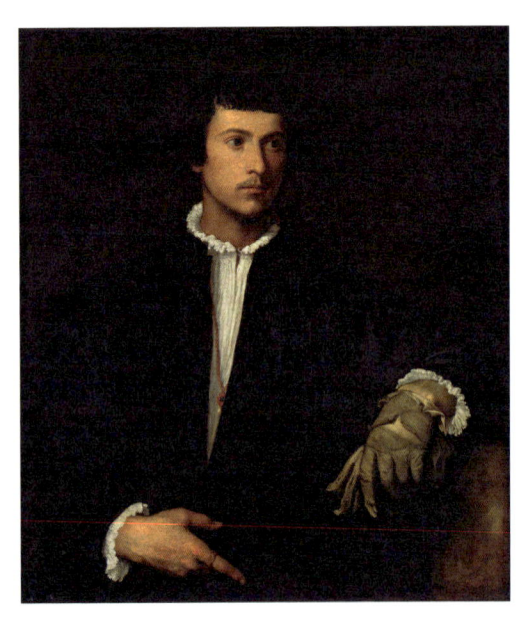

《戴手套的男人》，提香，巴黎卢浮宫

恶，但后者却相反。

道德与政治的分离由来已久。在《理想国》一书中，柏拉图以国家利益替谎言辩护。这位古希腊的哲学家在其伟大的政治学著述中写下"论正义"的副标题。他相信他的计划合乎正义。然而，他却为人们之间的不平等合理辩护，提出让一些人服从于另一些人的主张，认为生产者应听命于哲学王或掌握哲学的君王，并提倡将一切权力赋予士兵，以阻止生产者的反抗……

马基雅维利主义，贪图安逸地将自己置于马基雅维利的观点之下，主张保证政治的自治，并对任何不道德之举熟视无睹，认为任何独裁的君主皆符合正义，这才是现代意义下的专制。像希特勒推崇民族社会主义那样，相信一个没有犹太人的帝国是纯洁的。从此，专制君主便可倚仗马基雅维利，将其纳入幕后之师。

而马基雅维利的计划是在动荡的时局中实现意大利的国家统一。他之所以呼吁人们从福音书所规范的道德中解放出来，是为了加速政治的进程。糟糕的是，在马基雅维利的助攻下，政治不加掩饰地推行着其以往的做法：在善与恶之间左右逢源，要么站在道德的制高点批评政策欠佳，要么从拙劣的政策入手，鼓吹正义之道德。由此，马基雅维利开启了无所顾忌的犬儒主义时代。

塞迪·第·提托如何才能不描绘马基雅维利的人物形象，而将马基雅维利主义以肖像画的形式表现出来呢？

我们对尼科洛·马基雅维利的长相所知甚少。诚然，费德里科·法鲁菲尼（Federico

Faruffini）曾创作过一幅名为《马基雅维利在伊莫拉与恺撒·博尔吉亚相遇》的画，不过此画创作于1864年；斯特凡诺·乌西（Stefano Ussi）的画作《书房中的马基雅维利》的创作年代则更晚，是在1894年。两位画家毫无拘束地对马基雅维利进行了重塑。在画家克里斯托法诺·德尔·阿尔蒂西莫（Cristofano dell'Altissimo）所创作的一幅肖像中，马基雅维利的额头宽阔，喉咙

塞迪·第·提托如何才能不描绘马基雅维利的人物形象，而将马基雅维利主义以肖像画的形式表现出来呢？

粗大，鼻子又大又长，下半边脸上的嘴巴很小，连下巴都看不见了。它创作于1552—1568年，也是在哲学家去世后25到41年才被创作出来的。

塞迪·第·提托所绘制的肖像画成了马基雅维利的代表画像。各种百科全书及哲学教材都可见到它的身影，与哲学家有关的书的封面上也是如此。是以，此画已成为马基雅维利。

一些艺术史学家提出疑问，此幅马基雅维利的肖像画是如何在旧宫重现的呢？旧宫是佛罗伦萨的政治中心，当时的马基雅维利并不为美第奇家族所喜。我们假设此幅肖像所画并非马基雅维利本人，而是马基雅维利主义的代表——理由是美第奇家族不喜前者，却偏好后者——画作本身的存在便不容置喙。虽然马基雅维利主义与这位哲学家无关，但他却为其树立了一套行为范例。

不论是超越了尼科洛·马基雅维利原本的特征，还是依循了哲学家的个性忠实描绘，该幅肖像可以看作由狮子与狐狸结合而成的人类空想图。任何与狡黠及力量相关的动物均可加入其中：猛禽类、猫科动物、爬行类、蜥蜴类。画中人物所着服饰并非美第奇式的，而是一件丝绸天鹅绒制品，与萨伏那洛拉的黑衣及博尔吉亚的红袍更为接近。画家只画出了哲学家四分之三的身体，后者的右手放在一本书上，并将其握住。书名不可知：会是《君主论》吗？《君主论》很薄，但画中却是一本厚书，尽管我们知道，艺术家无须注重此类细节。可以肯定的是，它绝不会是《圣经》。有可能是《论李维罗马史》的其中一卷。但笔者更倾向于将此书看作《君主论》。此外，画面之上，还有一副手套……作为一种时尚的

配饰，手套上常喷洒香水，被人们用来赠予优雅人士。可画中的手套并不符合上述的解读。同样，"一双戴着天鹅绒手套的铁手"也不适用于此画，尽管所传达的意思相近，但二者的年代相距三百年——此言出自贝纳多特之口，他曾任瑞典国王，与阿图瓦伯爵相识，两人是同代人……手套也可能还有其他含义。

马基雅维利紧紧握住手套，神情坚定，一点也不像拿着一对柔软的皮质用具或一块布料的模样，反而像拿着其他东西……两根手指像剪刀的刀片，这位《君主论》的作者像手持一柄匕首一般……这令我们联想起提香的画作《戴着手套的男人》(1520—1523年)。提香画中的手套显出皮质用具典型的柔软，它不像塞迪·第·提托所表现出的那样坚硬。作为一位醉心于符号的矫饰主义艺术家，塞迪·第·提托笔下的肖像显出严肃而庄重的样子，他专擅比喻与象征，却对具体的事物弃之不理。

人物的目光狡黠而凶猛，像蛇一样露出微笑，嘴唇被隐去，干瘪的脸上只见骨头与软骨，没有肉与脂肪。他像一种爬行动物，同时又结合了狐狸的狡黠与狮子的力量，前者善于钻营，后者善于杀戮；他剃完胡须，头发茂盛，身着如血般红的、如夜般黑的衣服，长着蜥蜴般的小耳朵，将右手放在书上，左手握拳，像是为实现书中的戒律而时刻准备着。画中的一切看起来都趋向同一个目标：马基雅维利主义才是画家作画的对象……这位哲学家与我们身处同一时代。

加注

目光如铁，寒光似火

盲品红酒会带给我们非同一般的惊喜，发现一幅无名氏肖像，继而发掘出它的真名，同样会引起类似的惊喜……

正如前文所述，塞迪·第·提托绘制了一幅马基雅维利的肖像画，而画家并未根据生者的模样作画。我们对画家的创作方式也一无所知：他是否收集了与马基雅维利相关的资料或画作呢？它们或许能够让画家对哲学家的外形有足够的认识？他是否收藏着一些信件，其中存在对其外形轮廓的细节描述呢？他是否与认识马基雅维利的人交谈过？也许后者曾透露过一些信息，画家再将其描绘在画布上？上述问题的答案却不得而知。

此前，笔者曾提出一个假设：画家塞迪·第·提托所创作的对象，其实是马基雅维利主义。换句话说，画家根据《君主论》中的观点创作出了画中的人物形象，应不同场合的需要，他表现得要么像狮子一样强壮，要么如狐狸一般狡黠。在笔者

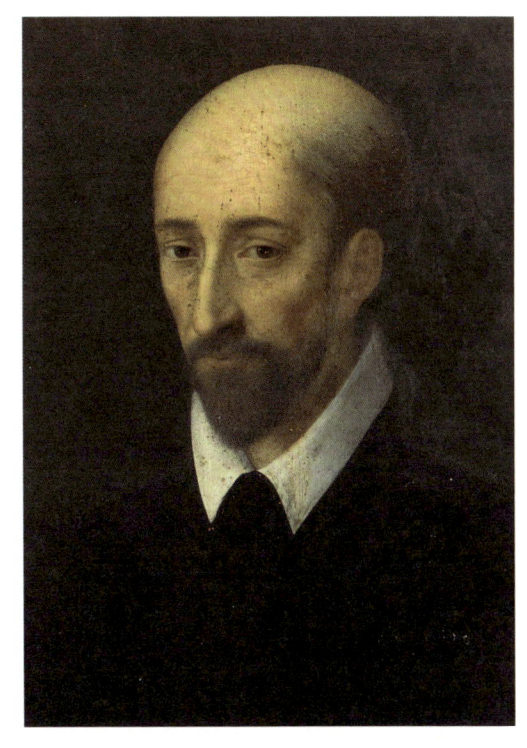

可能是马基雅维利的肖像，无名氏（被认为是19世纪列奥纳多·达·芬奇的作品），瓦朗塞城堡收藏

看来，这张脸庞，实际是一种幻想，即融合了狮子与狐狸的化身的空想。

但我之所以做出了如此的解读，是因为我知道画中人物的名字，而这一解释也许仅仅是一种投射。让我们来想象一下，一位艺术史学家正在进行一项学术调查，结束后，他做出了如下论证：画中人物是一位总督，他与马基雅维利主义毫无瓜葛，更不是一位马基雅维利主义者。笔者却将其看作狮子与狐狸的结合？我的解读像什么呢？不过是一句蠢话罢了……

长久以来，正如我们开篇所讲的那样，伦勃朗笔下的人物被错误地解读为一位身处楼梯下方的哲学家，尽管这一评述与画作标题的内容相匹配。然而，我们并未真正理解画作的内涵：双目失明的托比特和安娜正在等待归家的儿子，后者将带回药品，治愈失明的老父亲。作品名并未帮助观众解开作品的密码，反而妨碍了观众对作品的观赏及理解。

我们对这幅画作所知甚少：不知道它的创作者为何人，甚至对画中的人物也一无所知。

初看之下，如果我们从美学创作的角度出发，这幅朴素的画像显得纯粹而肃穆，令人联想起加尔文教徒的肖像——这位男性既可能是一位宗教战争的积极参与者，一位上尉或者一位牧师，也可能是一位思想家、哲学家，或者宗教改革的理论家。

若从服饰出发，它表现的美学创作特征是质朴、单纯且严肃的。白色的衣领既无点缀，也无花边，没有任何装饰与黑衣搭配，后者与相同颜色的背景融于一体。这可能是一幅蒙田的肖像画，不过《随笔集》的作者蒙田是一位忧伤的伊壁鸠鲁主义者，一位悲观的享乐主义者，而画中人物的眼神却诉说着迥然不同的事情。

如果从脸庞出发，他看起来脸色蜡黄，满脸忧虑，像一位肝病患者。不过请注意那些真正的颜色以及颜料在时间影响下的变化……他的脸被磨尖了，像一把尖刀，而下巴上的山羊胡更是增强了画面效果，使脸似刀尖一般往下坠。他的脑袋占据着整个画面，黄色的光线聚焦在光秃的头顶上。鼻子如鸟喙一般；嘴巴似被钳子钳住；目光像钻孔器一样在打转。我们无法想象他大笑或微笑的模样，也同样无法想象他开玩笑的样子。据说有一类人，他们在自焚时才会大笑，他便是其中一员。另外，他用黄的、冷的、冰的、寒的火燃烧自己，也同样燃烧着他所注视之人。他是一位被燃烧的放火者，或者说，他是一位放火且引火上身的人。一切皆来自一簇冷火。

杏仁般的瞳孔处在昏暗虹膜的中央。当我们看向他所看之物时，除了他的目光以外，我们看不见任何事物。**此画只是在定格一个运动中的目光。** 昏暗的半身像被我们遗忘，它最终与黑色的背景融为一体；锋利的白色衣领也被遗忘，它像两片刀片；我们也看不见被修剪得尖尖的山羊胡须，还有他稀少的头发及花白的鬓角；我们不再能看见他那如一块羊皮纸一般绷紧在凸出的骨头上的干瘪的皮肤；我们对发展过度，并推动着大脑运转不停的智力视而不见；我们忽略了那扁塌的下颌，在它的作用下，脸庞才变成了一颗钉子，或一滴坚硬无比、翻转的水珠；唯有如磁铁一般的眼神，以及其中冷寒的簇簇火苗。

他是一盏白炽灯。至少，我们对此可以肯定……这是一盏冰冷的白炽灯，一把寒冷的火，一团火炭的冷意，一个几乎溢出的脑袋。假如我们所见的仅仅是他的眼神，那我们可能并未见到该肖像上所绘的大脑。此外，从解剖学的角度来看，眼睛是大脑通过视觉神经的投射。数世纪后，我们之所见，也同样审视着我们自身，这便是像钟表一样精准运行着的智慧。

这位男性是谁？
又是由谁画的呢？

目前来看，此画可能是列奥纳多·达·芬奇的作品，画的是马基雅维利……临近2019年的夏至，我在写作之际，有一小部分人提出，可能是《蒙娜丽莎》的创作者绘制了这幅人物肖像，所画之人应该是《君主论》的作者。

迄今为止，我们对这一意外的发现了解多少呢？安娜·格拉多[1]组织进行了一项很棒的调查。从而，我们发现，马基雅维利和列奥纳多·达·芬奇之间的相遇并未被证实，但早

---

[1] "列奥纳多·达·芬奇画了这幅马基雅维利的肖像？"(《瓦朗塞笔记》) 安娜·格拉多是安德尔历史遗产与地方档案所的负责人、安德尔艺术品与古代艺术馆馆长（负责瓦朗塞城堡的收藏）。在她的帮助下，笔者才得以完成上述部分的写作。在此，谨向她致以诚挚的感谢。

100

在19世纪下半叶，人们便已经在谈论达·芬奇为哲学家所作的一幅画像了，它当时被存放在瓦朗塞城堡。若此幅肖像画确为达·芬奇所作，且其创作对象为马基雅维利的话，那么两人的相识则有可能被证实。是以，人们来到瓦朗塞城堡，观赏了塔列朗的收藏，经过鉴别、传达、修复、转移、描述、测量、评价及保存等一系列工作，可以说，一切均被细致地检视过……没有任何证据表明列奥纳多曾为马基雅维利作画，或两人相识。反之，也无法证伪。

在一册名为《列奥纳多与马基雅维利》的小书当中，身为法兰西学院教授的历史学家帕特里克·布歇隆再次翻开尘封的档案：在读完所有与主题相关的内容后，他仍提出写书的计划。总而言之，这是一部不错的，以历史为背景的文学作品，但神秘仍未被揭晓。

研究越深入，收获却越少，但至少我们更加肯定的是，除了以下内容，没有什么可以被发现。

他的脑袋很圆，像一个充满知识的浑天仪，这是一种精神性事物，通过绘画被激发且展示出来：它拥有强大的能量，并通过眼神的流动将能量传递给观众，使我们难以忘却。在列奥纳多·达·芬奇的笔记中，有一张记录绘画的表格，其中便有这幅画：《一位长脸老人》(C.A.324.r.a.)。是否我们所认为的马基雅维利，或者在某段时期内人们所认为的蒙田，其实既不是马基雅维利也不是蒙田呢？也许他只是一位匿名的长脸老人？

19

笛卡尔的手

（1596—1650年）

笛卡尔被誉为法国哲学的奠基人。而比他早大半个世纪的蒙田却被人们遗忘在脑后。笛卡尔被认为是首位使用法语而非拉丁语写作的思想家，而《随笔集》所采用的，同样不是西塞罗的语言。人们说笛卡尔开创了近代主体性，那么这位拉波哀西的朋友所做之事又是什么呢？人们称笛卡尔为近代理性主义之父，我们可以对此表示怀疑，因为他相信上帝；他怀疑一切，但国王及乳母的宗教信仰除外，换言之，天主教不在其怀疑范围之内；在他看来，当人们谈论上帝时，能理解上帝的内涵便是上帝存在的证据——把先天存在的观念作为证据——唯有上帝才可能在我们的头脑中放入这一先天存在的观念，而非某个反复向我们灌输这一信仰之人的存在；笛卡尔的名言如下：*Larvatus prodeo*，即"我戴着假面前行"；他离开法国，前往阿姆斯特丹，之后在瑞典女王克里斯蒂娜的王宫避难。他为人谨慎细心，与其说是他独自一人创造了笛卡尔主义，不如说笛卡尔主义塑造了他……这意在说明什么？

据说，笛卡尔孕育了笛卡尔精神，而后者被认为是法国精神的代表。在《谈谈方法》出版三百年之际，哲学家安德烈·格鲁克斯曼于1987年发表了《笛卡尔，就是法国》。事情是如何发展到这一步的？人们认为，《谈谈方法》的作者的功绩之一，在于摆脱经院哲学所讲述的内容及其表述方式——不过蒙田在笛卡尔之前已经做到了这一点……人们认为，正是由于笛卡尔为哲学正名，并宣布哲学无须再为神学之仆从，才标志着哲学自主、独立与主权时代的到来——不过蒙田在笛卡尔之前就已将其实现……笛卡尔从哲学入手，而《随笔集》的作者则从主观切入——后者阐明了运动是如何发起的，而前者则先赞同该观点，随后再证实其真实性。纯粹哲学方法的支持者们支持前者，即解释美洲大陆是如何被

《笛卡尔》，弗兰斯·哈尔斯，巴黎卢浮宫

第三人发现的人，却对后者，即真正发现了美洲大陆的人见怪不怪。如此便可解释为何蒙田处于二流之辈，而笛卡尔却在一流职业哲学家之列。

虽然笛卡尔被看作"我思"的先驱，但圣奥古斯丁也有过类似的表达。在怀疑过后，笛卡尔曾断言：精神可以认识自身。然而，这一表达如何能不让人联想起德尔菲神庙的箴言呢？那句连苏格拉底也竭尽全力予以肯定的话语："认识你自己。"从箴言到笛卡尔，途经苏格拉底与奥古斯丁，笛卡尔沿袭前人成说的做法是昭然若揭的。那么，何为笛卡尔的独特之处呢？我们可以在《谈谈方法》中找到答案。起初，这篇小文只是一篇引言，它的副标题为"谈谈正确运用自己的理性，并在各门学科里寻求真理的方法"。匿名发表后，它为以下三篇科学论文起到导言的作用，分别为《屈光学》《大气现象》和《几何学》。然而，以上三个作品未能使笛卡尔名垂青史。作者在《谈谈方法》中用法语写作，他解释道，他希望妇人孺子也能理解文章的内容。

笛卡尔以第一人称写作，然而，他的自说自话并非因为自私或自大，其目的仅仅在于创建自己的思想谱系。他批评炼丹术、占卜、星象学，并称其为伪科学；为获得可靠且笃定的真相，他进而向数学请求帮助。

为得到第一条真理，他提出如下方法：有次序地怀疑除国王及乳母所信仰的宗教外的一切；在正确运用自己的理性后，仅仅把可能出现的结论看作实在；将问题分类并将其切割成不同部分，并循序解决；从最简单的问题入手，并逐渐向最复杂的疑难过渡；绝不粗略错漏；遵守临时道德，并以对世界的怀疑作为前提：服从自己国家的法律、习俗及宗教信仰，在行动中保持坚定不移的决心，培养自己的理性，并为之奋斗终生。采用上述方法后，笛卡尔得以打下稳固的基础。然而，当一切确定性被怀疑所动摇后，我们再也不能分辨正确或错误，现实或幻想。在这团知识的迷雾中，我如何能知晓自己是谁，又如何确定自己是否存在呢？如果我怀疑一切（或几乎怀疑一切），并怀疑自身（此为必要的怀疑），至少我不能怀疑我在怀疑（然而这仍需证明……），此怀疑超前于我的思想，而我一开始思考，我便存在，以上便是哲学家提出的著名论断——我思故我在。实际上，这是笛卡尔的第一条真理，也是哲学家所建造的思想大厦之基石。因此，真理便以清晰明了的方式实现自我的构想。

在神学领域，笛卡尔因怀疑而无视了某些东西，在方法的激活下，他重新凭借哲学的方式将之找回：天主教徒谈论着非物质的灵魂以及物质的身体，而笛卡尔讲述的则是不占空间、不费材料，却一直在思考的实体，以及可延展的、由任意材料制成的实体；天主教徒谈论永存的上帝及一切的创造者，笛卡尔则认为除非存在永恒、不变、持续的完美，否则，通过其方法所获取的知识便无任何用武之地，笛卡尔为上帝命名：一切知识之源头。

哲学家的逝世也伴随变革计划的远去。他的怀疑仍可以将一切推倒重来，并在其之上重建一栋崭新的建筑。总而言之，哲学家在为圣体的红色光芒提供庇护的同时，也有次序地摧毁了一座哥特式教堂，随后，他重新利用该教堂的所有石头，建起一座具有时代精神的巴洛克式教堂。他虔诚地将圣体之光重新放入新教堂内，上帝也再次恢复其庄严神圣的模样，于是，灵肉分离通过古代的理想二元论而幸存下来。建筑工地上的包工头操着一口法语，而非拉丁语，但天主教并未因此受到影响。从此，天主教迈入现代，故事结束，另起一段。

为何笛卡尔会变成哲学之王呢？他的方法是唯一的原因。在采用其方法以前，笛卡尔曾是一名天主教徒，在方法之后，他仍然信仰天主教。他拯救了上帝、二元论、非物质的灵魂及物质的肉体、传统道德、风俗习惯、自己国家的法律，为了避免重蹈伽利略的命运，深感恐惧的他全力以赴，无所不能。事实上，他的方法极具变革气质，原因在于它与经院哲学的方法分道扬镳，后者经由诡辩、三段论、谬论、逻辑偏差及辩证扭曲而发生了畸形与变异。在托马斯·阿奎那的《神学大全》中，阿奎那所创建的大厦本身非常沉重，"问题"繁多，又被细分为不同的"条目"，再四分为"异议""相反""答复"及"解决方案"……

笛卡尔采用法语的形式，其目的在于使作品通俗易读，这无疑更令其声名大涨。他为人谨慎，并在除形式以外的其他方面遵常保守。

"我戴着假面前行"（larvatus prodeo）是笛卡尔的箴言，这并非偶然。在《沉思录》中，他如此写道："跟喜剧演员一样，他们专注地掩盖住额头上的红色，穿着戏服，同样在某个时候登上世界的舞台，而我仅仅作为一名观众，我戴着假面前行……"（全集，P213）这个词语与"面对上帝"（pro deo）不同……然而，只有在书写时，才能够分辨出这对同音异义词之间的区别。另外，这同样也是一副面具。

> 为何这般取景会抹杀该幅作品的全部意义呢？原因在于，它使笛卡尔的手消失不见了。

当笛卡尔的作品再版时，或在某些与笛卡尔相关的书籍中，抑或在与哲学家相关的文章里，我们常常能见到此幅由弗兰斯·哈尔斯绘制的肖像画，甚至它还出现在某部研究弗兰斯·哈尔斯的绘画的书中，其中还对画作与哲学家的关系另做了一番研究。然而，大部分情况下，画中的哲学家都被拦腰截断了，因为画家的构图被一次性成像的胶片取景所取代，后者采用的则是典型的邮票视角。实际上，卢浮宫所展出的作品仅为复制品，由这位佛兰德斯画家亲笔签名的笛卡尔肖像画业已遗失——除非在哥本哈根展出的为真迹。耶稣会士奥古斯丁·布勒马尔特向弗兰斯·哈尔斯下订单，委托画家为其哲学家好友绘制一幅肖像，那时正值笛卡尔离开阿姆斯特丹，并听从克里斯蒂娜女王的诏令，前往位于斯德哥尔摩的王宫。是以，此画寄托着耶稣会士心底的牵挂，他为远在他乡的朋友而挂心不已。

为何这般取景会抹杀该幅作品的全部意义呢？原因在于，它使笛卡尔的手消失不见了，或者说，令他的左手消失了。然而，它却以奇特的方式出现在画作的右下角。看起来它并不属于笛卡尔。这只左手可能属于画面外的另一人，此人应保持着下蹲的姿势，他的手里可能正拿着哲学家的帽子。但为何是这般场景呢？这种想法可能被夸大了。事实并非如此，这只左手确实属于笛卡尔，它完完全全就是笛卡尔的手。为了明确绘画作品的真实性，狄德罗曾在《沙龙》中从解剖学、历史、手势的不同角度追猎某幅失实的作品。我们仿照狄德罗的方法，便可有以下发现，在解剖学家看来，这只左手与哲学家肩膀之间的联系是不可思议的！由此，才会产生第三只手从底部入画的印象。

如何解决这只乱晃的手之谜题呢？此画的委托人，正如前文所说，乃一名耶稣会士。而耶稣会成员的表里不一则是尽人皆知的事实，以至于产生了一个并不讨人喜欢的绰号。据笛卡尔所言，他希望拥有一种幸福且隐蔽的生活。他害怕法国，这个天主教国家会赐予他同伽利略一般的命运，于是，他离开了。在他看来，在新教国家荷兰，理性是思想之友，而非思想之敌，他应该可以避免科学家的不幸遭遇。

让我们再看一遍哲学家的箴言：他为何告诉我们他将戴着假面前行呢？因为他想要逃

脱世俗权威及宗教权威所带来的忧虑和麻烦。我们看到笛卡尔正小心翼翼地行动,他恰当地运用自己的怀疑法,自始至终都恪守着自己提出的临时道德。他既不想冒犯国王的权威,也不想触犯乳母的习惯,也无心得罪同代人的宗教信仰。是以,谨小慎微的笛卡尔独创了一套适用于哲学家的"人寿保险"。那顶不成形的帽子,它模糊不清,难以辨认,连一顶无边软帽也算不上,不过是一块同大衣材质相似的黑色布料罢了,由此,帽子所在的暗部便彻底融进大衣形成的阴影之中,它被哲学家拿在左手上,这块古怪的织布仿佛要从虚无中挣脱出来,或者至少,它看起来想要从画家的画布上逃脱,我们为何不将其看作哲学家所戴的一张面具呢?而它正好掉落了?人们常以为该画反映的是哲学家内心的微妙感情,而实际上,它表现的是笛卡尔哲学思想的真实性——那漆黑、昏暗

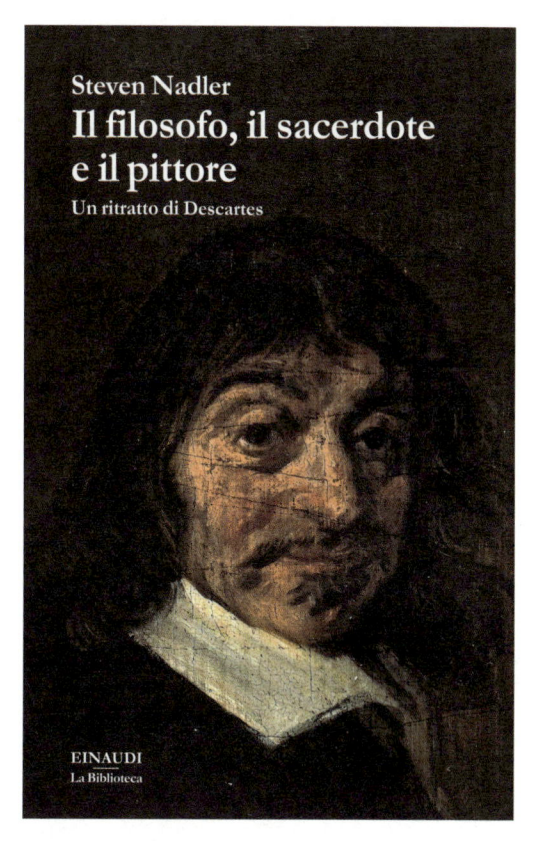

《哲学家、牧师与画家》,斯蒂文·纳迪尔(意大利文版本的封面,伊诺第出版社2014年版)

的背景就像一个没有流星划过的宇宙,也像一片没有月亮高悬的夜空,唯独笛卡尔的形象凸显了出来,他象征着独一无二的、无可置辩的本体论真相。是以,形而上学被物理学所取代,而后者则体现为笛卡尔的身体。宇宙空空如也,仅存一点暗淡的褐色,它让人联想起虚无本身的颜色。而哲学家的面具掉落了,他就是他的脸。所以,从本体论而言,当哲学家运用怀疑法将整个世界都筛一遍后,他自己也一丝不挂了。画中的笛卡尔有着一头黑色的头发。而此后,他的头发都将变成灰色,而且,他还将戴假发以便遮住灰发。他的头发正在变白,这让哲学家猛然意识到哲学的真正任务:为延长寿命而努力,正如他在《谈谈方法》的

如何解决这只乱晃的手之谜题呢？

结尾所提到的那样。我们可以进行如下解读，画中的笛卡尔不愿失去他年仅5岁的幼女，芙兰辛，这是他和女仆海伦娜·扬斯·范·德·斯特罗姆所生之女，而芙兰辛的死让哲学家惶恐不安，并使他的哲学研究发生转向：笛卡尔不再思考形而上学或者本体论，他开始研究医学，即让短命之人长寿的艺术。因此，他去屠夫的后院解剖动物，并希望探索生命的机制。由此，他在逝世前两年即1648年，发表了《论人》。正是这部作品的出现，才使得18世纪的机械笛卡尔主义，以及随后的唯物笛卡尔主义成为现实。

笛卡尔的身体形象皆浓缩在他的脸部，或者更进一步说，精炼在他的眼神里。画中，他的眼神代表着人的眼神，他看到了何为人，并知道人是谁。上帝并不在场，哲学家唯有运用自己的理性，并依照自己的方法，最终迎来了第一条真理：谁都不能怀疑他在怀疑、他在思考，由于他在思考，所以他存在。而这块现代之石还需要打磨、雕琢。

弗兰斯·哈尔斯以律师、文学家和上帝为借鉴，用白色的硬质高领将哲学家的身体和头部切割开，而这圈衣领既无镶边也无花饰。凭借这一白色物体，可伸展的实体与能思维的实体被区分开来。而著名的松果腺，如今称为骨骺，也同样是白色的。哲学家在松果腺中发现了一种灵与肉的奇妙联系，在他看来，松果腺是一种非物质的物质，它既与物质相连，又存在于物质之外。这同样是一种矛盾的联系，水与火在其中构成了一种来自他者的物质。

哲学家不再戴着假面前行，他引人注目，时至今日，也依然如此：他在那里，以最自然不过的方式，没有装饰，没有排场，他不需要背景，也无需物品或饰物，更不需要布景或舞台，他以自己的方式出场，亘古不变。作为主角，他应当如此。他思考，他存在，他在那里。这一刻，被弗兰斯·哈尔斯再现在画布上。与展现人物内心活动的肖像截然不同，该幅肖像画的成就在于概念的简洁。从未有一幅肖像画能如此高效地表现哲学。

我们可以想象一下，笛卡尔随后可能会抬起他的左臂，接着举起他的左手，在前往阿姆斯特丹的街道或瑞典王宫以前，他会换上另一张面具，它可能是另一顶帽子。而他的朋友则坐在自己家中静静地欣赏这幅画。耶稣会士注视着这位充满智慧的同伴，他了解《形而上学的沉思》的作者以及他面具背后的隐情。只要我们跟随这只手所指向的符号，弗兰斯·哈尔斯便能将我们带进那张面具掉落的年代。

20

帕斯卡的纸卷

（1623—1662年）

布莱士·帕斯卡是一名早熟的孩子。从12岁起，他便展现出非同寻常的数学天赋，独自发现了欧几里得定理。四年后，他发表了一篇名为《圆锥曲线专论》的学术文章，下笔之老练，令笛卡尔认为它不可能出自帕斯卡之手，而是出自帕斯卡的父亲。该篇论文震惊了全欧洲。19岁那年，为了帮助负责征收税款的父亲，他发明了计算器，并以自己的名字（Pascal）将其命名为"pascaline"。

幼年时期，帕斯卡通过父亲接触了詹森主义。当时，在鲁昂工作的父亲病倒了，负责治疗他的两名医生前不久改信了詹森主义，经他们传授该派的灵修思想后，帕斯卡的父亲也开始信仰詹森主义。同住在鲁昂的小帕斯卡则在当地进行了多场有关真空的实验。詹森派的教义由詹森制定，其断言道，人的得救与否是注定的，上帝随自己的心意将恩典赐予任何人，而与人的行为无关。任何人无须为其行为负责，因为原罪已将自由意志摧毁。因此，决定权属于上帝，而非人类的意志。救赎乃上帝赐予之物，而非人类所获。耶稣会士及权威们并不支持如此的理论，因为根据灵魂归宿预定论的说法，一切均已先定，与行为无关，信徒们则无须按照宗教告诫生活。而帕斯卡一家全改信了詹森主义。

某种不可名状的痛苦折磨着帕斯卡，一种说法是结核病和动脉瘤，另一种说法是癌症。哲学家抱怨着头疼、肚子疼、手脚冰凉。为了保暖，他不得不穿上在酒精里浸泡过的长袜。在发现自己身体麻痹之后，他便拄着拐杖走路。他性格阴沉，脾气火暴。然而，他仍不放弃对科学的研究——尤其在真空及计算器领域。随后，他创立了公共交通的原则，使马车能够停靠在不同的站台。

父亲去世后，帕斯卡的妹妹在巴黎的波尔-罗亚尔出家了，这是一座詹森主义的修道

《布莱士·帕斯卡的肖像》，无名氏，图卢兹总主教府

> 帕斯卡去世后，仆人发现了这些纸卷。原来，帕斯卡会趁着换衣服的间隙，把纸卷重新放进新的衣服里。

院。而父亲生前曾极力反对她当修女，帕斯卡认为妹妹的做法违背了已故父亲的心愿，为此心中备受煎熬。

帕斯卡家境殷实，声名在外。他追求享乐，过着上流社会的生活。他的房子家具齐备，仆从满堂。出行时，他乘坐的是由四匹或六匹马拉的车。他惯于奉承女人。他的妹妹，后改名为圣厄费米，一直为哥哥祈祷，帕斯卡也常去看望妹妹，但上帝实非他操心的对象，在某段时期内，帕斯卡变得愤世嫉俗，对世界深恶痛绝。

1654年11月初，他的马车冲出讷伊桥，套牲口的用具纷纷掉入塞纳河中，而四轮马车仍悬停在岸边，一径保持着平衡。帕斯卡和朋友们从马车内走了出来。此后半个月，他都一言不发，在死亡的恐吓下，心力交瘁，奄奄一息。

数天后，1654年11月23日夜间，在10点半到12点半之间，哲学家经历了一场神秘的体验：著名的"火之夜"。他由此作了一篇文章，名为《回忆篇》，他在羊皮纸上誊写了两遍，并把羊皮纸缝制在大衣的夹层中。帕斯卡去世后，仆人发现了这些纸卷。原来，帕斯卡会趁着换衣服的间隙，把纸卷重新放进新的衣服里。

那么，这篇文章讲了什么呢？

作者从那场玄奥的体验讲起，并在篇首回忆了它发生的日期及准确时间；他向神圣的基督教徒祈求保佑；他将一切简化为一个字：火；他将自身置于一个特殊的上帝符号之下：《旧约》中的上帝，而不是哲学家们的那位上帝——让自己处在《圣经》，尤其是《新约》的庇护下，而不是处在亚里士多德或托马斯·阿奎那的保护下；他谈到"耶稣-基督的上帝"及后者给予他"确定，确定，情感，喜悦，平和"的感受；随后的"喜悦，喜悦，喜悦，喜悦的泪水"也成为哲学家的名言；他为自己远离上帝而悲叹，他所向往的，是不再与上帝分离；最终，他写道"完全的、平和的放弃"；但文章的最末一词是"等等"。

在"等等"之后，将产生一系列以《思想录》为首的、长短不一的文章，人们将根据箴言的原则为它们命名，尽管帕斯卡并不赞同，在他看来，某些格言并不巧妙，反倒十分拙劣。但作者已逝，他对自己所遗留的手稿无能为力，无法将之变成如《致外省人信札》一样的独立作品。

帕斯卡将科学、上流社会的生活及享乐放纵抛之脑后，蜕变成一名研究天主教革新的哲学家：他将几何与精巧、理性与心灵、推理与恩典、论证与祈祷、哲学分析与赌注对立，从不偏袒任何一方。

帕斯卡饱尝"人没有上帝是可悲的"，并将其记录在他那伟大的作品中。他曾写道："让我们想象一群戴着锁链，被判了死刑的人，他们中每天都有一些人被当众处决，活下来的人从同伴的境况里看到了自身的境况，他们悲痛绝望地面面相觑，等待着轮到自己的时刻。这就是人类境况的写照。"还有谁能比帕斯卡说得更好呢？

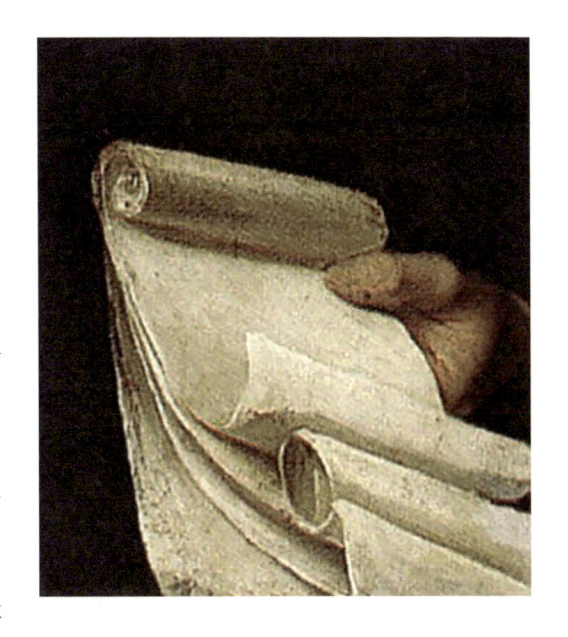

正是鉴于这种痛苦，原本放浪形骸之人投身于文学创作中，向朋友——玩纸牌或骰子的人，玩跳棋或槌球游戏的人——展现他的精神世界，并向他们求助。他需要他们本身的论据，那些属于赌注范畴内的论据。他劝告他们为上帝存在下注：如果上帝存在，那他们则获胜；如果上帝不存在，他们也不会蒙受任何损失。但如果上帝存在，他们却不相信，他们将满盘皆输。自"火之夜"以来，帕斯卡知道上帝是……这便是著名的帕斯卡赌注。

1655年1月7日至28日，哲学家曾在波尔-罗亚尔隐居。次年1月，他再次幽居在这座修道院里。他支持詹森教徒安托万·阿尔诺，并反对耶稣会士及索邦神学院。詹森教徒们断言，上帝根据不可知的理性赐予恩典，不存在所谓的自由意志，我们都是命中注定的；对于耶稣会士而言，存在自由意志，洗礼可以使其恢复，人类可以通过自由意志实现或者无法实现救赎。在《致外省人信札》的开篇，帕斯卡声援时人所称的"伟大的阿尔诺"。此书内含十八封书信，均通过匿名的方式支持詹森主义。

帕斯卡的教女罹患泪瘘，该症令其脸部溃烂。1655年3月24日，在与圣物的接触后，

> 我们可以设想，太阳的符号象征"火之夜"，它将画中图景一一照亮，也包括哲学家的生命。

她竟然痊愈，该圣物便是基督王冠上的一根荆棘……在叙述这些奇迹的发生时，帕斯卡不忘着意描绘詹森教徒的正面形象。

教皇令《致外省人信札》处于孤立无援的境地。权力暂时偏向耶稣会士那边，这令波尔－罗亚尔这边饱受挟制，除非事情发生反转。帕斯卡反抗。1661年，帕斯卡的妹妹离世。哲学家不再为维护詹森主义而写作。次年，他也去世了；那年，他只有39岁。

《思想录》出版于1670年，各式各样的论文汇聚其中，另有哲学家为创作《为基督教辩护》而做的相关笔记，尽管这本书未曾问世。

以上内容均可在这幅无主之画中一一找到对应之处，它曾被挂在图卢兹的总主教府上，布莱士·帕斯卡是画中的主人公。他出现在画面的前端，手中拿着一大叠纸卷，神色漠然且严肃，显出未老先衰的征兆，像在与我们谈论彼世一般。窗帘像是隔断，将哲学家与帘后的世界一分为二，而波尔－罗亚尔正处在画面的背景中。俯瞰下去，景色一览无余。在画面的右上角，我们可以看到太阳的象征及它那鲜活的光线，天体中央的橘黄色圆圈被一分为四。

我们可以设想，太阳的符号象征"火之夜"，它将画中图景一一照亮，也包括哲学家的生命。它像一枝玫瑰，在风中燃烧，作为本体论或形而上学的指南针，要么就是宗教的指南针而存在。它指向北方，那是亚伯拉罕与雅各的上帝所在的方向，与哲学家们的上帝毫无关联。这初升的太阳让我们铭记旭日东升，自此，基督教世界的秩序也得以恢复。此后，它也为教堂指明方向，坟墓也不例外：我们守候着它，等待光线回转，换言之，我们守候着基督的回归……

> 否定自由意志的现代思想催生了讲究新式自由的法国大革命，尽管这看起来令人无比诧异。

那些被哲学家拿在手中的纸卷可解读为《回忆篇》的手稿，同样，也可看作布满帕斯卡哲思的纸页。然而，这些思索日后未能成书，实属遗憾。不管如何解读，哲学家手中所持的纸卷定然受到了"火之夜"的启发。

我们从太阳符号过渡到纸卷符号，后者集中反映了作为詹森教徒的哲学家的所思所想。此外还包含了一个建筑符号，即俯瞰波尔－罗亚尔的骑兵视角：1711年，国王路易十四令人将波尔－罗亚尔夷为平地。事实上，画面背景中的建筑属于西多会修道院，它与詹森主义密切相关。

拉开的窗帘如同剧院的幕布，为我们展示了一幅业已消失的图景。詹森主义兴起之时，也是帕斯卡生活的年代。一只看不见的手把黑色窗帘拉开了，它属于谁呢？耶稣会士吗？这是否意味着某种终结？或者，这是一只属于詹森教徒的手？它代表着夷为平地后的波尔－罗亚尔精神之存续，并肯定了帕斯卡的存在？我赞成第二种假设。

18世纪的詹森主义与地区议会息息相关，它们联合对抗耶稣会士，后者支持国王的绝对权威。路易十四曾给予修道院沉重打击。否定自由意志的现代思想催生了讲究新式自由的法国大革命，尽管这看起来令人无比诧异，却恰恰体现了哲学之矛盾：某种断定自由意志不存在的思想，却孕育了启蒙运动，并为全新的自由打开了一条康庄大道。这便是理性之狡黠的最好例证。

21

狄德罗的睡袍

（1713—1784年）

狄德罗竟然亲自评论过范·卢绘制的狄德罗肖像！这篇评论文章被收录在1767年的《沙龙》中："吾爱米歇尔，但吾更爱真理。"哲学家开门见山地表达了自己的哲学观点。他满怀希望地寻找真理，连绘画作品也要一探究竟。他的作品涉及宗教、文学、哲学、政治、美学等诸多领域，其写作形式包括戏剧、小说、童话及历史评论。在生活中，他也从未停下探求真理的脚步。他坚定地站在教条主义的对立面。在人生不同阶段，他的身份是变动不居的，比如，从宗教层面看，他是有神论者、不可知论者、自然神论者、泛神论者及无神论者……

《百科全书》被认为是狄德罗一生中最伟大的作品，由狄德罗与达朗贝尔合著而成。20年的笔耕不辍才造就了《百科全书》的辉煌。按照计划，此书共包括17卷正文及11卷图册，内含7万多词条。1751年出版第一卷，直到1772年发行最后一卷。最初，仅需将英文版的《钱伯斯百科全书》译成法语，后来计划发生了变动：在150余名作者的通力合作下，全新的百科全书诞生了。霍尔巴赫、伏尔泰、孟德斯鸠、卢梭等人均参与了百科全书的编撰工作。在狄德罗的主持下，百科全书初具雏形；经他编写的词条数目众多，主题更是五花八门：医学、考古学、宗教、烹饪法、草药、地理、文学、美学……

狄德罗在文森堡度过了两个月的牢狱生活，起因是他在《论盲人书信集》中对宗教大加嘲讽。经此一事，他变得谨言慎行。但在一封给伏尔泰的信中，他断言道："勿要将毒芹当作香芹，此事至关重要；至于是否信仰上帝，则可置之度外！"仅凭此言，他免不了受些牢狱之灾。

狄德罗将众多作品积攒在纸皮箱中，在他离世后，俄罗斯帝国的叶卡捷琳娜将哲学家的

《丹尼斯·狄德罗的肖像》，路易-米歇尔·范·卢，巴黎卢浮宫

> "孩子们，请听我说：这并不是我。过去的我容易受外界影响，一天之内性格经历百般变化。"

藏书添加到自己的图书馆中。在此之前大帝已经买下了狄德罗的藏书，但承诺这些书籍的使用权仍归狄德罗。这些作品与公众素未谋面。由于保存不当及档案管理的差错，大部分作品已化为乌有。更有甚者，女沙皇的继承者们与权势者还任意涂改书中内容，并大肆删减文章段落，这样的做法仅仅是为了找乐子。狄德罗不仅信奉唯物主义，同时也是一名享乐主义者，因此他猛烈抨击宗教，在他看来，后者阻止了人们享受当下的幸福。这可真是火药味十足。

哲学家本人是如何看待这幅肖像的呢？的确很像，他评价道，并认为画作将人物的平和与活力和谐地展现在观众面前，但人物显得过于稚嫩，脑袋也画得太小了。他写道："跟女孩一样漂亮，斜着眼睛，面露微笑，正中的位置则是一张小嘴，显出一派矫揉造作的模样。"对于写作的必要性，是无可非议的。在哲学家看来，"在近处看（画中人），其目光炯炯；从远处看，那裸露在外的肌肤也很是调和"。他对自己的双手颇为满意，但画中的左手却并未获得狄德罗的首肯。他补充道，像是在谈论另外一个人："他面向观众，光秃秃的头顶仅留有一绺灰色头发，显出矫揉造作的模样，他看起来像一个卖弄风情的老女人，正向国务秘书献殷勤，一点哲学家的样子也没有。于是，其余所有皆为这失实的第一印象所影响。"随后，画家澄清，"当时我正在作画，而范·卢女士却在一旁喋喋不休，似疯子一般，将画中的氛围搅和得一团糟"。我们无法知晓上述辩白的效果，但它的确可让人会心一笑。假设按照狄德罗原本的设想，画家应在不受妻子干扰的情况下安静作画，捕捉哲学家沉浸在幻想中的某个片刻。在他看来，这幅肖像本来可以避免将记忆与一个"可爱、柔弱、面露微笑的老女人"的样子传递给下一代。

随后，他向未来剖白自己的心声："孩子们，请听我说：这并不是我。过去的我容易受外界影响，一天之内性格经历百般变化——稳重、忧伤、好幻想、体贴、冲动、热情，但我一点也不像那画中之人。"哲学家坦率地承认了自己的精神状态与情绪感觉的百般变化。他所渴求的是一种存在的辩证法，而非一种静态存在。

然而，画家无法捕捉到上述的动态变化，图片限制着他的表达，而电影则可以实现哲学家的夙愿。狄德罗和所思所想融为一体，这是一种动态的变化。他承继着赫拉克利特的河流说，所以范·卢的画作无法令其满意。前苏格拉底哲学家巴门尼德提出了宇宙静止说，由此被视为画家们的保护神，可想而知，巴门尼德的主张绝对无法获得狄德罗的首肯。

哲学家一刻未停地探索着画中真理，同时也不忘从自身出发寻找真理，这仅仅是关于存在与思考的运动而已，甚至可以说是白费劲。自此，他无法透过此幅肖像画还原本身的模样。从中唯见缺憾：一去不返的活力，用以思考、生活与写作的活力。

趁便谈一点服饰。针对画中装束，狄德罗曾做出如下评价："若征税官就此件睡袍向我征税的话，我将面临难以避免的悲惨下场。毁掉一位贫穷的文学家，只需要一件奢侈的衣服就足够了。"

我们仿佛能从这件睡袍中看出一则社会新闻，或读出一段文学与哲学的故事。

从社会新闻的角度来看：狄德罗身穿蓝色睡袍，这也是他的工作服。乔芙兰女士在圣·奥诺雷街经营着一家私人酒店，用于开办沙龙，《百科全书》便受其资助。某天，出于感激，她为狄德罗置办了新家具与新衣。于是，蓝色睡袍被弃置于垃圾桶内，取而代之的是一件大红色丝绸睡袍。

从文学角度来看：狄德罗为旧睡袍感到惋惜。1767年，他写下《为旧睡袍惋惜或对品味高于财富之人的建议》。在未经作者同意的情况下，此篇文章于1772年发表。

文章讲述了什么？标题如实反映了作者的想法：狄德罗为旧睡袍感到遗憾，因为他与

睡袍早已习惯彼此；旧睡袍曾把他身上的褶皱紧紧裹住，而新睡袍则显得直挺挺、不自然，让哲学家"看上去像个模型"；哲学家曾用旧睡袍清除书上的灰尘，或擦净漏水的羽毛笔；许许多多劳动的痕迹留在了旧睡袍上，而新睡袍则属于某位"体弱的新贵"；当哲学家穿上旧睡袍时，我们认得他，但当他换上新睡袍时，他变得很陌生；曾经的睡袍无所畏惧，它既不怕水，也不怕火，更不怕笨手笨脚的仆人；哲学家曾是旧睡袍的主人，如今却成为新睡袍的仆人。

狄德罗像现代版的第欧根尼或当代版的亚里斯提卜，他从这两位哲学家身上获益良多，他们之于狄德罗，就像是一双合适的手套，缺一不可。狄德罗诅咒奢侈与无用，提倡简单、谦虚、节俭与实用。贫穷可视为美德，而富裕则邪恶无比。多余可与无耻同等视之，而一切必需之物则可令人抬头挺胸。

> 我们仿佛能从这件睡袍中看出一则社会新闻，或读出一段文学与哲学的故事。

哲学家用简单、粗糙、节俭与严厉形容自己的居室内部。一把椅子、一张桌子、一个架子、几本书、两三幅木版画、简洁的石膏复制品，加上这件著名的旧睡袍，以上便构成了哲学家近乎斯巴达式的内心。

而乔芙兰女士则以一些无用的家具与精致的物件取而代之。摩洛哥皮革缝制的扶手椅、细木镶嵌的衣橱、昂贵的办公桌、青铜制品、壁橱上方悬挂的巨大镜子、黄金挂钟、由贵重木材制成的写字台、绘画作品，从前的家具几乎一件不剩，仅留下一块旧地毯。

狄德罗声明：如此奢华的室内并不能改变自己，他并不会因此而堕落腐败，而是依然如故，为他人的幸福忧心忡忡，倾听并给予建议，追逐自我，始终富有同情心，善解人意，为人坦率而友好。

他幽默感十足，是哲学史中当之无愧的幽默王子。狄德罗一边询问上帝是否可能被奢侈腐化，一边祈求上帝让一切重来——韦尔内的一幅画作除外。在狄德罗看来，暴风雨过境后的场景并非画家所绘，上帝才是它真正的创作者！这些胡言乱语尽收录在狄德罗的《沙龙》中。

于是，哲学家得到了如下结论：他的物品并不拥有他本身，原因在于他并不拥有他的物品。他不是它们的奴隶或仆从。他可以倾尽一切，散尽所有，因为他与所有之物之间毫无瓜葛。

他借助一支轻巧、精准的羽毛笔，下笔幽默，不乏讽刺，目光狡黠，不失趣味，他把自己的哲学思想集中在法国精神最伟大的传统中：内在优雅、有深度，外表诙谐，旨在沿用古训传授哲学——罪恶与美德，价值与道德，轻浮的笑与痛快的笑，眼色与平和，礼仪与智慧——让他将斯巴达式的内在藏在闪闪发光的文学瑰宝里。在范·卢的画作中，狄德罗象征着一个世界、一种风格、一段时间、一抹优雅及一种即将经历法国大革命洗劫的精神。该肖像画创作于1767年。在一代人后，我们将见证法国精神的觉醒。

22

伏尔泰的羽毛笔

（1694—1778年）

伏尔泰是艺术家们的心头好，与他相关的绘画作品比比皆是：正面端坐的青年伏尔泰，正在阅读的伏尔泰，独自一人或与同伴一道的伏尔泰——卢梭与伏尔泰，腓特烈二世或俄罗斯的叶卡捷琳娜与伏尔泰，图书馆中的伏尔泰，在乡间的伏尔泰，被监禁的伏尔泰，读书、写作、混在乡民中的伏尔泰，下象棋、吃早餐的伏尔泰，光秃着脑袋或戴着一顶巨大的假发或一顶滑稽的无边圆帽的伏尔泰，拿着一根木棍的伏尔泰，在壁炉旁聊天的伏尔泰，与卡拉斯一家在一起的伏尔泰，身穿睡袍的伏尔泰……更遑论与他相关的种种比喻与象征：共济会、共和主义者、诗歌、文学、历史；他离世前前后后发生的事情均被搬上舞台：逝世、安葬于万神殿、骨灰迁葬、人们在香榭丽舍大道送别灵车……

当年，伏尔泰有位专属"记者"，名叫让·胡贝尔。这位执着于刻画人物外形的日内瓦画家甚至最终改叫为胡贝尔-伏尔泰。观众们皆醉心于他的画作，连连称赞他为哲学家勾画的轮廓。胡贝尔对哲学家的文章烂熟于心。据说，他曾用面包片代替纸张，用他养的狗的嘴巴代替剪刀，竟然将伏尔泰的外形轮廓原封不动地呈现出来，令观众极为震惊……胡贝尔-伏尔泰以哲学家为对象创作出多个系列作品，并将其寄送给俄罗斯的叶卡捷琳娜二世。在胡贝尔的画中，有正在接待朋友的伏尔泰，正在地头田间教授乡民的伏尔泰，下棋的伏尔泰，与朋友们同桌饮食、吃早餐的伏尔泰，骑马、见到一匹尥蹶子的马、被马摔倒在地的伏尔泰——这三幅画很可能涉及同一匹马。甚至还有一幅胡贝尔的自画像。画中，他正在为伏尔泰画像！

与伏尔泰相关的还有各式各样的雕刻、素描、木版画、半身像及雕塑作品。其中为大

▷ 《伏尔泰起身向秘书科里尼口述》，让·胡贝尔，巴黎卡纳瓦莱博物馆

123

A MONSIEUR DE VOLTAIRE PAR LES GENS DE LETTRES
SES COMPATRIOTES ET SES CONTEMPORAINS 1776

家所熟知的,当数让·巴蒂斯特·皮加勒的雕塑作品——《裸体的伏尔泰》。年近七旬的哲学家身材干瘦,骨瘦如柴,头顶也变得光秃秃,已然迈入迟暮之年。他的牙齿也脱落了,我们看到他紧绷的双唇,下垂的胸部,突出的血管,干瘪的肚子,松弛的肌肉,而他的脸却显得容光焕发,充满生命力。我们可以从这件伏尔泰的雕塑里看到柏拉图的影子:岁月催人老,不觉两手空空,徒留纯粹的精神陪伴着哲学家。从这件雕塑上,我们不难发现历史的痕迹与活力:尽管那真实而具体的身体在分解作用下变得垂垂老矣,但智慧的光辉映着他的脸庞,从眼睛中射出来。他效仿普罗提诺,尝试从背负原罪的身体中提取纯净的灵魂,前者是弗朗索瓦-马利·阿鲁埃(伏尔泰的原名)物质且感性的身体,而后者则意味着伏尔泰纯粹且智性的精神。由此,诞生了"伏尔泰式的"这一修饰语。

> 岁月催人老,不觉两手空空,徒留纯粹的精神陪伴着哲学家。从这件雕塑上,我们不难发现历史的痕迹与活力。

它不仅能指称普罗提诺式的净化身体之法,同样也可形容作品在智识层面的净化之路。将清除其多样性与丰富性,使其浓缩为一幅肖像画,继而变身偶像,最终藏身于物件中:这便是羽毛笔的来历。

在恐怖统治以前的法国大革命期间,偶像诞生了,他代表着讲求科学、实证、反教会、自然神论的新时代。为此,哲学家必先反抗基督教,即反抗迷信、神迹、教会、《圣经》、耶稣会士、罗马教廷;与此同时,信奉自然神论的他还需激烈地反对无神论。在他看来,宗教的作用莫过于迫害自由的思想家,比如哲学家及他的朋友们,或者,驯养出一群俯首帖耳的子民。他也需猛烈抨击专制制度,后者假借一种宽容、自由及信奉自然神论的口吻自吹自擂,将人们拒之门外,使其无法参与统治。是以,伏尔泰将成为新兴资产阶级的代表哲学家。

作为偶像的伏尔泰代表着共和党、反教会人士以及自然神论者,他在经济上属于自由派,为人豁达大度,也同样承袭了旧制度下的保守主义:他不仅爱钱,也重视荣誉与名望,

◁《裸体的伏尔泰》,让·巴蒂斯特·皮加勒,巴黎卢浮宫

夏隆将被囚禁的伏尔泰表现了出来，哲学家捏着羽毛笔，不停地书写。

对此也从不遮遮掩掩。在《哲学辞典》"女性"的词条下，在今天看来，哲学家的解释事关性别歧视与憎恶女性，在另一词条"苏格拉底式的爱情"下，则有着厌恶同性恋的文字说明。在《风俗论》中，我们在"容忍"的条目下看出哲学家的种族主义意识。最后，哲学家将成为资产阶级的代表，尽管后者当时还未崛起。

伏尔泰创作力无穷：戏剧作品、悲剧、诗歌、短篇小说、哲学小品、历史随笔及学术论文，令人诧异的是，他甚至还写下两万余封信。但被后人牢记的作品却寥寥无几。谁还会阅读《亨利亚德》或伏尔泰的诗作呢？要知道，他所创作的诗歌可是多达二十五万行啊！又有谁会去翻看《牛顿哲学原理》呢？其中，伏尔泰科学地注明了牛顿哲学中各原理的提出时间。有人还会翻阅《查理十二传》或《彼得大帝在位时期的俄罗斯帝国史》吗？七星文库曾花整整十三卷出版哲学家与他人的信件往来，又有何人观赏？当然，我们会拜读哲学家创作的短篇小说，但还不是因为它们属于学生必读书目吗？《老实人》便是一例（它曾令数代法国高考考生备受煎熬，连阅卷的教员也心有戚戚），还有《微型巨人》或《札第格》，更为罕见的《耶诺与高兰》或《白色公牛》，又有谁会去翻看？因此，伏尔泰其实是一位名不见经传的名士；与其说他的作品或思想成就了他，不如说，斗争才是使他家喻户晓的原因。"现代知识分子"正是他的发明。

他不仅创作丰富，也积极投身于诉讼案件，那时，他已年过六旬：包括卡拉斯事件、西尔文事件与拉·巴雷事件。他为正义而战，猛烈抨击非正义——即1789年后，旧制度的代名词。作为一名介入政治的哲学家及勇猛的斗士，他高效地为诉讼辩护，使其取得了无可争议的进步：他坚定地反抗酷刑，批评迷信及偏狭的宗教，斥责狂热的新教崇拜；他歌颂言论及思想自由，主张宗教宽容——人们认为"我不赞同你的观点，但我誓死捍卫你说话的权利"出自伏尔泰之口，但我们却无法在其作品或信件中找到它的出处，伏尔泰的传记也未曾记录该言论。它像一张验明其身份的皮革，粘在哲学家的皮肤上。《论宽容》的确是他的作品。

我们将分别介绍上述三大事件。卡拉斯是一名信仰新教的商人，他的儿子曾希望改信天主教。在无真凭实据的情况下，法官凭空认定他杀害了自己的儿子，卡拉斯被判处车轮刑、绞刑及烤刑。伏尔泰变身正义的卫士，他通过写作提出抗议，并反复与权势者沟通，在他的积极投入下，卡拉斯事件传遍了整个欧洲。卡拉斯的冤情得以洗刷，他的家人也得到了补偿。西尔文也是一名新教徒，他与妻子被控告谋杀亲生女儿，后者生前精神错乱，其尸首于一口深井中被发现。同卡拉斯事件一样，法官认为西尔文及其妻子无法接受女儿改信天主教的想法，于是将其杀害。伏尔泰再一次使这对父母被无罪释放。拉·巴雷骑士事件：有人在索姆省阿布维尔市镇的街道上发现了一个残缺不全的、带耶稣像的十字架，于是便怀疑，有一群搞破坏的年轻

《伏尔泰在巴士底狱创作亨利亚德》，艺术家路易-弗朗索瓦·夏隆，巴黎卡纳瓦莱博物馆

人自以为伪装得高明，他们可能假装在阅读伏尔泰的《哲学辞典》，实际却在高唱淫邪的歌曲！其中的一名骑士才不过19岁，他被判处截舌、砍头与烤刑。此外，伏尔泰的作品也被火急火燎地扔进火堆。伏尔泰又一次不顾一切地抵抗，最终获得了胜利。拉·巴雷骑士的冤屈得以洗刷，非正义的历史及精神权威受到重创。

伏尔泰已72岁高龄。成功与凯旋接踵而来，人们来到他的城堡，为其庆祝。其名下有两座城堡，一处位于费内。伏尔泰常在那里接待客人，听他们的奉承与道贺。当时的他已红遍欧洲。

伏尔泰最终重返巴黎，此前的18年，他受制于王权，不得返回巴黎，此时一片欢声与笑语：街头的人们为他欢呼，一路追随着他，有人爬上他的四轮马车，有人想触摸他。那一年，是1778年。街上人头攒动，人人口耳相传卡拉斯事件的圆满落幕，并向伏尔泰致以

> 假若他变得富有，非常富有，并出名，出大名，那这一切皆离不开他唯一的羽毛笔，即他本人的写作天赋……

崇高的敬意。从某种程度而言，他们拉开了法国大革命的序幕。几周后，伏尔泰离世了。那一天，是1778年5月30日。革命议会于1791年7月11日将伏尔泰的灵柩请进先贤祠。是以，伏尔泰的羽毛笔才是他的心魂所在。

让·胡贝尔的绘画技巧显得笨拙而纯朴，他笔下的伏尔泰正从床上跳下来，甚至还未来得及套上短裤，便开始向秘书口述。他露出吃惊的表情，似乎得知他的私密生活正被画家曝光在我们眼前：敞开的衣襟，睡帽边缘系着一根红丝带，长睡衣与凌乱的床铺，床头边摆着尿壶，床头柜上还放着一本书，他脚边有一只软底拖鞋，另一只藏在华盖床的底下。"仆人眼中无英雄"，黑格尔在《历史哲学》中如是写道。

画家旨在描绘一件朴素的事实：哲学家即使在睡觉的时候也有点怪里怪气。他才刚刚起床，衣着不整，既未洗漱，也没刮脸，更未进食，但仍然并且一直在思考！反观哲学家的秘书，他戴着假发，脸上擦了粉，穿戴整齐，准备充分，他的手里拿着（伏尔泰的）羽毛笔。秘书的到场反证了哲学家通宵达旦地工作，他不停地思考，不停地写作，斗争不休。夜里，他的灵感不止，思维从未打过瞌睡，对他来说，眯一会儿眼就顶睡一觉——那是理性的倦意。

当然，我们只能想象画面中的场景，它并非来自画家在现实中的窥探：哲学家的秘书在他起床前便已准备妥当，一旦伏尔泰起床，他必须迅速地将这位天才思想家在夜里的思考记录在纸上。这些思维的结果一闪而逝，哲学家甚至来不及穿戴整齐！让·胡贝尔笔下的半神是一位思想家，他席卷着一切，同时，也为外在世界所裹挟。在这幅朴素的画作当中，连哲学家的狗也显得坐立不安，它正瞧着伏尔泰起床。

羽毛笔在秘书手中。科里尼从1752年4月到1756年6月，担任伏尔泰的执笔秘书。他来自佛罗伦萨，有时会在晚上为伏尔泰念书，可能是阿里奥斯托或薄伽丘的作品，放在床头柜上的书可能是其中的一本！尽管羽毛笔不在哲学家手中，但它仍听命于伏尔泰。1717

年,伏尔泰过着一种放荡的生活,国王派人传来一纸罪状,哲学家被判以11个月的牢刑。艺术家路易-弗朗索瓦·夏隆将被囚禁的伏尔泰表现了出来,哲学家捏着羽毛笔,不停地书写,他甚至在囚室的墙壁上创作了《亨利亚德》的开头,这首史诗采用亚历山大体,全诗长四千余行。他盛赞亨利四世,将其描写成与一切狂热崇拜为敌之人,与当时的法王路易十五正好相反。

> ……文学素养、独特的幽默感与贴合法国精神的嘲讽。权势在这支羽毛笔下颤抖。

羽毛笔下诞生了伏尔泰。尽管出身于公证人家庭,父亲是公证人,祖父是皮革商,外祖父在最高法院担任书记员,但他反叛自己的父亲,并自行创造出另一位更为杰出的父亲。哲学家的原名叫阿鲁埃,但他偏爱伏尔泰这个名字。关于哲学家改换名字的真实缘由,我们并不了解。但有一点是肯定的,伏尔泰想彻底地改变自己,他为自己取的笔名意即与父母划清界限,一切靠他自己,靠他手中的那支羽毛笔。

假若他变得富有,非常富有,并出名,出大名,那这一切皆离不开他唯一的羽毛笔,即他本人的写作天赋、文学素养、独特的幽默感与贴合法国精神的嘲讽。若是他依傍权势、帝王、国王及王后,并着意如此,是因为羽毛笔在他之先,为其敲开了宫殿的大门。他捏着羽毛笔肆意嘲笑并侮辱对手,破坏基督教建筑,动摇国王,推翻法院决议,令耶稣会士火冒三丈,在剧院受到人们的鼓掌欢迎,靠卖书赚得盆满钵满。权势在这支羽毛笔下颤抖,是它令正义重燃:伏尔泰开启了一个知识分子批判社会不公的时代,作为公平正义的卫道士,他为1789年开路。

23

卢梭的软帽

（1712—1778年）

  法国大革命的先驱伏尔泰曾为君主立宪、自由主义、宗教宽容、由法律提供保障的社会公平摇旗呐喊——大革命时期颁布了《人权和公民权宣言》及《教士公民组织法》，并提出废除特权。同为大革命思想先驱的卢梭却站到了另一面：他主张激进共和主义及中央集权的雅各宾主义，认同斯巴达式的严厉、强制的自由及专制的社会契约——大革命期间成立了革命法庭以判决犯罪嫌疑人，将路易十六斩首，成立革命政府；执行死刑的断头台以恨富的名义迫害财产的所有者。1789年，两位哲学家均已不在人世，他们会如何看待人们借他们之口宣之于众的言论呢？答案也不得而知。然而，伏尔泰的《论宽容》及卢梭的《论人类不平等的起源和基础》或《社会契约论》并未被曲解。

  在当时的法国，伏尔泰与卢梭的组合被认为具有很强的可操作性，可用以思考世界、民众、事物、历史与生命：伏尔泰居右，卢梭在左；伏尔泰成为权势的朋友，而卢梭热爱人民；伏尔泰通过经商发家致富，和殖民者之间有贸易往来，而贫穷的卢梭精打细算地生活；伏尔泰惯于阿谀奉承，在他身边同样围绕着一群肥胖的寄生虫，他们以拍伏尔泰的马屁为生，卢梭既孤单，又自闭；伏尔泰为自己的财富与城堡扬扬自得，连在权势者的城堡里也显摆不停，卢梭则在茅草屋里传道解惑；伏尔泰是城里人，而卢梭来自乡野；伏尔泰有趣、幽默、善讽刺，卢梭则很难相处，为人刻板严肃，不曾对人恶语相向，脾气暴躁且意志薄弱；伏尔泰重荣誉，迷恋上层社会，好投资，他与权势者来往频繁，常出入宫廷，在路易十五身旁溜须拍马，但路易十五并未对伏尔泰另眼相看，也从未奖赏过他，因此，伏尔泰在《路易十四时代》中仅对路易十四大加赞扬，卢梭则独自在乡间采集草药；法兰西学院中的伏尔泰身着王子一样的装束，卢梭却在埃默农维尔扮成亚美尼亚人的模样；伏

《身着亚美尼亚式服装的卢梭》,艾伦·拉姆齐,苏格兰国立美术馆

尔泰有众多情人，独身，没有孩子，卢梭钟情于一位女人，他喊后者为"妈妈"，青年时期，他们共住一间三居室，后来，卢梭娶洗衣女为妻，他为此感到羞惭，后者给他生育了五个孩子，但卢梭却抛弃了他们，把亲生儿女全送进了孤儿院，此事发生在创作《爱弥儿》之前，卢梭在此书中谈论如何教育孩子——为此，伏尔泰在《公民的情感》中猛烈抨击卢梭的做法，并公开揭露其自相矛盾的地方；伏尔泰认为人与人的关系好比狼与狼，并坦言自己也是一匹狼，卢梭则主张人性本善；伏尔泰蔑视人民，把他们看作为有产者提供服务的人，他们听命于神职人员，不参与政治，卢梭则提倡主权来自人民；伏尔泰宣扬自由主义下的自由而不是共和制度下的人人平等，卢梭主张共和制度下的人人平等而非自由主义下的自由；伏尔泰患有循环精神病与幻想症，卢梭患了偏执狂症和狂躁症，且长期受泌尿疾病折磨；伏尔泰迷恋出名与被奉承的感觉，并为此付出所有，卢梭憎恶上流社会，对名望不屑一顾；伏尔泰常与人来往，从未被诓骗，卢梭对人的缺点了然于胸，变得愤世嫉俗；伏尔泰惯躲藏，乔装打扮来保护自己，卢梭则选择暴露自己，在《忏悔录》中谈论己身；伏尔泰兼具冷静理性与辛辣讽刺，卢梭重情感与感觉；伏尔泰是快活的享乐主义者，卢梭是阴郁的苦行者，斯巴达式的模范；伏尔泰嗜钱财，卢梭则甘于贫困；伏尔泰从旧制度中看出精妙之处，认为它具备一定的现代性，卢梭则对将在1789年产生的新世界心生警戒，认为它保留着某些反动派或保守派的特征……伏尔泰与卢梭的对立，类似水与火的不相容：他们分别代表着来自同一合金的两种金属，意即法国精神——尽管卢梭是日内瓦人。

卢梭懂音乐创作，靠抄谱为生，他发明了一种记谱法系统，还创作了歌剧《乡村占卜师》并以此为豪。在《论科学与艺术》中，他批评音乐，尤其对歌剧多有指摘；此外，他还在书中强烈谴责艺术、科学、印刷业、奢侈品以及报业，但自己却投身文学事业，通过书籍传播自己的思想；在《关于戏剧》的信中，他斥责剧院，却创作了戏剧作品《皮格马利翁》，并在书信出版后，把《皮格马利翁》搬上了剧院舞台；卢梭抛弃了自己的孩子，并把他们送进孤儿院，却写出了《爱弥儿》，他在书中提出教学改革，并提倡教育，而非训练；卢梭讨厌人类，却在《社会契约论》中提出要以法律调和人与人之间的矛盾，在契约的帮助下，人们不再自私自利，转而将集体利益放在首位，即可视为与主权相同的公共意志；卢梭推动了自由，并在政治著作《社会契约论》中写道：任何人拒不服从公意的，全体就要迫使他服从公意，即迫使他自由；在《论人类不平等的起源和基础》中，卢梭提出，人类的天性是善良的，但在社会中逐渐沉沦堕落，尤其在受到财产引诱后。但哲学家并未解释善如何诞生恶。卢梭同样在《爱弥儿》中写道："我宁愿成为充满矛盾之人，而不是充满偏见之人……"

《论科学与艺术》（1750年）与《论人类不平等的起源和基础》（1754年）分别论述了什么呢？

在《论科学与艺术》中，通过褒扬善意与常理，从而形成了一种具备两面性的形而上学批评；他痛斥疏远自然的文化，当哲学也试图疏远自然时，也同样遭到了哲学家的抨击；他揭露标准化的主导思想；他认为艺术的进步与城邦的衰落紧密相连；他为时代的败坏感到惋惜；他称赞斯巴达人把战争与文化政策相结合，以及不准哲学家存在的做法；他批评印刷业，认为它为人类的蒙昧提供了长存不灭的载体；他戳穿作恶大于为善的科学，并认定它与美德互不相容，更遑论科学背道而驰，与信仰渐行渐远；他恳求内心的指引，相对于书籍而言，他更偏向存在于己身的向导；他反对奢侈，认为它不但会腐化持有者，也会荼毒觊觎之人；他建议消除无用之物；他认为恶习与美德是对立关系，后者包括：男子气概、军事纪律、无私、贫困、真正的勇气、敢于征服、爱国心、乡土气息、农业、体力活、信仰、宗教，而前者包含：欲望的堕落、均质化、商业、金钱、阴柔气质、朽败的风俗、奢侈、脑力劳动、形而上学、印刷业、训练、神话、哲学、懒惰的作家及默默无闻的文人；他断言：无知存在于人的黄金年纪；他写道："爱财之人生来受差遣，而厌财之人天生就是指挥。"对此，罗伯斯庇尔深以为然。

《论人类不平等的起源和基础》包含了多篇论文：批评奢侈与软弱，笃信自然，将疏远自然的思考、哲学、进步、科学与技术纷纷剔除在外。他补充道：不平等并非一种自然现象，而是一种文化产物；财产是不平等的唯一根源。此话经罗伯斯庇尔的改造后，造成了巨大的政治灾难。

为何这顶亚美尼亚式的无边软帽能概括卢梭呢？其背后藏着一个故事：卢梭出生后，

为何这顶亚美尼亚式的无边软帽能概括卢梭呢?

患有一种膀胱疾病,使他不得不频繁为自己导尿,尽管卢梭要求死后对尸体进行解剖,但我们仍不清楚这具体是何种病症。他曾在《忏悔录》(Ⅰ.600)中提及此身亚美尼亚人的装束,它可隐藏导尿的细管。他从此只穿这类服装。冬天,他让人在长袍和两顶软帽上缝制皮里子,在衣服的衩口及口袋处滚边。他曾与布瓦·德·拉图尔女士通信,后者是里昂的一位批发商的寡妇,她曾为卢梭提供住处,并为卢梭那一身的古怪装束出谋划策。信中,卢梭为那身亚美尼亚式的服装感到十分操心:他挑选了一块细腻但色泽不太亮丽的印花棉布,将布料样板寄走;他测量自己头部的大小并记录自己的三围尺寸;他对布料发表评论,为带齿花边或衬里选择皮料:法兰绒、塔夫绸或者莫列顿双面起绒呢、人造貂皮、兔毛皮或灰鼠毛皮、鞑靼绵羊皮或西伯利亚狐狸皮;他为山羊皮靴订购黄丝绸束带;他想要一条两端带垂饰的丝绸腰带;他要求在软帽上点缀一簇羽冠,并巴望得到一件淡紫色长袍……尽管他抨击奢侈与文明,过剩与浮夸,但哲学家的形象却与此套华贵的装束紧密相连,深入人心。

诚然,它可以替卢梭遮挡导尿管的存在。但不可否认的是,这种装扮也让卢梭变得引人注目。这位花花公子,或者说前卫的浪漫主义者,仅仅是在吸引人们的注意力!他的自传体作品也证实了这一点。在《忏悔录》或《作为让-雅克的审判者的卢梭》中,哲学家认为自己受到了全世界的迫害。自此,他迎着冷眼与嘲笑逆流而上,从他人的注视中获得快感。卢梭的一切心理特征源自渴望被注视的欲望,他希望别人的目光为他停留,然而现实中却觉得别人瞧不起自己。

书中的这幅画创作于伦敦,画中的卢梭身着亚美尼亚人的服饰。1766年5月1日,英国哲学家大卫·休谟带他前去拜访艾伦·拉姆齐。当时,卢梭在法国遭到迫害而滞留在伦敦。因为他在《萨瓦牧师的信仰自白》中否认神启,不信神迹,并质疑耶稣的神性……这无疑令索邦神学院大为恼火。

休谟伸出援手,在家中款待卢梭,并为其争取到一份皇家津贴;随后,患偏执狂症的卢梭开始攻击休谟,并到处宣扬休谟企图让他名誉扫地……初得此画的卢梭喜不自胜……

之后，却不再喜欢了！他在《作为让-雅克的审判者的卢梭》中评论道："此画旨在打击我，抹黑我，置我于黑暗、痛苦的境地……"

为何这身亚美尼亚人的装束代表着卢梭呢？这位花花公子惯于伪装，希望他人眼中的自己是与众不同、独立、不同凡响的。在一封写给德·梅斯梅斯女士（Mme de Mesmes）的信里，他言及自己的同代人："他们和我不再属于同一物种。"（1772年8月14日）他在《作为让-雅克的审判者的卢梭》中谈及自己是"自有人类以来，古怪而独特的存在"（I.765）。

此身装束像一位艺术家的打扮，甚至我们可以准确地说，它来自一位比乔治·布鲁摩更早的浪漫主义艺术家，后者凭借系领带的艺术而成为花花公子的翘楚。

随卢梭一同在哲学中出现的是对理智发起的理性蔑视，以及对感觉的偏好。在卢梭的思维结构中，自尊与自爱占据着重要地位，尤其是同理心。他钟情于幻想中的高贵野蛮人，这份爱慕因厌恶文明而越发炽热，他钟爱的理想农民将对抗无耻的有产者，他有着田园牧歌式的幻想：天性之善良可匹敌书籍与图书馆造就的罪恶文化，在独自一人散步的途中采集草药，不把对手放在眼里，他赞颂斯巴达式的美德，认为乡野农民也具备类似的美德。以上便是卢梭的世界观，情感与感受在其中占据着重要位置。如若单单涉及文学，这也无关大体。而当以上观点活跃在现实中时，它则演变成雅各宾派的愤怒，甚至更糟糕的事情。卢梭像一个正在开裂的伤口。

一个腼腆的青年正前往埃默农维尔旅行，他满怀钦慕之情，只为与卢梭相见。此时的哲学家离死神不远。青年没能鼓起勇气向哲学家坦露心声。而后，他为自己写下了许多热情洋溢的字句："在你临终的日子，我见到了你。我将一直保存这份记忆，它将是我的快乐源泉，我为此骄傲不已；我凝视着你那严肃的脸部线条，那有忧郁留下的黑色痕迹，象征着你平白遭受到的不公正待遇。"这名青年，就是罗伯斯庇尔。数年后，他羽翼渐丰，哲学家就美德发表的论述更是让他如虎添翼。

24

康德的桌子

（1724—1804年）

我们很少设想康德与朋友共进晚餐的画面。一般而言，画中的康德总是独自一人，没有妻子，没有孩子，没有家庭。他是一位教授，之后成为一名哲学家，他全身心地投入哲学创作中，为西方世界贡献了一部又一部的经典之作。我们习惯于看到康德独自待在办公室的场景，而不是他与热情的伙伴一同用餐的画面。然而……

据说，康德每天散步的路线从未改变，而且总在同样的时间，以至于有人声称，康德的邻居们根据他经过的时间校准各自的手表，由此，康德的准时也成为了传奇。他有两次反常：第一次发生于1762年，正值卢梭的《社会契约论》出版；第二次是在1789年，适逢法国大革命爆发的消息传来。这两次反常很可能只是传说而已，我们难以看出卢梭的新作出版为何会耽误康德散步，也很难想象法国大革命对康德散步造成的影响，先不论大革命从1789年7月14日攻占巴士底狱开始，直到1794年7月27日热月政变结束，持续了五年之久，更遑论在此期间，各路消息满天飞的状况了。此外，康德完全可以在散步前或散步后搜集相关消息……但在这两则逸事中，康德的形象代表着纯粹理性、秩序、尺度、安排、整顿、纪律、计划，以及准备。康德正是如此。他的"三大批判"便是凭据。

《纯粹理性批判》（1781年）回答了以下问题：人类如何认识以及什么能被认识？康德反对诉诸感官的经验主义，认为它仅能产生非本质的论点；他同样反对理性主义，认为它将自己禁锢在了已建构的理性的框架中；他渴望一种批判理性，它可解释自身的运行机制，而后开始运转。

为此，"先验感性论"回答了以下问题：纯粹数学如何可能？回答：空间和时间是感性直观的先验形式。

《康德与饭友》，埃米尔·杜斯特林，私人收藏

"先验分析论"则回答了以下问题:纯粹物理学如何可能?回答:好在"先验范畴"不取决于感性的经验,它们是质、量、关系与模态。

"先验辩证法"回答了以下问题:形而上学如何可能?回答:通过辨别"本体世界"及"现象世界"——前者中的本体,即物质本身,世界是不可知的;而人们可以通过感觉经验认识后者。

康德全面检查理性的能力,并将其局限归纳如下:它既不能证明上帝存在,也无法证明上帝不存在。经过六百页复杂而严密的分析后,康德提出三种"纯粹理性的公设",它们在智识、精神及宗教层面都缺一不可:自由意志、灵魂不朽、上帝存在。回到起点:康德的批判可保全基督教哲学的建筑柱石。

《实践理性批判》(1788年)回答了以下问题:道德如何可能?康德提出,自由意志无法被证明,但它是道德产生的前提。于是,他提出公设。与第一《批判》构建纯粹理性的方式相仿,第二《批判》建立了纯粹实践理性。人类在寻找幸福,而幸福只存在于德行中,后者被看作一种与圣洁形象近似的艺术,因为我们通过道德法则分享超感性。行为准则如下:"要像这样行动,使你自身的意志准则同时并一直等同于一种普遍立法的原则。"善可推而广之,恶不可普遍推行。

康德区别行为的合法性及道德性。道德要求善行必须付诸实施,这与人们担心犯罪、犯错,或害怕受惩戒无关。康德写道,"对道德法则的敬重即道德本身"——道德法则可普遍推行[1]。

他总结道:"存在两样东西,越是经常而持久地对其进行反复思考,它们越能使心灵充满常新且日益增长的惊叹和敬畏:我头上的星空和我心中的道德法则。"前者使我们渺小,如微芥一般,在凝视辽阔宇宙的那一瞬获得巨大能量;后者通过道德令我们变得广大,直

---

[1] 顺便指出:在《艾希曼在耶路撒冷》中,汉娜·阿伦特告诉我们,战争罪犯在诉讼进行时表明自己阅读了《实践理性批判》,并认为自己的所作所为,即使用毒气室并参与灭绝犹太人的计划,也与康德哲学一致。阿伦特认为,他不仅误读了文本,也误解了康德;相反,我们可以认为艾希曼展示了一种相似的道德局限性:反犹太主义的普及并不能让反犹太主义变成善。准则的普及不能使其变成有道德的准则。反犹太主义法则并非是艾希曼建立的,它就是法则,艾希曼依法并合乎道德地服从于它。因此,对于艾希曼而言,普及反犹太法则是合法的,也是合乎道德的。道德应当在别处,而不是康德所言明的地点。

至无垠。

《判断力批判》（1790年）回答了以下问题：审美判断如何可能？对于康德而言，"无需概念而普遍让人喜欢的，就是美的"——换言之：无须解释，就能令大家都高兴的事物。不需要考虑事物的吸引力或它引起的感动。愉悦和惬意等感觉、情感以及兴趣均无须纳入考虑范畴。美之物，本质为美。

康德区别美和崇高。他分析数学的崇高及自然界的崇高，并根据艺术表达的形式为艺术分类。他剖析天赋、想象、知性、判断。最后，他断言："不存在客观的审美准则，审美由美的概念确定。"与道德层面的做法类似，康德引用我们本身的道德法则，而从未就我们本身的道德谱系提出疑问，这才是问题所在，在美学层面，他提出"美的原型"，根据同样的谱系秘密，他认为原型可能存在于我们身上，并可帮助我们进行审美判断……在出版于1790年的序言中，康德补充道："在判断力与鉴赏力中，存在一定的等量关系。"如果他可以从这里开始写起，那么他的作品也未必会如此晦涩艰深了。

众所周知，晦涩乃康德作品的一大特点——对于在教育机构任职的教授们而言，实乃福音，他们靠解读作品挣钱。曾经发生过一起斗殴事件，起因是两位学生对作品的解读相互对立。很可能有人受伤，我们不清楚谁占谁的理。

康德写作的主题丰富：持久和平、历史进步、新式教育的必要性、宇宙起源学、逻辑学、地理学、人类学、法律、撒谎的权利、宗教、乐观主义、极端邪恶、启蒙运动及形而上学。康德的书均为晦涩难懂的大部头。比如《学部冲突》（1798年），人们认为其哲学思想虽不艰涩，但极度夸张！在"哲学院与医学院的冲突"一章中，康德所做出的归纳均源自观察及拿自己做实验——此举属于经验主义的思维方式，破坏了康德的一切批判，或者说，令康德的批判事业从高处跌落！他为此感到抱歉，并肯定经验主义方法的正确性，前提是它能提供对所有人行之有效的普遍真理。康德将休谟视为对手，但后者与其观点并非截然不同……他谈论营养学，将其看作一门保持长久生命力及身体健康的艺术。他谈论健康以及保持健康或恢复健康的能力。他的言谈呈现着斯多葛主义道德，按照后者的说法，

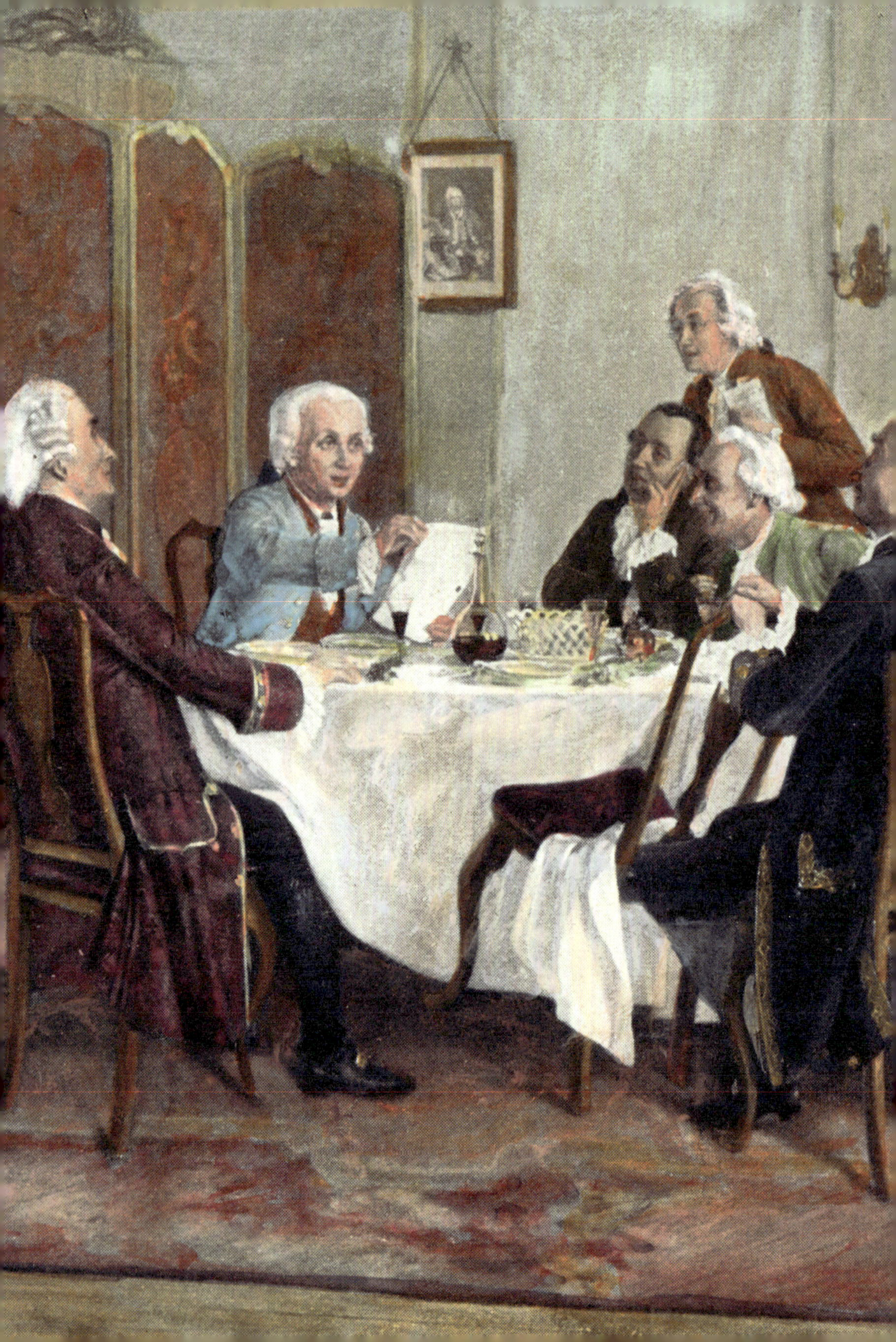

精神可以掌控身体，意志可以掌控身体，心智可以掌控感性。

通过观察自我，康德获得了先验真相——此为著名的"自我实验"。何为先验的真相呢？头和脚要保持寒冷，为了避免……着凉，因此，冬季最好使用冷水洗脚，可防止离心脏较远的部位失去活性；同样，保持肚子温暖可减轻肠的蠕动。康德认为，相对于短小的身材和巨大的头部而言，他的肠道过于长。需保证睡眠，但时间不宜过长，因为"床是众多疾病的温床"——这可看作一种易于理解的、与本体世界相距甚远的哲学论点。康德认为，保持单身是必要的，因为婚姻会缩短存在。他写道："很难证明年岁大的人往往都已婚。"简单来说，就是：与单身人士不同，已婚人士往往没那么长寿。他使哲学成为一种活动，不需要成为哲学家，就可以通过避免"生命能量停滞"来有效对抗"某些不快情绪"。还有其他方法让自己忙起来——康德举了以下例子：某人让屋内的众多挂钟同时响铃，还有一人举起唱歌的鸟，一位聪明的老太太仍不停纺羊毛。必须击退忧郁症，病人自以为生病，但实际并没有，睡前，使自己远离一切不好的想法，如此一来，我们便不会痛风、癫痫、痉挛……饮食方面，年轻人随胃口吃，老人根据习惯吃，但无论何时何地，绝不可只喝不吃，也勿滥饮水。最理想的是只吃午饭，不吃晚饭。身体与智力锻炼被认为是必要的，它们从未排斥彼此。最后，通过经验主义的方法获得的真理：为预防生病，务必习惯闭着嘴呼吸。

一个人吃饭对身体不好，边吃边读边思考也是有害的。康德为此归纳出一套餐桌理论：不要无序，要有序；不要失智，要理智；不要情感，要规则。康德的餐桌像微缩的共和国，它奉行着哲学家的体系。

在他的餐桌上，为促进关系和谐，人们有节制地饮酒。康德三十来岁时在小酒馆喝醉了，没能找到回家的路。他清楚醉酒的感觉，也知道少量饮酒可促进社交，但过度饮酒却会妨碍交际！在埃米尔·杜斯特林（Emil Dörstling）的画作中，长颈宽肚瓶中的葡萄酒被倒在了高脚杯里。

在《道德形而上学原理》中，有一章名为"德行论"，康德写道："盛宴，除了纯然身体上的舒适生活之外，它本身还具有某种着眼于道德目的之事物，亦即聚集起许多人来长

"形状，准确的形状……"

时间彼此交流，但尽管如此，由于人群（如切斯特菲尔德所说，当人数比缪斯女神更多）恰恰只准许一种小型的交流（与最邻近的同席），因而集会仍与那个道德目的相抵触，所以，它始终还是诱导出不道德的东西，亦即诱导出无度、违背对自己的义务——即便不考虑过量饮食对身体的危害，这些危害也许可以由医生来消除。听命于对无度的这些邀请的道德权限有多大呢？"——实际上……

康德并不想一个人吃饭。他曾派仆人从街上请一位路人来和他一起用餐。他早上便着手邀请，为晚餐做准备。他请人为朋友准备他们爱吃的菜，他会记录上过的菜，以及朋友喜欢吃的菜。客人的数量既不多，也不少：比缪斯女神的数量少，所以，九人是上限；比美惠三女神多，所以，三人是下限。他曾邀请学生——当时的教授都在家里授课。但往往他会邀请朋友：未来的国务部长、普鲁士国王、步兵部队的将军、公爵、伯爵、议长、秘密顾问、银行行长，还有一位商人，康德每周日受邀去朋友家。在杜斯特林的画里，共八位访客，康德的手里拿着一张纸，一位仆人站立在侧，准备为大家服务。作者 E. A. 瓦辛斯基（E. A. Wasianski）在《伊曼努尔·康德最后的日子》（*Emmanuel Kant dans ses dernières années*）中，提到哲学家挑选客人所遵循的两条原则："第一，按职业：公务员、教师、医生、教士、有教养的批发商及大学生，是为产生多样性的对话；第二，年纪比康德小，经常小很多。"——他们是年轻活力和美好心情的保障，可让康德远离悲伤。

画中人物（他们并不比康德年轻很多……）很可能是康德的几位好友。他们那专注的神情，仿佛对康德所读的字句很感兴趣——可能是当日菜单，会是康德新作的某一页吗？它可能引发如此的笑容与热情吗？

康德的餐桌上有哪些菜肴？赖因霍尔德·伯恩哈德·雅赫曼可为我们揭晓答案，他曾是康德的学生，后成为他的秘书。哲学家去世的四年前，康德请他为自己作传："他一天只做一顿饭，都是些简单的菜肴。三道菜，以及奶酪加黄油。夏天用餐时，会把面向花园的窗户全打开。他食欲旺盛，很喜欢牛肉汤配饭、大麦汤和细面汤。"又写道："在他的餐桌上，有烤肉，但从来没有野味。通常，康德的一餐从鱼肉开始，他几乎每道菜都加芥末。

他超爱黄油，还有奶酪丝，尤其喜爱英式奶酪，尽管他认为英国奶酪全是人工染色而成。当有很多客人时，他会为大家提供糕点。他爱吃鳕鱼。'我能吃掉一整盘鱼，甚至满桌鱼也不在话下！'"另有以下细节："康德长时间咀嚼着嘴里的肉，仅为吞咽肉汁。他偷偷地用面包皮掩盖食物渣滓，堆在餐盘一角。他的牙齿状况非常糟糕，这给他带来了不少麻烦。"酒水方面："他常喝产自梅多克的淡红酒，并在每套餐具旁放一小瓶红酒，通常都足够大家喝了。当他觉得红葡萄酒过于涩口时，也会饮白葡萄酒。"

作为康德的密友，赖因霍尔德·伯恩哈德·雅赫曼告诉我们，康德办公室里有一幅卢梭的肖像。我们不知道它是否就是埃米尔·杜斯特林画在客厅墙上的那幅，或者墙上所挂肖像只是出于象征的需要。忠诚的兰普是康德的家仆，他穿着一身白色制服，衣领为红色。画中，仆人衣服的颜色更像是肉色。

康德在讲话，也请朋友依次发言；他们绝对不会说柯尼斯堡的闲话，那是康德的故乡，他从未离开那里。柯尼斯堡因康德而闻名。他们也不谈论康德哲学，谈话的主题并无固定：物理、化学、气象、自然历史、政治，他们谈论法国大革命，在埃及登陆的波拿巴，或者新天体的发现。

午餐时间长达四五个小时。上了年纪以后，康德不再继续他那著名的散步，而是用咖啡代替，他允许自己可以在白天抽一支雪茄。

他的老年生活十分平常。他瘦骨嶙峋，身材干瘪，视力变差；尽管服用芦荟胶囊，但仍旧便秘；尿意不断，但从未成功排泄；他觉得腌酸菜太清淡，他吃下很多梅子干；他享用一块即将腐烂的肉，这更容易嚼出肉汁；他牙口不好，他不再使用叉子，并开始使用调羹，他强迫自己咽下黄油面包片。一天，他发现餐盘中的食物没切好，都不规则，他对仆人破口大骂："形状，准确的形状……"江山易改，本性难移啊。

25

达尔文的手稿

（1809—1882年）

　　查尔斯·达尔文并非哲学家，但他理应出现在哲学史中，因为他让两千五百年以来的思想变得陈旧过时！从前苏格拉底哲学家到与达尔文同时代的哲学家，人类一直被认为是世界的中心。犹太-基督教把事情说得更明了，人类处在上帝造物的最顶端，掌控着一切：上帝用六天时间创造了世界——第一天，大地、光线、白天与黑夜；第二天，苍穹和天空；第三天，海洋与陆地相互分离、自然、树木与水果；第四天，星辰和季节；第五天和第六天，鱼类、鸟类、动物的繁殖、家养动物、爬行动物、蛇类，之后是男人，最后是女人；第七天，众所周知，是休息日。

　　创世论的解读对这些科学知识视而不见——地质学、宇宙学、天文学、天体物理学、地理学、植物学、动物学、人类学。犹太-基督教的《创世记》如同一篇阐释世界起源的神话，造物主是一切的源头。同主题的伟大故事不在少数：巴比伦的《埃努玛·埃利什》、美索不达米亚的《吉尔伽美什史诗》、赫西俄德所作的希腊《神谱》、玛雅的《波波尔·乌》、斯堪的纳维亚的《埃达》。自人类开始思考并追寻世界之谜以来，由于缺乏科学知识，人类无法回答自己提出来的某些问题，只好向神话寻求答案。

　　数百年间，在理性与科学、智力与认知、智慧与知识的作用下，哲学史与神话、宗教思想分道扬镳。

　　在德谟克利特原子论者（公元前5世纪）与希腊伊壁鸠鲁主义者（公元前3世纪）之后，卢克莱修（公元前1世纪）在《物性论》中断言，比如，闪电除了原子间的摩擦外，别无他物，它与天神的愤怒毫无干系，具体等我们谈论电的时候再详谈。

　　长久以来，存在一条唯物主义的谱系，它从未满足于神话与神话学、虚构与宗教的解

《查尔斯·达尔文与查尔斯·莱尔爵士、约瑟夫·道尔顿·胡克》,维克多·尤斯塔菲耶夫,英国达尔文故居

释。同此谱系中的哲学家们曾偏爱物理,而非形而上学;倾向生物学,而非本体论;偏向地质学,而非神学;偏重经验与理性,而非信仰与信条。但官方与正统的哲学史却将他们排斥在外。

达尔文出场了……

他是谁?既然他的发现并未影响当时的哲学界,那么,整栋哲学大厦又是如何被推倒的呢?

他是谁?

达尔文的祖父是自然学家,父亲是医生。他学习医学,但成绩不好。他的父亲为其谋得英国圣公会的神父一职,于是,他开始在剑桥学习神学。然而,达尔文从小就不喜欢学习,宁愿在大自然中骑马散步。途中,他可以采集植物并观察昆虫与矿物。他花了五年的时间随"贝格尔号"环游世界,这是一艘英国皇家海军的测量船。作为一名自然学家、地质学家及人种学家,达尔文在日记中记叙了他的发现,并出版了《一个自然学家在贝格尔舰上的环球旅行记》一书。此书为达尔文在科学界赢得了名声。1844年,他撰写了一篇关于进化论的论文。他用了八年的时间研究黑雁。1851年4月,他失去了小女儿;他不再相信上帝是仁慈的。1858年7月,他与华莱士在一份研究上联合署名,并一起向林奈学会介绍他们的研究。1859年11月,《物种起源》一经出版便成为畅销书,首日狂销1250册,却受到科学协会及宗教协会的猛烈抨击。1871年,《人类的由来及性选择》出版。1872年,《人和动物的情感表达》出版。在生命接近尾声时,他仍在研究蚯蚓在土壤生成过程中的作用,并发表了植物生理学方面的作品,还撰写了自传。

他做过什么?

在实地观测后,达尔文出版了数本著作——关于兰科植物的繁殖、攀缘植物的生命力、贝类的生命、火山的活动、鸟类的羽毛、化石的含义、猴子的微笑、动物养殖者的活动……还有并未发表著述的其他方面的研究。他不在图书馆做研究,而是亲自走访每一片大陆，观察并记录所发现的结果，其作品改变了世界的进程。

> 达尔文不在图书馆做研究，而是亲自走访每一片大陆。

他在1859年出版的《物种起源》中到底阐述了什么呢？

准确地讲，这本书的名字叫《论处在生存竞争中的物种之起源（源于自然选择或者对偏好种族的保存）》。这本革命性的巨著向世人宣告了一个重大议题：物种是自然选择的结果，群落生境的最佳适应者通过自然选择幸存下来，其他个体则消失不见，这便是激烈的生存斗争。繁殖使个体数量不断增加，但幸存下来的却是少数。自然选择将幸存的个体与死亡、消失的个体区别开，在这场斗争中，唯有最适者才能幸存，并繁衍后代。自然选择还起到调节的作用——通过拣选最适合物种生存的变量，使物种之间达到平衡，互相不构成威胁。由此，物种的数量不断减少。书中同样暗示着：人类是进化的产物。

这篇论文摧毁了神学的假设，后者认为上帝一次便创造了万物，它们的模样亘古不变。达尔文从信仰基督教进化到不可知论者，但他从来都不是无神论者，他的著作让上帝之死成为可能。

1871年出版的《人类的由来》（简称）讲述了什么？

与上一本不同，它与人类相关。达尔文在脊椎动物和人类之间，建立了一组基因亲属关系：二者皆有骨骼、肌肉和神经、头部和身体、胃脏和肺脏、上肢和下肢、大脑等。某些疾病可以从脊椎动物传至人体，反之也成立。某些过程也相似——结疤、依赖月相周期、胚胎的发育、毛发系统，以及人体器官中有寄生生物。达尔文明确指出，人类并非仅通过自然选择进化，即最适者在生存斗争后幸存；此外，还有一条互助合作的自然法则，它与自然选择的目的相同：为了适应。事实上，理性的进步、教育的发展、道德情感的提升、同感和同理心的增强，均证明了自然选择不再是唯一活跃因素，必须将文化选择纳入研究范围。教育孩子、保护残疾人士、救助患者、帮助贫苦的人；自此，道德、利他主义、教育与竞争并重。

达尔文同样仔细观察了性别的作用，为得到雌性并授精，雄性的征服策略与雌性的性吸引策略变得格外重要。在性斗争中，被打败的对手将被排斥，除非死亡随之而来。获胜的征服者成为最适合的繁衍对象：最有生命力、最会战斗、在形态学上得到最佳发展的雄性，才能得到最具吸引力的雌性，后者同样被认为是繁衍后代的最适者。

受制于时空的影响，这本书本来可以引起更大的轰动！人类从猴子进化而来，并延续着哺乳动物的性行为，这一点尤其令人冒火，昨天和今天一样！

1872年出版的《人和动物的情感表达》讲述了什么？

正如同《人类的由来》是对《物种起源》的补充与完善，《情感表达》也是对《人类的由来》的补充及完善。达尔文阐述了情感的表现，不论是高级哺乳动物还是人类，情感的表现方式都相同。痛苦、泪水、沮丧、焦虑、伤感、丧气、绝望、欢乐、高兴、爱情、柔情、同理心、思考、沉思、坏心情、愤怒、决断、仇恨、生气、傲慢、轻视、反感、罪恶、无力感、耐心、肯定、否定、惊讶、震惊、害怕、恐惧、对个人的担忧、羞耻、害羞、谦卑……动物和人类体验的情感并无不同，这很正常，因为，人本身也是动物！

动物生态学的创建也得益于这部作品，它是一种研究动物行为的门类，自此人类也应包括在内。然而，动物形态学并未变革，也没有废除传授哲学的老方法。

人们并非自始至终都赞同达尔文的发现！除了某些人，当今的大部分人都已明显接受了"人类是猴子的后代"这一说法，尽管它的表述不正确，也非达尔文的原话。真相更为复杂，同时也更为简单——人类是猴子进化的产物……

尽管如此，形而上学或本体论，唯灵论或二元论并未消失，它们肯定了某种非物质的、不朽的、不变质的灵魂存在，或者某种区别于身体的本质存在。人们认为，在达尔文之后，弗洛伊德式的精神分析家、柏格森主义者、现象学家、基督教存在主义者或非基督教存在主义者、人本主义者、弗洛伊德-马克思主义者、拉康主义者、结构主义者，以及解构主义者的所作所为好像忽略了达尔文的存在。

维克多·尤斯塔菲耶夫（Victor Eustaphieff）的画讲述了什么？

画中人物包括查尔斯·达尔文、查尔斯·莱尔爵士和约瑟夫·道尔顿·胡克，他们身处一间舒适的房间内，我们看到一张铺着绿色桌布的桌子，上面放了好几本书，以及数把扶手椅、一列书架、几幅挂在墙上的版画。一张拍摄于当时的照片可证明，画中场景与达尔文故居中的书房一模一样。

这篇论文摧毁了神学的假设，后者认为上帝一次便创造了万物，它们的模样亘古不变。

我们已经知道了达尔文是谁。那么，查尔斯·莱尔爵士是谁呢？

查尔斯是一位地质学家，提出了地质第三纪的分类，发表了《地质学原理》，这是一篇关于均变论的论文。查尔斯认为，自地球诞生以来，便一直被某种力量有规律地形塑着。作为达尔文的朋友，他自始至终都支持达尔文，尽管他并不赞同自然选择扮演的建筑师的角色。

约瑟夫·道尔顿·胡克又是谁？

他是一名探险家和植物学家，从一开始便支持达尔文和他的论文。在他看来，阿尔弗雷德·拉塞尔·华莱士也发现了自然选择理论。于是，他鼓动达尔文早早地发表了《物种起源》和相关论文，人们从此将达尔文看作自然选择理论的创立者，称其为自然选择理论之父。华莱士是一名社会学家、和平主义者、女权主义者，也同样是唯灵论的捍卫者，这让他在科学协会中受到轻视。他是第一个站出来与社会达尔文主义对抗的人，后者利用达尔文的论文为自己辩护，利用论文中关于自由主义的表述，将资本主义合法化。

当达尔文得知华莱士的研究与其均在同一领域，并且他们得到的结论也相似时，公正的交流便开始了。

华莱士于1858年2月把《论变种无限地偏离原始类型的倾向》寄给达尔文，里面总结了自己的研究现状。他请达尔文阅读自己的文章，"若您觉得有必要，请您转交给查尔斯·莱尔爵士"。1858年6月18日，达尔文收到华莱士的手稿。备受煎熬的达尔文承认自

维克多·尤斯塔菲耶夫的画讲述了什么？画中人物包括查尔斯·达尔文、查尔斯·莱尔爵士和约瑟夫·道尔顿·胡克。

己原本应抢占先机："我的独特，它那么伟大，却将被毁灭。"他的儿子身患重病，于是，达尔文委托莱尔和胡克去发表华莱士的文章。他的两位朋友将文章发表在《林奈学会会刊》上，并附以达尔文的信件。此举的目的在于，明确达尔文的发现的先时性。之后，达尔文在朋友们面前为自己的"小心眼"而道歉。

来年，达尔文出版了《物种起源》。我们对接下来的故事并不陌生：达尔文享誉全世界，而华莱士没有。随后，忠厚的华莱士在报刊中接连发表学术文章，声援达尔文，当时《物种起源》的大部分内容都受到猛烈抨击。

维克多·尤斯塔菲耶夫所绘的场景可追溯到1858年，可能在6月下旬，但一定是在7月1日之前。这一天，达尔文的两位好友在林奈学会为达尔文辩护，尽管他本人并未到场，因为他的儿子在三天前刚刚去世。画中莱尔站着，手肘搁在壁炉上；画的右侧，胡克坐在一把扶手椅上，面对着达尔文，后者也同样坐在椅子上，处在画面的左边。三人组成了带有智性的三角结构，目光都看向达尔文手中的手稿。他的右臂高抬，将纸页高举到空中。

艺术家抓住了这一时刻：进化论被载入历史史册，以达尔文一人的名义。

那页纸取自放在桌上的手稿，应该是华莱士的论文。读完手稿后，三人正在讨论后续要怎样做。几分钟后，他们将做出决定：必须比华莱士更快。他们发表了华莱士的文章，但附以达尔文的信件，为证明达尔文对其中观点的先见之明，此为第一枪；随后，他们打响第二枪：迅速出版《物种起源》——此书将获得全球性成功。

　　艺术家抓住了这一时刻：进化论被载入历史史册，以达尔文一人的名义。画面上，定格的是《物种起源》的起源。

26

尼采的栏杆

（1844—1900年）

这幅尼采的肖像同样可以看作一幅尼采主义的肖像画，也是画家本人的自画像。

尼采无可争议是这幅肖像画的主人公。此画甚至比比皆是：与尼采有关的文章、口袋书、引用尼采的博客、摘录尼采作品的哲学教材、有关尼采的会议通知，均可见到它的身影。

这是尼采的脸：浓密的胡须遮住嘴部，直挺挺的希腊式的鼻梁，小耳朵。尼采在《瞧，这个人》中告诉我们，他为自己的小耳朵感到自豪，向后梳的头发使额头露出，那双凹陷在头颅内、充满幻觉又消失在另一个世界的眼睛，那双细长的手，让尼采即兴弹奏出完美的钢琴曲。尼采曾来到瑞士恩加丁，据和他合租家庭式膳宿公寓的人所言：对于独自生活的人来说，尼采穿戴讲究，他的衣服干净整洁，又剪裁得当。在这幅画中，尼采佩戴领带，身穿白色衬衫，手腕处缀着袖扣。在《瞧，这个人》中，尼采把干净视作伟大、美好的哲学美德——它不仅意味着身体与服装的整洁，也象征着心智的正直与高洁。尼采身高1.73米，身材颀长而挺拔。他关注营养学，是节制饮食爱好者，喜欢步行，他的轮廓笔挺。我们无法想象一个体态臃肿、身材肥胖的尼采是怎样的。画面上，尼采身体的比例恰到好处，世界为之一亮。但他的眼神中却透出一种若有所失的感觉。他的目光转向别处，那还是蒙克笔下的世界，唯一的纯粹的世界。他的手看起来十分不安：尼采不知该做些什么，于是他交握着双手，或者像虔诚的异教徒那样，将双手合十。

1905年，受银行家欧内斯特·提尔的委托，爱德华·蒙克开始创作尼采的肖像。他曾在魏玛档案馆查阅汉斯·奥尔德在1899年6月至8月拍摄的系列摄影作品。1889年1月，尼

▷ 《弗里德里希·尼采的理想肖像》，爱德华·蒙克，斯德哥尔摩提尔画廊

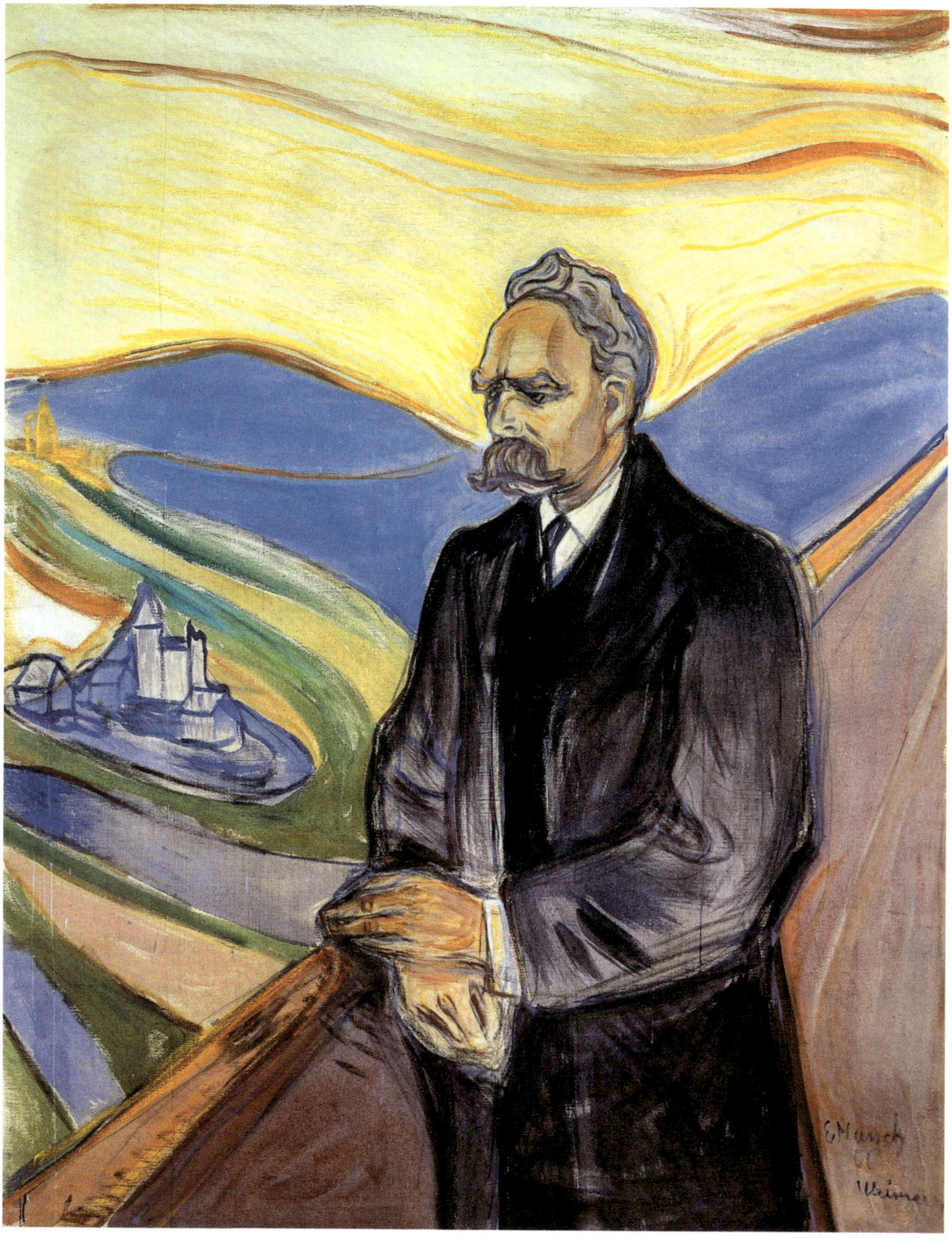

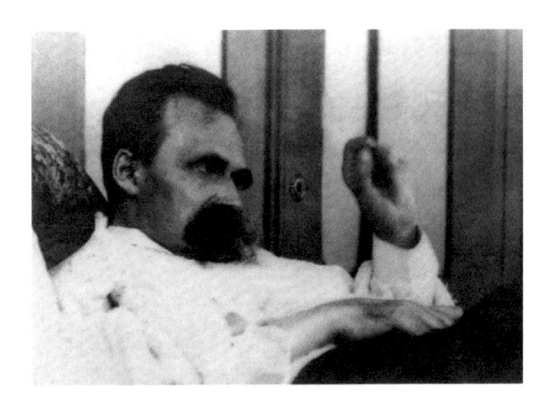

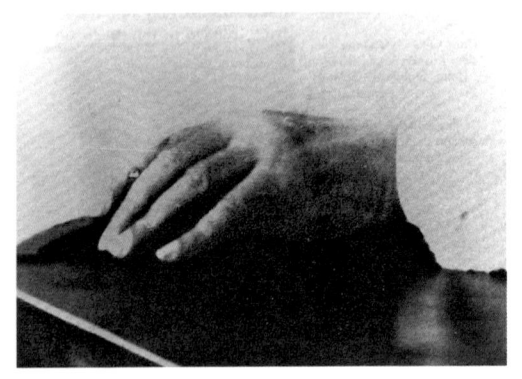

采精神失常，自此，他和妹妹一起在魏玛生活。他躺在一张长椅上，一条花格子毛呢毯盖住了他的下身，他把手放在毯子上。

画面下方，在蓝色背景的衬托下，露出一座村庄的外形和两条支流的轮廓，它们的干流可能是一条大河，也可能是一条小河。远处，一片黄赭石色的痕迹悄然融入风景中。也许那边还有一座村庄，我们至少可辨认出一座钟楼，以及一座城堡塔楼的废墟。尼采的背后可能是一片湖泊，像长在他后背上的一双蓝色翅膀，让尼采变成了一只会飞的昆虫。蒙克曾在一些明信片或者风景摄影作品中寻找哲学家的踪迹。为此，他观赏了许多照片：洛肯——尼采的故乡；瑙姆堡——尼采在那里度过了童年时光；普夫达——尼采的中学所在地，那是一所严厉的学校；波恩——尼采

尼采在魏玛的妹妹家里，拍摄于1899年，摄影师为汉斯·奥尔德。蒙克将前往档案馆，查阅该系列的摄影作品。

在那里学习神学；莱比锡——尼采转向哲学研究并与瓦格纳相识的地方；特里布申——他与瓦格纳频繁碰面；巴塞尔——他在大学教授哲学。德国并非哲学家自主的选择，而是家人所在的地方，也是尼采学习及第一份工作的所在地。

尼采身上还有与北方的薄雾相对立的另一端，那就是意大利和地中海：他在罗马的圣皮埃尔教堂与露·莎乐美相遇，对莎乐美一见钟情，后来，当尼采得知自己的单恋毫无结果时，又无比憎恨她；他在那不勒斯和索伦托受到玛尔维达·冯·梅森堡的接待，他感叹主人家的景致迷人，那是一套面对维苏威火山及那不勒斯海湾的大别墅；尼采在热那亚修改《朝霞》的样稿；在拉帕洛和菲诺港开始创作《查拉图斯特拉如是说》；在威尼斯，他与

好友彼得·加斯特重逢，并打算共同撰写一本关于肖邦的书，在《查拉图斯特拉如是说》的一首赞歌中，威尼斯的墓地变成了亡灵岛；在都灵，眼见一匹马被主人当街抽打，失去理智的尼采冲向马匹，躺倒在马蹄之下。这也可能发生在尼斯和埃兹的路上，身旁是地中海的美妙景致，权力意志的直觉在他的体内复苏。

1889年1月，尼采精神失常，自此，他和妹妹一起在魏玛生活。他躺在一张长椅上，一条花格子毛呢毯盖住了他的下身。

心思细腻的"侦探们"自认为在这梦一般的风景里窥见了真实存在的景色，他们认为画中的河流是易北河的支流萨勒河，那座城堡是位于瑙姆堡地区的鲁德尔斯堡，塔楼则属于萨勒克城堡。或许真是如此。但那块蓝色区域是湖泊吗？若真如此，它不会是日耳曼的风景，而是瑞士恩加丁的某片湖泊，哲学家曾在恩加丁清凉的山间度夏。锡尔斯-玛丽亚、席尔瓦普拉纳和奥尔塔的湖泊满载着哲学家的回忆，他曾希望永远留在苏尔勒，回到任意一片湖泊的周围。日耳曼与恩加丁的地理学与地质学两相结合，创造出一个概念性的村庄。因此，画布上展现的，是一个概念。它的命名《弗里德里希·尼采的理想肖像》并非偶然。村庄位于画面靠下的位置，意味着文明，居民、居住区和教堂讲述着犹太-基督的精神权威，而城堡则象征着德国帝王的权力。画家向我们展示着一种连接着市民、教皇、帝王的文明机制。换言之，哲学家与之决裂的一切——上帝、宗教、右派、左派，此外，还涉及尼采度过童年的轨迹：接受新教教育、路德教堂、帝国、母亲和妹妹的控制使其一生都遭受着的阉割之刑、神父的儿子、父亲临终、死亡和坟墓——一言以蔽之：德国。

该幅肖像同样表现着尼采主义。何为尼采主义呢？尼采的思想在不断进化：初期，受到叔本华和瓦格纳的影响，他希望利用瓦格纳的歌剧从文化方面着手改造德国，使其引导一个活跃的欧洲知识界，这正是《悲剧的诞生》（1872年）的意义所在。为避免拜罗伊特剧院破产，瓦格纳向贵族、资产者、银行家和帝王妥协，这一做法令哲学家火冒三丈。让我们为这场情感冲突再加点佐料：老瓦格纳娶了年轻的科西玛为妻，她是弗朗茨·李斯特的女儿、乐队首席汉斯·冯·彪罗的妻子，后者为瓦格纳创作作品，但瓦格纳却看上了他的妻子。相比于瓦格纳，她与尼采在年纪上更为接近。尼采也曾对她想入非非，并称其为阿丽亚娜。

友情的破裂与爱情的受挫令尼采进入更具伏尔泰哲学特征的第二阶段，他渴望宁静，即某种存于伊壁鸠鲁精神中的实用智慧：有段时间，尼采热切地盼望和哲学家保罗·雷伊、露·莎乐美组建一个哲学协会，莎乐美后来成为里尔克的情人，还和弗洛伊德是朋友。在尼采的想象中，朋友们共同生活在一片可耕作的农场上，哲学协会可以自给自足。那时，他发表了《快乐的知识》（1882年）。工作、阅读、写作、对话、思考、步行、节俭均在计划之内。此外，尼采希望雷伊帮自己向露表明爱意，但雷伊自己也爱上了露！在科西玛后，尼采与露相遇：新的怒火……

第三阶段对应的是尼采主义在人们心中唤起的记忆，即宏大理论及伟大概念的时代：尼采宣布"上帝已死"以及超越基督教的必要性。在哲学家看来，基督教在近两千年的时间以来，为专制披上苦行的理想外衣，提倡仇恨身体与肉体、欲望与享乐、生命与愉悦，已成为一种奴隶的宗教。他断言唯一真实的存在：权力意志，即一种活着的生命力，它赋予一切生命，从纤细渺小的花草到广阔宏大的星球，均处在宇宙的秩序中，也包括动物和人类的进化，权力意志不分善恶，而是超越了善恶，它希望让生命在生命力中存在并延续。与超越基督教和世界生命力的概念类似，尼采提出永恒轮回：所发生之事，已发生过无数次，也必然以同样的形式无限回归。是以，人类缺乏自由意志，自由是一种幻想，人的决心将他们导向自身，除此以外，别无选择，命运不以他们的意志为转移。20世纪，关于尼采主义的通行解释来自吉尔·德勒兹。在他看来，尼采主义劝导人们，在生活中追求不停重复的想见之物。这一阐释违背了尼采的原意。人类无法渴望我们想要之物，也无法阻止、阻扰、阻碍自由意志，只能任由它从窗户进来，从大门离开。无论谁明白不可避免的永恒回转的悲剧本质，不论谁明知却仍然热爱不可避免的永恒回转的悲剧本质——他仍将其命名为"命运之爱"（amor fati），爱命运——那个人是一个超人。超人明白并热爱永恒轮回的真相，它复归形式，恰巧被超人捕捉。此种认识与爱意体现着后基督教智慧的愉悦。

这便是尼采主义：宣告上帝已死；劝告超越"愤恨之宗教"基督教；从唯一的权力意志出发，解读超越善恶的世界；关于相同事物永恒轮回的教导；一切偶发之事皆为必然，以及要爱命运；接近真福之地、内心宁静以及此时此刻的愉悦。

这是《查拉图斯特拉如是说》(1883—1885年)的时刻。这部巨著是一首宏大的抒情诗，富有比喻和象征意义。在尼采的安排下，一位人物站上舞台，开始讲述哲学家的思想，他的名字叫查拉图斯特拉，总是由一头狮子和一条蛇伴其左右。他以形而上学的方式讲述，围绕在身边的是会说话的动物或者一些怪人——最后的教皇、两位国王、最丑陋的人、蚂蟥专家、自愿行乞之人、魔术师、流动的影子、预言者、走钢丝的杂技演员。尼采选择用诗歌来表现永恒轮回，而未能凭借科学的手段建立这一直觉。诗歌要求对符号进行解码，它本身充满复杂的比喻，这常常造成对尼采思想的歪曲和误读。尼采的妹妹，伊丽莎白·福斯特是一位反犹太分子，她还是墨索里尼和希特勒的朋友，是她将尼采的手杖交给了他们，酿成最令人遗憾的解码，《善恶的彼岸》的作者尼采被解读成法西斯主义和国家社会主义的先驱！尼采本人憎恨国家，曾因出版社公开发表反犹文章而愤然离去，他曾建议将反犹分子枪杀；他蔑视群居本能，羞辱群众和群氓，他大概会对20世纪的极权主义无比反感。他也许会把墨索里尼、希特勒及他们各自的理论当作愤恨的对象，并针对他们发动哲学战争。

在这首伟大诗篇的开头，我们得知查拉图斯特拉在30岁之际便去世了，基督也在同样的年纪开始布道，并且，查拉图斯特拉在十年的隐居岁月里，对所学之事变得尤为擅长，他决定下到人类居住的山谷，将自己的发现尽数教给他们，即我们刚刚介绍的尼采主义。

蒙克的画之所以与尼采主义有关，不仅仅是因为尼采处于画面中央，像正准备下山，将超人哲学传授给在山谷中居住的人类的查拉图斯特拉，还因为画家意在使用色彩表现权力意志的震颤。条纹状的橙色；阳光般的黄色；像天一般的蓝色，用于表现一片幽深、如哲学般充盈的水域；大地般的赭石色，那是哲学家所走的路，他的思考具有令人恐惧的一面；山谷草地的绿色，表现为一个个涡旋线状图案，所有的弧线让人联想起植物或宇宙内部真实的运动轨迹。画中的一切为震颤而作，这里的一切渴望震颤，像地震的第一秒时那样晃动，我们不清楚它是否会导致地图上的某座城市消失不见，一切都像临近火山喷发时那样摇动，火山的喷发可以吞噬整座城市，大自然的一切在尼采的身体周围震颤，而尼采

> 栏杆把尼采同世界、他人、现实区隔开——内瓦尔、荷尔德林、莫泊桑、梵高、阿尔托、策兰等人也受栏杆所困——也把爱德华·蒙克同理性世界隔绝开。

本人却已陷入迷狂。

栏杆尤能代表画作表现的尼采主义,也同样印证了这是一幅画家的自画像。画作受制于这道栏杆,它像一条对角线,自右上角出发,朝左下角下落。如一道闪电、一个箭头、一块陨石的火痕那般坠落。

它是一道二等分线,把世界分隔为两个截然不同的区域,即画面左侧的山谷与右侧的哲学家。山谷中有一个住着人的村庄,还有塔楼和教堂,象征着世俗和精神力量的地方,过于人性的人间;哲学家处在山顶,他站在高处,在山之巅,独自面对世界,陷入疯狂和超人哲学,与自身分离。

从生理学角度可以解释尼采的疯狂。他在青年时期沾染上梅毒,彼时已发展到第三阶段,在长期的痛苦和骇人的偏头痛之后,尼采于1889年1月初陷入疯狂,这种状态一直延续到1900年8月25日,即死亡来临的日子。那时,《圣经》注解者们将尼采的疯狂视为其宣告上帝已死的代价,如今,持这种看法的注解者仍然存在!

哲学家双手交握,看起来局促不安。他的目光注视着远方,身体静止不动。他的思想在别处。他的额头高高隆起,眉头紧皱,嘴巴被隐去。画家似乎想说:这双手将不再写作,不再弹奏钢琴,这双眼睛再也不能看见任何东西,这张嘴再也不能发出任何声音,这具身体将不再晃动,不再走动,它再也走不了路。画中的尼采保持着站立的姿态,完全被栏杆隔绝在另一个世界,并永远封闭自我。与其说他将下山向人们传授超人哲学,不如说尼采为自己的发现所困,并将永远留在象征知识的山顶。"远离人类和时间6000英尺",这是尼采在《瞧,这个人》中的记载,他在那儿遇见了永恒轮回与超人。

栏杆把尼采同世界、他人、现实区隔开——内瓦尔、荷尔德林、莫泊桑、梵高、阿尔托、策兰等人也受栏杆所困——也把爱德华·蒙克同理性世界隔绝开。栏杆常常出现在这位挪威艺术家的作品中:《桥上的少女》(1927年);著名的《呐喊》(1893年)——不论从造型还是从审美的角度来看,《呐喊》与这幅尼采肖像的艺术加工如出一辙;《有红房子的花园》(1882年);《焦虑》(1894年);多个版本的《桥上女孩》(1901年);《在阳台楼梯上》(1922—1924年),更遑论出现在其他画作中栏杆的类似物了。

蒙克的家人经历着悲伤和沮丧——蒙克的妹妹在20岁那年被关进精神病院,她的余生都是在那里度过的;蒙克也常常光顾心理咨询诊所,曾尝试电休克疗法进行治疗。这位亲手绘出死亡、焦虑、呐喊或哲学家的疯狂男人,画出了与尼采相关的一切。失神的目光、缺席的在场者、在场者与缺席者的隔绝,一切都推动着尼采主义在世纪末达到高潮。与其说《查拉图斯特拉如是说》是一个接近超人的入口,不如说它是一条通道,它所通向的世界已经失去了理性。与其说这幅画描绘的是超人,倒不如说是生活在20世纪的人类。

27

弗洛伊德的鱼钩

（1856—1939年）

弗洛伊德至少拥有两种身份：第一是哲学家，第二是治疗师。前者提出一种世界观，一种对现实的解读，一种对事物的解码；后者着重强调一种方法，用于治疗并治愈心理痛苦，弗洛伊德将其命名为精神分析，即未来的精神分析学。

哲学家弗洛伊德著述颇丰。《梦的解析》创作于1898年，不过为了使人相信此书将为人类历史打开一个新纪元而故意注明为1900年。他也出版了其他作品，比如，在《一个幻觉的未来》中分析宗教成因及机制，在《文明及其不满》中探讨文明，在《为什么会有战争》中剖析战争，在《图腾与禁忌》中阐明道德。

治疗师弗洛伊德发表了数篇文章，用以阐述他的分析方法，它们被汇总在《精神分析法》中，同样还有大量的具体案例收录在《精神分析五讲》中——少女多拉、狼人、小汉斯、施雷伯法官、鼠人。弗洛伊德在书中描述了患者的症状，以及为治愈患者而分别采取的精神分析疗法。

在《我的生活与精神分析》（1924年）中，西格蒙德·弗洛伊德描述了自身的经历。他出生在奥地利的一个犹太家庭里。他先学习了医学。他承认自己曾受到达尔文的影响。他的第一份工作课题跟鳗鱼的神经系统与性征有关。他研究患神经症的病例，并前往巴黎。他在巴黎遇到了沙可，后者当时在沙普提厄医院的公开会议上实施催眠。

弗洛伊德希望依靠治疗神经症谋生。他尝试了多种方法：浴疗法、电疗法、推拿法——按压手部或脸部……不过他坦承没有挣回足够的钱。他选择放弃，然后前往南锡，

▷ 《前往伦敦的弗洛伊德》，瓦莱里奥·阿达米，私人收藏

1. Freud in viaggio verso Lon

> 约瑟夫·布罗伊尔发明了主张使用言语进行治疗的精神分析法——尽管早在公元前5世纪就已存在类似的手段了。

在伯恩海姆的家中初习催眠术。其时，弗洛伊德在《歇斯底里症研究》（Ⅲ，95）中吹嘘子宫推拿对治疗、治愈患者大有裨益。

约瑟夫·布罗伊尔发明了主张使用言语进行治疗的精神分析法——尽管早在公元前5世纪就已存在类似的手段了：智者安提丰也提倡梦的解读。初期，弗洛伊德对布罗伊尔的作者身份表示赞同，随后，他反思自己从前的言论，并把功劳据为己有。

作为补偿，他发明了用于治疗的"躺椅装置"，它意味着请病人平躺，精神分析学家则坐在病人身后的扶手椅上，听病人说话。在《给从事精神分析操作的医生的几条建议》（1912年）中，弗洛伊德将"悬浮注意"理论化，它能让分析师进入半睡眠状态，鉴于无意识交流的必然性，这对治疗不会造成任何损害。

弗洛伊德从原则出发，主张通过进行"自由联想"，换言之，在不考虑道德或逻辑、仁慈或理性的前提下自由言说，使无意识的碎片重新浮于表面。通过讲述，可以让我们原以为忘却的记忆重新浮现在脑海里，这表明一切都未被忘记而是被封印在无意识当中；无意识累积着与主体（个体发生）相关的信息，但同样担负着初民（种系发生）的记忆。

在《图腾与禁忌》中，弗洛伊德提出假设：在人类文明早期，一名男性拥有所有女性。一天，儿子们挺身反抗，将父亲杀害，吞食了他的身体，之后，他们对这场原始谋杀懊悔不迭；在人肉盛宴后，懊悔导致法则与禁令的颁布。弗洛伊德认为，自此以后，一切无意识均保留着这种假设的记忆，"种系发生遗传"通过心理玄学在物种的不同个体间传递。

无意识属于精神的范畴，换言之，解剖或生理学的方式无法将其定位。它不属于心理学，而是隶属于元心理学。换句话讲，它超越了心理学。在弗洛伊德看来，我们只看见了冰山一角，而往往忽略了水面下方最庞大的部分，意识就对应了可见的部分，无意识则对应不可见的部分。但是，只有被社会接受的部分才可以顺利通过审查障碍，从无意识抵达意识。欲望为主体所知；是以，欲望得以实现。与此相反，不为社会所容的想法则被审查阻挡，并被压制在它的来源地——无意识当中。对不为社会所接受的性欲的压抑会产生精神创伤，这种创伤源自患者的心理痛苦。尽管弗洛伊德提出所谓的方法论作为分析疗法的理由，实际上，赚钱才是真正的动力。在弗洛伊德看来，要使分析疗法奏效，则必须进行长期的精神分析，它的费用 **初期，弗洛伊德对布罗伊尔的作者身份表示赞同，随后，他反思自己从前的言论，并把功劳据为己有。** 十分高昂（《精神分析法》，P15），患者在接受分析疗法时，将意识到压抑。理论上，意识到何事被压抑可以消除痛苦。谈话，就是说话；说话，就是让无意识的想法浮出水面；让无意识的想法浮出水面，就是认识自己受到何事造成的精神创伤。因此，针对精神创伤的治疗得以开展，以达到消除症状与痛苦的切实效果。至少，弗洛伊德理论肯定了以上内容，也可以在《精神分析五讲》中找到出处。我们在弗洛伊德的作品中，只能找到成功治愈的病例！

19世纪末，处在事业初期的弗洛伊德提出了一条"诱惑理论"，在他看来，神经官能症的病因只有一个：父亲对孩子的性侵犯。弗洛伊德诊所的咨询常常以该诊断收尾，不论它是否是病理学上真正且唯一的病因。于是，这些父亲被系统地划为强奸子女的犯人，他们对弗洛伊德恼羞成怒。弗洛伊德也因此失去了他的客户和生意。随后，他又因泛性论而名噪一时，他也被称为性癖狂。弗洛伊德将一切精神问题归结为父亲的强暴，即乱伦，所以只能产生这一种社会反响！为了工作，他不得不放弃这种古怪的理论，然而他从未真正放弃这一理论，比如，他提出，由儿童的性问题所引起的神经官能症牵涉到父母双方。

弗洛伊德在《儿童性行为》中断言，儿童从小就表现出一种自慰的性行为。他提出一种分阶段拓扑学：当儿童出生后，他们会经历口腔期到肛门期的过渡，再从肛门期到肛门-施虐阶段，后从肛门-施虐阶段到性器期，并在6岁左右表现出俄狄浦斯情结，对男孩而言，它是一种弑父的欲望，同时，又渴望与母亲发生性关系。弗洛伊德认为，所有男孩都会经历俄狄浦斯情结。家长应教导孩子，作为一种天然冲动的乱伦，是被社会禁止的。禁止乱伦是一切社会关系的基础。孩子可在所有激起性欲的部位感受到愉悦，如嘴巴，随后是肛门，在指代阴茎的生殖器成为象征之前，是性器官。任何偶然发生在某一阶段的精神创伤都会对这些部位以及相关的象征造成影响。

例如，弗洛伊德将肛门期同括约肌的控制，与粪便的滞留与排出联系在一起，之后，又把肛门期同相关联的愉悦或痛苦结合在一起。他在粪便和金钱中提出了一个等量关系。在肛门期出现的精神创伤可以解释会计员、收藏家的职业选择，或像贪婪这样的激情和便秘的病理，或者捐赠与礼物之间的关系背后或多或少的复杂性……

在躺椅上自由联想是一种进入无意识的方式，而另一种方式则在于梦的解读。早在公元前1世纪，来自以弗所的阿特米多鲁斯创作了《解梦》一书，长久以来，人们借助比喻意义下的密码网格，将梦的内容及其对应的解码意义联系起来，再去解读梦境。梦意味着什么？对于弗洛伊德而言，梦境使人们在睡眠中实现在警醒状态下，不为社会所容许的欲望："梦是一种（被压抑的）希望的（伪装的）完成。"（《梦的解析》，全卷本，第四卷，P196）梦境是"通向无意识的王道"。因此，弗洛伊德一直都认为梦从来不具备前兆：它们属于被压抑的过去，那么，它们又如何预示未来呢？被掩盖的意义呼唤着精神分析家进行解码。弗洛伊德断言，解谜的过程符合科学。

弗洛伊德解释道，梦境与性相关，既包含潜伏的内容（隐梦），也包括明显的内容（显梦）：在一个梦里，芦笋、蜡烛、钥匙、刀、棍棒、单簧管、烟斗、圆柱、步枪、火箭、匕首、雨伞、手枪、手指锉刀、蛇都分别代表一种显性的内容，但它们潜藏的内容却是唯一且独特的，即阴茎的形状，它们代表阴茎。与盒子一样，狭窄的庭院、嘴巴、耳朵、水井、锁都意味着女性的性器官。同理，我们想象淤泥、充满泥浆的街道等意味着什么。是以，往锁中插入钥匙的梦不需要澄清便显而易见。钥匙掉入泥浆也代表同样的含义……

弗洛伊德性化一切，目的在于朝俄狄浦斯情结靠拢，"我们的梦将我们带向那里"（Ⅳ，P301）。我们可以想象一下，梦中的一位男性将他的雨伞插入泥泞的路中，与其从显性内容上看，泥泞的道路与雨伞之间的联系，不如潜在地分析路和雨伞之间产生的联系——二者均源自某个具体的周日散步及为雨天所惊讶的散步者——这场雨是明显的，也是真实的，而不是一场潜在的雨……由此，无须认为散步者渴望和他的母亲上床，并想要弑父，或与某人、某物肛交。

梦境并非进入无意识的唯一方式。在《日常生活的精神病理学》中，弗洛伊德解释道，通过解释口误、失误行为、专有名词的遗忘、阅读或写作的错误，换言之，通过解释用于替换另一个词的词语、计算的错误，而进入无意识……所有这些日常生活中的小事故都被弗洛伊德归纳在"轻视与笨拙"（Ⅴ，P173）专栏当中，它们总是意味着某种……与性有关的事情：我们不会偶然忘记房子的钥匙，我们也不会偶然走错楼层，我们不会偶然弄坏一件物品，我们不会偶然咬到自己的舌头，我们不会偶然把手指折断，也不会偶然生病[1]，同样如果我们忘记自己的同盟，如果我们用钥匙或者硬币在口袋里弄出声响，如果我们没对齐纽扣，如果我们用面包心玩耍，如果我们在地上找到一件物品（Ⅴ，P226），如果我们错过火车，如果我们混淆名字，如果我们寄信的时候弄错收件人，如果我们指定一个我们自以为偶然选择的数字：每一次，我们表现的都是一种无意识的渴望。

弗洛伊德并没有回避思想的传递，他没有把通灵术搁置在一旁，他相信数秘术，他很迷信，他实践着厄运的咒语仪式，他认为，在分析过程中，如果精神分析师也熟睡的话，无意识仍会交流，在他看来，精神无意识的全貌还未尽显。他生活在世界隔壁的一个世界里，或在我们世界以外的世界中。

在《精神分析引论》（1916年）中，弗洛伊德认为人类在历史中曾承受过三次巨大的、由自恋引起的伤痛：第一次在伽利略证明地球不是世界的中心，而是以太阳为中心旋转时；第二次是达尔文指出人类不是天神创造的顶峰，而是猴子进化的产物时；第三次是他自己，弗洛伊德写道，他将自己与伽利略、达尔文并列，认为自己证明意识不是自己的主人，它受到精神无意识的支配。确实如此吗？

---

[1] "生病绝非偶然"这种荒唐的观点是一种迷信，它对医学造成并仍然造成着很多伤害：当医生不知道病因，却仍想提出一种病因时，他不得已接受弗洛伊德的观点，此观点后在《本我的书》（1923年）中得到乔治·格罗代克的发扬。如果我们失明了，是因为我们不想看见事物；如果我们耳聋了，是因为我们不想听到这种相同的事物；如果我们患有直肠癌，是因为我们感到厌倦；如果我们患有心肌梗死，是因为我们有一颗肥厚的心脏，而它破碎了；如果我们断了自己的一根手指，是出于自阉的缘故……弗洛伊德实际上会做到，将一次坠马变成"一次无意识统一的自杀"（Ⅴ，195）！

唯有自己才能更好地为自己服务，弗洛伊德书写了自己生前的传奇故事。因此，在《精神分析运动史》（1914年）中，他将所有生活在维也纳，并投身于精神分析的集体冒险者排除在外：卡尔·古斯塔夫·荣格、威廉·赖希、阿尔弗雷德·阿德勒、奥托·兰克、威廉·斯泰克尔、乔治·格罗代克、桑多尔·费伦齐，以及其他人[1]……

弗洛伊德曾细致入微地阅读过大量叔本华、尼采的论文，并在自己的作品中援引了两位哲学家的思想，却从未向论文的作者致敬。他瞧不起信件所传达的内容，甚至写道，他读过这些信件，但这是在搭建好自己的系统之后！在他看来，精神分析让他几乎无法撒谎——这就是一个谎言。

某一批评流派的地位通过《揭秘精神分析》（2005年）达到顶峰，它将弗洛伊德满嘴的谎言、歪曲、伪造、掩饰、虚构、重写呈现在世人面前，哲学家的所作所为却是为了塑造他的传奇故事。弗洛伊德介绍的大部分"成功"病例从未被治愈。一些"成功"病例从未以化学般纯粹的方式存在过：他根据复制—粘贴的原则发明了一些人物，并制造出一个轻易被治愈的病例，但这仅存在于文件上[2]，并不存在于现实中；他断言自己曾让病例恶化，

---

[1]《第一批精神分析家——维也纳精神分析学会的会议记录》共四卷，展示了这一学科曾经被看作一场集体的冒险，机敏且狡黠的弗洛伊德在其中扮演着欧洲领袖的角色，后又登上世界舞台，成为全世界的领袖。
[2] 我们仅举塞尔吉尔斯·潘克耶夫的例子，他是《精神分析五讲》中所记录的狼人。对于他，弗洛伊德曾说"痊愈"（P420）。然而，在凯琳·奥布霍尔泽的《与狼人对谈》中，作者记录了狼人亲口说的话："与其说精神分析家们对我有益，倒不如说他们于我有害。"（伽利玛出版社，P149）尽管弗洛伊德宣称所谓的痊愈，潘克耶夫在躺椅上度过了他的一生；当开始精神分析时，弗洛伊德从理论上判断必须放弃药剂，但潘克耶夫多年以来，按照弗洛伊德的处方（P81）服用了抗焦虑药、抗忧郁药以及安眠药；他的分析持续了四年，除了周日以外，每天一次（P68），总花费大约500000欧元；他每天抽三十来根香烟（P79）；当他的太太自杀后，弗洛伊德没有接待他（P96）；有一天，弗洛伊德告诉他，分析结束了，"礼物是很棒的东西，可以弥补感激之情。他暗示我送他点东西"（P76）。潘克耶夫为弗洛伊德的收藏购买了一件价格高昂的埃及艺术品……对谈发生之际，他刚过87岁，他还一直在分析，他说道："您知道，我过得非常糟糕；最近一段时间里，我极度忧郁。"（P59）当潘克耶夫去拜访弗洛伊德时，维也纳医生猛烈地抨击他，分析就像一张火车票："车票给予我旅行的可能，但不能强迫我去旅行。决定权在我手中。"（P77）尽管弗洛伊德早已告诉前者，他已经痊愈了；换言之，弗洛伊德尽到了他的责任，但如果病人没有痊愈，那并不是医生的错，而是被分析者的错，他自己不愿意被治愈。

其他的作品则披露了与安娜·O有关的细节，尽管弗洛伊德断言她已痊愈，但实际并非如此，详见亨利-弗雷德里克·艾伦伯格的《安娜·O的故事》；艾美·冯·N也没有痊愈，与弗洛伊德断言的正好相反，详见赫西米勒的研究；塞西丽·M也没痊愈，尽管弗洛伊德肯定她已痊愈，详见彼得·斯威士的研究；伊丽莎白·冯·R

以至于差点使朋友弗莱施有致命危险,这时,他采用可卡因进行治疗,并让患者治愈了,在他的传记中,有一篇文章可以证明他在撒谎,后来,弗洛伊德把它删除了;为他作传的欧内斯特·琼斯(Ⅰ,P335)告诉我们,他曾经受过一种"严重的精神-神经之火",这可通过自我分析治愈——除了理论传说之外,该种自我分析从未以其他形式存在过:一切都曾是他写作的主题,却没能就自我分析这一重要主题创作任何书籍;他在十八个病例中,反复援引儿童在生理上受到父亲吸引的理论,但这些病例并不存在——弗洛伊德的谎言清单很长……

但没有哪个人对精神分析的批评比弗洛伊德更猛烈!实际上是他在1911年5月28写信给宾斯旺格:"人们把精神分析疗法称作'一次黑鬼的漂白'。假若我们比内科科学所达到的水平更高的话,这样说并不是全错。我经常这样安慰自己,如果我们在治疗水平方面没取得多大成效的话,至少要知道我们为什么不能做得更好。"

弗洛伊德于1932年对精神分析学家桑多尔·费伦齐说:"病人都不诚实。他们仅仅有助于我们生存,他们是供学习的材料。不论如何,我们不能帮助他们。"这段话被后者记录在《诊所日记》中。

1937年的弗洛伊德垂垂老矣。疲累的生活和折磨了他多年的口腔癌,让这位老人走到了山穷水尽的地步。他写下"有尽的分析和无尽的分析",认为冲动的要求无穷无尽(P240),换言之,人们永远无法康复。

当然,弗洛伊德并非伟人;尽管他声称自己是一名科学家,但其实并不是,他算得上文学家、思想家、哲学家,此外,他难道不渴望获得……诺贝尔文学奖吗?由于他更偏向

没有痊愈,与弗洛伊德的判断相反,详见同上作者的研究;艾玛·爱克斯坦·0没有痊愈,与弗洛伊德的断言相反,详见恩斯特·法泽德的研究;他建议从来不要照料自己的家庭成员,详见《给从事精神分析操作的医生的几条建议》(1912年),安娜·弗洛伊德是弗洛伊德的女儿,她也没有痊愈,同弗洛伊德的断言相反,详见帕特里克·马洪的研究;贺拉斯·弗林克没有痊愈,与弗洛伊德的断言相反,详见拉维妮娅·埃德蒙兹的研究;更不用提卡特琳娜和多拉的病例了,她们很可能没有生病,却被证明她们痊愈,详见彼得·斯威士和安东尼·斯塔德伦的研究……更多的细节,请参阅米克尔-博奇·雅各布森和索努·沙姆达萨尼的作品《弗洛伊德档案——精神分析史调查》(2006年)。

主观论断，而非耐心论述，弗洛伊德从未践行过一种实验法；他曾说自己是一名征服者，一名对未知之地的探险者，其中的错误在于：仅仅满足于想象的弗洛伊德却假说自己发现了那些未知的土地；当然，他知道把散落在各处的哲学家们（他说了很多他们的坏话）的理论串联在一起，尤其是达尔文、叔本华和尼采；当然，他常常陷入悲观的情绪——攒钱的愿望、渴望享受资产阶级的名声、对荣誉的疯狂追求、成名的渴望——却不是为了找寻真理，或为知识贡献力量。

但他同样意识到自己的局限：自身的局限、精神分析及方法的局限、时间的局限。他是一位辩证的思想家。他本可以坦承自己的局限，从而获得成长，而他却用蹩脚的方式掩盖住局限，这令他也变小了。然而，在其完整的作品中，他曾留下几颗鹅卵石，人们可以通过它们探索出一条路：它属于一位男性。他坦言：这只是这场由为加深心灵认识而做的努力的总和所构成的伟大运动中的某个时刻。傲慢又自负的弗洛伊德不愿意承认自己是链条中的一个环节，他说自己就是那根链条。然而，链条中的某个环节并非一无是处，虽然它不是全部。

归来道路上的这些鹅卵石像什么？自《梦的解析》（1900年）以来，弗洛伊德便宣称"更深入地前进，将在未来的某一天，找到一条通向心灵的组织原理的道路"（Ⅳ，P72）。

1913年，他在《精神分析优势》中强调生物体的心脏在神经官能症的病因学中所起的作用，并谈道"无可置疑的，有机体的因素"。在同一本书中，他断言："一旦践行了精神分析的发现，则必须同精神分析的生物学结合在一起"（P116）。还是在这篇文章中，是关于"种质"的问题（P116）。

1938年7月，他还在写《精神分析纲要》，后来此书并未完成，其中我们可以读到以下段落："也许未来，可以用特殊的化学物质直接影响能量的多寡，并直接改变能量在精神器官中的分布。也许我们还会出现其他意想不到的治疗可能性。"（P49）。

有机体、生物学、化学物质：如此多的证明，它们出自弗洛伊德之口，精神分析的未来并不在于精神分析，而在解剖学、生理学及药理学当中，如今，我们还可让遗传学位列其中，这一门科学始建于弗洛伊德的时代：他在20世纪写下的文字会沿着解剖学的方向朝心理玄学式的思想前进。

但一部分的精神分析师曾希望将弗洛伊德的辩证思想冻结并固定在哲学家的陵墓中。没错,这样有利可图的活动可以向长期客户收取现金,因此也避免了税收,这些客户需要学说要点的支撑,并坚持花大把钞票支付高昂的费用,以获得长期的分段分析,以上便可解释该学科的这样或那样的"长老行为"。

若这些伪弗洛伊德式的长老想真正成为弗洛伊德的门徒,他们可以先阅读一些文章。在一篇文章中,弗洛伊德告诉人们,种质(XVI,190),DNA的祖先,是一切,另外,两种拓扑学都是比喻(第一种可追溯至1900年,在《梦的解析》中被提及:意识的、前意识的、潜意识的;第二种可追溯至1923年,在《自我和本我》中被提及:本我、自我、超我),换句话讲,这两种拓扑学都可以帮助我们思考原动力,却不能帮助我们思考静态的科学真相。

弗洛伊德指出,生命冲动和死亡冲动均处在"一种特殊的心理进程"中。他补充道,它们在"生命体的各个部分"(XVI,284)扮演着各自的角色。这里也如此清晰地记录着生理学和生命体。若不听从弗洛伊德的劝告:为心理玄学寻找一个物理基础,则犯了智慧之罪!

在《论自恋:一篇导论》(1914年)中,我们可以读到如下的句子:"我们提出的有关心理学的预设观点终将建立在机体基质之上(XII,224)。"同样还有"关于自我本能与性本能的分化假设,即力比多理论,并非都建立在心理学的基础之上,它主要衍生自生物学"(XII,223)。

在《心理玄学》(1915年)中,弗洛伊德思考"解剖学和心理机制之间的关系",因为"心理活动与大脑的运行相关,和其他器官无关,这个研究结论是毋庸置疑的"(XIII,213)。他总结道:"我们的精神拓扑学,暂时性地,和解剖学无关。"(XIII,214)

让我们停在这里:从19世纪末到20世纪初,精神分析表现为一种心理学的、哲学的、比喻及形而上学的形式。弗洛伊德曾言,治疗起不到任何作用。但在药理学研究出解决方案之前,精神分析仍保持着自身的优势。弗洛伊德在一个世纪以前就明确提出了这一点。何种哲学可避免自身的老化?

瓦莱里奥·阿达米的画抓住了一切，它甚至把握了更多的东西：弗洛伊德位于一节火车车厢的窗户之后。画家使用尖状书法字体书写的文本十分醒目，由此，我们得知这趟火车开往伦敦。众所周知，弗洛伊德离开了他那套著名的，位于维也纳伯格斯街19号的分析师公寓，目的在于躲避国家社会主义，然而在某段时期，弗洛伊德曾想象借助国家社会主义在反犹的第三帝国进行精神分析。

弗洛伊德曾是一名反马克思主义者，他激烈地反对任何左派政权，他支持陶尔斐斯总理领导下的奥地利法西斯政权。他写了多本反共产主义的作品，尤其是在《文明及其缺憾》中（XVIII，299），但他从未反对过纳粹主义或法西斯主义。1933年4月，希特勒已执政3个月。应一位意大利精神分析师朋友的请求，他创作了一篇满是溢美之词的题献《为什么会有战争》给墨索里尼。他被流放，并终于明白自己无法同纳粹帝国和解，后者是反犹帝国。第三帝国之所以不接纳弗洛伊德，是因为他的精神分析被当作一门犹太科学。但荣格的方法却未给国家社会主义的权威造成任何问题，荣格并不是犹太人，而是一名基督徒。

1938年6月4日，弗洛伊德登上东方快车号，离开他生活了79年的维也纳。凌晨3点，他穿越了法国国境线，并在玛丽·波拿巴的一栋位于巴黎的漂亮房子里停留了12个小时。晚间，他横渡拉芒什海峡，抵达多佛。随后，他再一次搭乘火车到达维多利亚火车站。为了避开前来向他表示欢迎的人们，火车站为他准备了一个单独的站台。媒体报道了此事，弗洛伊德被送到家中的鲜花淹没。他晚年一直生活在伦敦，直到1939年9月23日死亡来临，一如他所愿：多年以来，口腔癌令其痛苦万分，他请求医生帮他结束痛苦。

阿达米画了一幅火车内的弗洛伊德。首先，不管这列火车是从维也纳开往巴黎，还是从多佛开向伦敦，都无关紧要。重要的是，这段旅程意味着从一个点到另一个点，即从纳粹的奥地利到自由的英国，同时也象征着从过去的，与其作品融为一体的奥地利生活，到与死亡之路融为一体的将来：他还剩下15个月的生命。这趟火车可被看作一趟驶向死亡的列车，它的乘客是一位被纳粹追捕的犹太人。欧洲的火车数量众多，这列载着犹太人驶向虚无的列车名叫东方快车。

为了创作这幅画作，瓦莱里奥·阿达米参考了一张弗洛伊德的照片。照片中的弗洛伊德坐在火车窗边,身旁是他的女儿安娜,但画中却不见安娜的身影。在照片背景处,有一位戴着耳机的铁路职工,画中却是一圈钢质扣眼,位于车帘关闭装置的高处,那儿还有一个往上拉的窗把手。弗洛伊德的脑袋挤在垂下的窗帘与拉起的窗户之间,像位于本体论的断头台上一样:这个人快死了。

在这张(黑白)照片上,弗洛伊德头戴一顶饰带毛毡帽,戴一副圆框眼镜,从中能看到他的小眼睛,他花白的络腮胡子修剪得十分齐整;画中,我们还可以看到(紫色的)帽子和(黑色的)饰带,(天蓝色的)眼镜架在(深蓝色的)鼻梁上,眼睛却不见了,我们无法看清他的眼神,位于下巴位置的络腮胡子也没有了,取而代之的,是玻璃的(黄色)反光,比照片中的位置更往上一些。

照片上,弗洛伊德指着某个东西给他的女儿看,后者看向他手指所指的方向。我们注意到,他伸出手,用食指指明方向,那指环上有一颗古老的凹雕宝石。

女儿的形象是缺席的,但瓦莱里奥·阿达米却保留并聚焦在手的姿势上。他放大了抓握系统,于是,我们在放大的平面上清晰地看见拇指和食指共同完成的抓捏动作,它们紧抓着一个鱼钩。另外十二个鱼钩固定在一块类似昆虫学家的软木板的区域之上,加上哲学家手中的那个鱼钩,一共是十三个。"12+1"类似于"十二门徒+基督":象征着教堂,即将来临的新宗教。这幅画意味着弗洛伊德的最后的晚餐。

这些鱼钩同苍蝇相似,但它们远不止如此:它们可以钓鱼,可以令渔夫有所收获。因此,它们也象征着从无意识中钓出的大大小小的鱼。这里……共有十三条:口误、遗忘动作或专有名词、梦、遗忘外语单词、计算错误、混淆日期、遗忘计划、事故、单词游戏、未调整好的按钮、餐盘碎片、带笑话的游戏……这幅画譬喻着弗洛伊德的方法。

渔夫的鱼钩也代表着不可见却到处存在的事物:鱼钩让人联想起鱼,鱼钩在找鱼,它请求鱼,它帮鱼挠痒,它等待鱼,它想要鱼。弗洛伊德清清清楚楚地在《梦的解析》中写道,鱼是"生殖器的象征"(Ⅳ,403)。生殖器看不见,但弗洛伊德的鱼钩却使其浮出水面。这幅画通过第一位精神分析学家可见的存在,呈现了无意识的不可见。

仅用一幅画，就呈现了弗洛伊德的最后的晚餐、弗洛伊德的方法及弗洛伊德的无意识。笔者眼中的瓦莱里奥·阿达米是一名伟大的画家，擅长使用绘画符号[1]。其技巧之简省，还有谁能做到呢？

---

1 《绘画的符号——瓦莱里奥·阿达米的作品》，米歇尔·翁弗雷，出自《假象的舞蹈》，罗伯特·拉丰出版社（Robert Laffont），2019年。

28

萨特的眼睛

（1905—1980年）

  罗伯特·康巴斯厌恶空白。他不停地填补存在的漏洞、空白、空洞、开口、鸿沟及深渊，换言之，填补整张白色画布。其画笔所到之处，唯有大量堆叠的、生动鲜艳的色彩，被黑色笔触包裹着，充满力量感。那是来自色彩的力量，永恒的充满斑斓色彩的力量——红色、紫色、黄色与粉色。

  画家的风格是百科全书式的。它像是一个阿里巴巴的洞穴，可见的一切以堆积的方式呈现在我们眼前。那就是全世界，画框将其镶嵌其中。是以，萨特的全世界也在其中，在这幅画里，画框为其镶边。

  其时，正值哲学家逝世十周年，某档电视节目为向他致敬而邀请画家在直播时作画。罗伯特·康巴斯像一台太阳能接收转换器，为了创作这位男士、这名哲学家及其哲学思想的肖像画而四处收罗能量。理清这幅作品有多种方法。其中之一便是从文本入手。画出来的文字在这位画家的艺术作品中反复出现。通过画笔，画家可以言说、讲述、阐释、咆哮、表达、描绘文字的存在。

  画中左上方的边缘处，"存在主义的消遣"（黄色字体）罩在两个"土豆"之上，类似数学的表达形式，一个"土豆"上写着一些人名：伊丽莎白、奥尔加、多洛雷斯、伊威希、米歇尔、旺达，另一个"土豆"上写着：旺达、伊威希、科斯、雅克、纳尔逊、雅克、奥尔加。红色箭头指明方向，它们把这样或那样的人物联系在一起。一切都在"现代数与学"的上面——它在画中被绘以蓝紫色。实际上，这部分画作蕴含着讽刺，因为女性与男性的名字明显与萨特、波伏娃的生活遥相呼应，同他们的性、爱情、身体相关。

  他们二人过着一种放荡不羁的生活：萨特几乎称不上"性交者"（coïteur），该词出自

《让-保罗·萨特的肖像》，罗伯特·康巴斯，私人收藏

萨特之口，他满足于抚摸女性身体；波伏娃是双性恋，她穷极一生隐瞒自己的同性恋倾向；当教员时，她曾逼迫学生睡到萨特的床上，正因如此，她被排除在国民教育以外。她一边密不透风地隐瞒着这一消息，一边宣称自己由于政治原因而受到维希政权的排挤。

而在占领期间，萨特与波伏娃一边享受着巴黎的生活，一边对抵抗运动熟视无睹：萨特的戏剧在通过德国审查后，被搬上舞台。他为《喜剧》杂志写稿，一直持续到1944年。杂志老板勒内·德朗格告诉我们，"支援法德全面合作"是刊物的主要目的。正是这一载体让萨特获得1943年"年度作家"的称号。1944年1月17日至1944年4月10日，西蒙娜·德·波伏娃在维希政府的喉舌——国家电台工作；该电台同样播送着菲利普·亨里奥对犹太人无礼至极的谩骂。

罗伯特·康巴斯的讽刺画属于性的现代数学。女教员先同女学生上床，后将女学生送入男情人的怀中，女人和另外的女人上床，女情人为男情人提供其他情人，伴侣混合在一起，并相互交换。萨特和波伏娃将事情上升至理论的高度，并将"必要的爱情"与"偶然的爱情"对立，换言之，伟大而长久的爱情故事中穿插着渺小而短暂的故事。这又何妨？事实上，众多女性为此承受着痛苦，受制于他们的手段。与其说这对性食肉配偶是女权主义者，倒不如说他们是平庸的封建主：封臣的身体归领主所有。比安卡·朗布兰在《一位年轻女孩的失常回忆录》中提供了这对伴侣为享乐而实施的手段的相关细节。

此块代表放荡的区域为另一块处在画面左下角的区域提供了庇护。我们可以在那看到这些词语：恐怖主义、难以忍受、种族暴力运动、折磨、越南、自由。这块区域与非殖民化相关。在占领期间，他们宣称与抵抗运动站在同一阵线，后来他们反对由美国人在越南发起的战争。此外，他们支持苏联的马克思主义-列宁主义的政治政权、东方国家、卡斯特罗、毛泽东。与此同时，他们从未错过将戴高乐将军看作法西斯分子的机会。

萨特处在画作中央的垂直长条的正中。一位男士在他头顶上方呕吐，很可能正泛着恶心，而他的下方，是一幅戴军帽的戴高乐将军的肖像，将军双臂向上举起，做出胜利的信号；两只手做敲打状，它们占据着画面中极大的空间。整体处在花神（Flore）标记之下，那是位于圣日耳曼德佩的花神咖啡馆，由于萨特和波伏娃频繁地光顾而出名。哲学家的外貌极具特点，易于辨认：患有严重斜视、戴眼镜、厚嘴唇、叼着香烟。他经常抽烟、酗酒，为创作哲学作品而吞下大剂量的安非他命，这令他处在迷狂状态，无益于造就朴实且流畅的写作风格。在酒精、烟草、药物的影响下，痴迷于德国现象学语言的萨特创作了《存在与虚无》（1943年）及《辩证理性批判》（1960年）。

尽管他绝对不参与政治，萨特却在《存在与虚无》中详述了一条与纯粹自由相关的哲学理论。这部五百页的巨著是根据德国现象学的哲学理性的晦涩顺序编写而成的。尽管如此，或许正因如此，它一举成为各大书店的畅销书。

在一次著名的讲座上，萨特解释了存在主义的内涵，此次讲座被看作圣日耳曼德佩的一场近乎于上流社会的事件，他在那儿找到了自己的用武之地。此次讲座发生在1945年10月，讲座内容于来年出版，题为《存在主义是一种人道主义》（1946年）。鲍里斯·维昂将之写进小说《岁月的泡沫》，记录下了一段令人发笑的故事。

存在主义意味着什么？"存在先于本质"，换句话说：我们出生时，对任何信息或任何决定论均一无所知；我们全然自由，能够做出自由的选择；不存在人之本质；我们仅仅在行动之后成为我们自己。裁纸刀之所以被发明，原因在于人们委派它完成一项任务——它的名字已包含它的功用。它为裁剪纸张而生。人的意志之外没有任何意志可以使人产生意志。在行动过程中，我是我所成为的自己，我自己制造我自己。不存在任何决定论，无论是社会、经济，还是解剖层面，都不存在——此之为波伏娃所提倡的女权主义，以及其著作《第二性》的源头。波伏娃在《第二性》中留下了一句响当当的名言："女人不是天生的，而是后天造就的。"我们被判处"自由"，而我们没有不选择的权利。不论谁接受这种自由，选择及被选择，再接受，此之谓本真；不论谁假装不自由，假装没有选择，被决定论所限制，他都是一个伪君子——"本真"与"伪君子"皆出自萨特之口。

哲学家拿学生举例，后者跟他描述了以下那种进退两难的局面：1940年德军的攻击让他失去了兄弟，他想加入自由法国阵线为兄弟报仇。而他的父亲则倾向与敌人合作。儿子独自和母亲生活，后者把情感转移到唯一的孩子身上。他该怎么做？出发前往伦敦，还是陪伴在母亲身边？若是第一种情况，他必须抛弃一位孤寡的女人，她已失去了一个孩子；若是第二种情况，他不得不逃避参军，而去承担为人子女的义务，尽管参军意味着荣誉。萨特仔细检视着这一进退维谷的情形：服从利他主义的道德，前往伦敦，还是遵循利己主义的道德，对母亲尽该尽的义务！既然年轻人被认定是自由的，那他不可能为了解释未做的选择，而诚实地指责当下的情势。事实上，他有三种选择：出发前往伦敦，陪在母亲身边，也可以选择不做选择，这同样是一种选择。每个人都应对他做出的或没做的承担责任。

不再存在绝对道德,"任何普遍道德都不能指示我们该做何事"(P47),唯有选择构成道德行为。以这位与自己相像的年轻男子为例,萨特告诉我们"他不得不自己发明法则"(P78)。哲学家可能会这样回答他:"您是自由的,请您选择吧,请您自己发明吧。"(P47)为此,他补充道:通过选择,我们同样可以选择其他人。如此一来,我们便可明白,为何存在主义让圣日耳曼德佩街区赞赏不已。通过肯定不存在绝对、普世的道德,这与基督教道德大相径庭,是以,只存在唯一的道德,即我们的选择,而非其他,此为自恋的利己主义的合法化。萨特论证了浪荡的生活,及他称为欢庆的事物:地窖中的爵士乐、酒水充足的聚会、趣味十足的性行为——他们那一代中,有部分人,甚至一些更年轻的人,他们在海上冒着生命风险,登上前往伦敦的大船。事实上,萨特和波伏娃均没有选择在战争期间出发前往伦敦——但他的借口则是,陪伴在母亲身边,他一直在母亲家住到1961年,那时萨特已经56岁……

在罗伯特·康巴斯的画里,戴高乐将军的双臂伸向空中,呈V字形,象征着1944年的胜利,以及1959年第五共和国的胜利。箭头指向他的双手,配以如下词语:脏手……众所周知,这与萨特创作的一部戏剧同名,他同时也是一名戏剧家;但为何用其来形容将军,这是否是罗伯特·康巴斯的想法,就不得而知了。但我们知道这是萨特对6月18日发表宣言的戴高乐将军的看法。实际上,戴高乐视萨特为伟大作家中的一员,对其很是尊重,其时的萨特仍精力旺盛。譬如,戴高乐在信中称对方为"亲爱的老师";萨特蔑视戴高乐,并将自己的感受公之于众,"我仅对于知道我在写作的咖啡馆服务生来说,是一名老师",这不仅是对共和国总统的鄙薄,当然,同样,尤其,也是对咖啡馆服务生的轻视。

最后,在画作右侧的垂直条状物上,罗伯特·康巴斯在戏剧作品《恭顺的妓女》的基础上，为一般意义中的妓女添加了诸多变化。画家在此块区域表现着西蒙娜·德·波伏娃的形象，"河狸"是她的外号，英文称为"Beaver"。她头发蓬松，发型像鳄梨，她炫耀似的用两颗牙齿做出啃咬的动作，她皮肤为棕色，她身穿一条带红圆点的黄色短裙，脚下穿着一双红色高跟鞋。要命的青年爵士乐迷……

怪物威胁着萨特的脸，它像一种蛇形怪物，或红色的龙，它大张着嘴，准备将萨特吞入口中：它的下巴处，绘有镰刀、锤子、星星，它显然正在说话，这涉及共产主义——儿童时期的罗伯特·康巴斯很了解共产主义，他的父亲曾是塞特市的一名法国共产党积极分子。

萨特的眼睛充满趣味，正是这里表现了哲学家的真相。生活中，他受斜视折磨——左眼朝外斜视。他在《词语》中讲述了斜视及角膜翳对其所起到的作用是至关重要的。

萨特的外祖父不喜欢小萨特留着一头长长的金发；于是，他自作主张，开车把外孙带到理发店。萨特当时才7岁。外祖父不希望他的外孙变得没有男子气概，像一只"淋湿的母鸡"；哲学家不停呼唤的母亲"安娜－玛丽"曾希望萨特"真的是名女孩就好了"（《词语》，P56）。

当男孩回到家后，母亲看到理完发的小萨特，她躲去卧室里哭泣。她为何哭泣呢？"有人用一个小男孩换走了她的小女儿。"（P57）更糟糕的是：在萨特看来，头发原本可以遮住"我丑陋的模样"（P57）。萨特记录道："当时我的右眼已经开始模糊了。她不得不承认现实，甚至外祖父也为此惊讶得目瞪口呆：人家好端端交给他一个漂亮的小宝贝，他还回来的却是一只癞蛤蟆，这使得他以后再也无法赞不绝口了。"（P57）这只癞蛤蟆在罗伯特·康巴斯的画作中占据着存在的中心点。

哲学家告诉我们，他意识到自己的丑陋，却不得不以另外的方式逗乐：他在选择成为萨特的过程中，变成了"萨特"！萨特在这本自传式的文本里表达了如此的假设，这本书可以看作开创存在主义精神分析学的思想家的自我分析。在笔者看来，这正是萨特在哲学史中坐得最持久的位置。

何为存在主义精神分析？《存在与虚无》中有一个章节用以解释这个词：萨特不相信弗洛伊德提出的无意识的存在，他也不认同弗洛伊德的超我的观念，他认为，没有任何精神设备像决定论一样运行，后者可能损坏自由。存在一个"原始谋划"（projet originaire），它不为任何人所知，这对存在有益。意识需要被意识到，即意识到自己，把自己当作目标，为了真正成为意识。这与了解这一原始谋划有关。

萨特否定弗洛伊德的泛性论。一个自由主体的自由选择是一切行动的基础——我们回忆起：存在先于本质，而自由先于存在。存在主义精神分析将每个人的原始谋划公之于众。萨特将其概括为三个词：有、成为和做。想拥有的人，不论其对象是物，还是人，都属于拥有之人，如所有者或嫉妒者；想要做的人，想改变世界的人，通过创造作品或者物品，他们是行动之人，比如冒险家或创造者；最后，是想成为以及渴望改变自己的人，他们成为自己，他们是主观之人，如智者、演员或神秘主义者。

萨特的原始谋划是什么？他在《词语》一书中为我们揭晓了答案：通过词语成为——一个纸人，穷极一生都在憎恶自己的身体。他想为了愉悦而写作，但他的丑陋禁止他变得愉悦。他说自己很早就沾上"书籍和阅读的宗教"——他想通过写作成名。他存在于世界的方式将会通过词语为大众所知：他只对真实感兴趣，它使文字和想法、写作和阅读成为可能。我们理解他经常站在现实的一边。

因此，我们并不讶异萨特在《存在与虚无》中提出了一个理论……关于目光的理论！这是关于"为他人存在"的问题。这一担忧也同样反映在萨特青年时期发表的作品《自我的超越性》（1936—1937年）中，在一本名为《恶心》（1938年）的小说里，在一篇名为《脸庞》（1939年）的文章内，在《辩证理性批判》（1960年）中，这种顾虑尝试将我们全然自由与我们全然被决定联系在一起，但同样还在具体的存在主义精神分析领域：波德莱尔、热内、福楼拜、马拉美、丁托列托。萨特断言道，别人的目光构成了我们，但是我们有选择的权利，可以通过接受或者拒绝来决定是否由他人构成自己。萨特身上存留的部分老去了，随着苏维埃联盟的终结，后者让他与共产党结盟的文章进入灰色地带；存在主义的方法过时了，我们几乎不再阅读他写作的现象学评论，不论是在别处，还是在大学里，或在少数几个稀有的壁龛里；他的小说已过时，戏剧也是；他的系列论文被结集出版在《境况种种》中，共十册，它们也同样随着时间的流逝而纷纷失去了各自的味道。

剩下《词语》（1963年）以及存在主义精神分析的著作《波德莱尔》（写于1944年）、《圣热内，喜剧演员和殉道者》（1952年），关于福楼拜的《家庭白痴》（1972年），此书有两千多页且未能完成。

与同期的哲学思潮相距甚远（黑格尔的现象学、克尔凯郭尔的存在主义），和当时的政治论战相距甚远（苏联或者美国，资本主义或者马克思主义，反抗或者改革，列宁主义或者斯大林主义，去殖民化或者大西洋主义，毛泽东主义或者结构主义），与动荡生活的结束相距甚远［在本尼·列维（Benny Lévy）的影响下改信犹太教，西蒙娜·德·波伏娃曾在《告别的仪式》中称其为"老年人的转折"］，最持久、最独特的萨特很可能是最少被发掘的萨特，即存在主义精神分析的萨特。笃信弗洛伊德精神分析的信徒们的确对他提不起兴趣，只是迫于工作的压力……

29

福柯的牙齿

（1926—1984年）

曾经存在好几位米歇尔·福柯。

政治领域：

1950年有一位名叫福柯的共产党人。他出售《人道报》，为主张马克思列宁主义的大学生日报撰写文章，那时的他希望自己成为一名"合格的共产党人"。

自1959年起，有一位名叫福柯的戴高乐主义者，那时正值戴高乐掌权并建立了第五共和国。福柯在时任部长克里斯蒂安·富歇（Christian Fouchet）成立的大学改革委员会工作。原本拟委任福柯为高等教育副主任，或法国电视广播台主任，此计划却遭到大学教员们的反对，他们开展反福柯运动，重提他的同性恋身份，因而福柯未能顺利晋升；当他被任命到农泰尔大学时，时任教育部部长的阿兰·佩雷菲特私下把消息告知于他。

一位名叫福柯的左派人士在突尼斯度过了1968年的五月风暴，同行之人名叫丹尼尔·德菲，他将成为福柯的终身伴侣。其时，福柯与五月运动天各一方，但他对源自五月风暴的意识形态心服首肯。自1968年10月起，他为黑豹党庆祝，并加入万森纳实验大学。

一位名叫福柯的自由派社会民主人士反对马克思主义与共产主义，他与新哲学家派的贝尔纳-亨利·莱维以及安德烈·格鲁克斯曼是同道中人。

由此我们可以说，从戴高乐将军到贝尔纳-亨利·莱维，福柯未曾落伍于他的世纪。

哲学方面：

有一位名叫福柯的心理学家，他在获得心理学学士学位后，成为了师范院校心理学专业的辅导老师，他参与了一家脑电图术实验室的心理实验研究，并以心理学家的身份加入

▷ 《米歇尔·福柯》，热拉尔·弗罗芒热，私人收藏

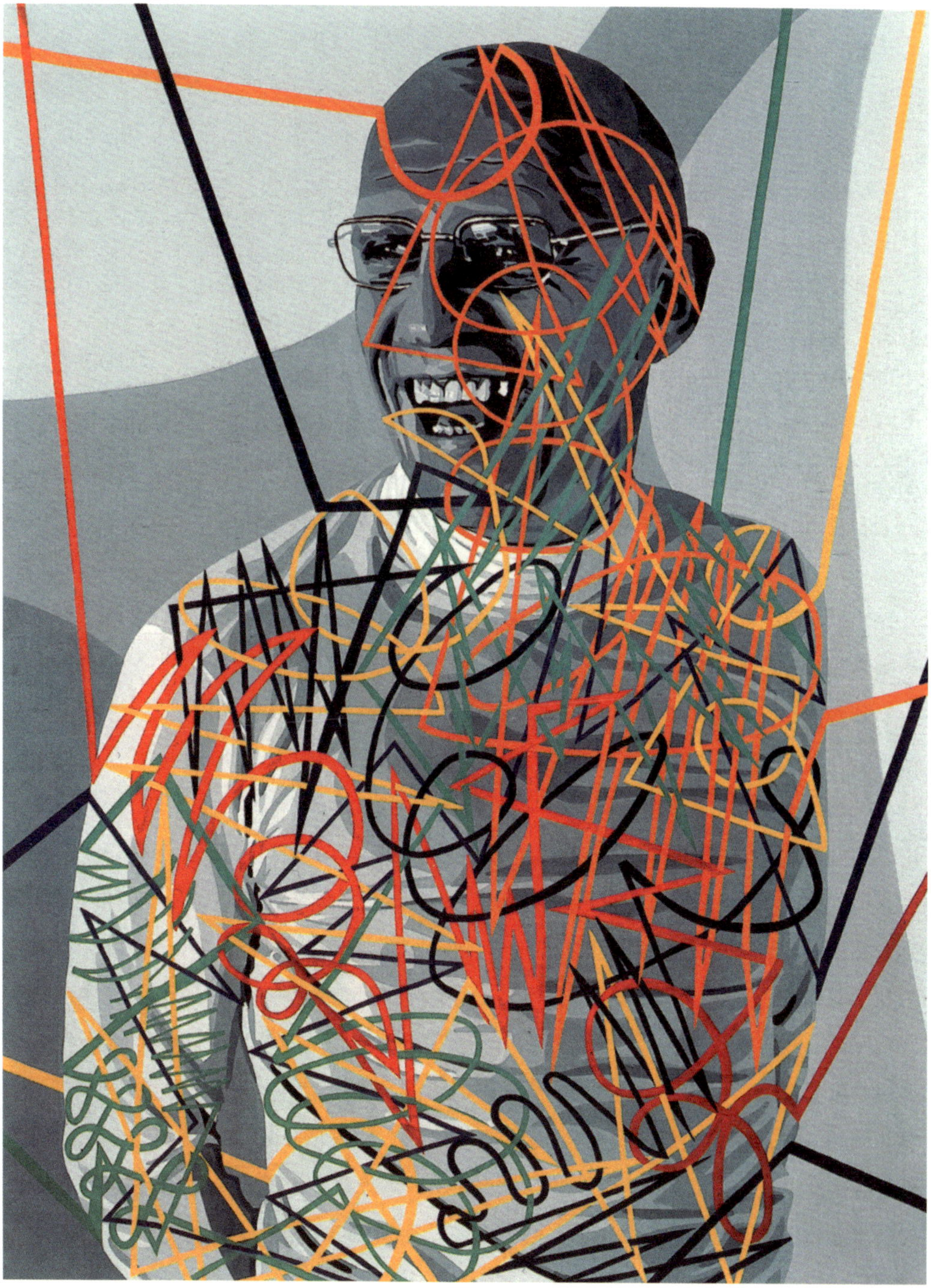

德莱教授的团队,在克莱蒙费朗大学教授心理学。1967年6月,他接受了农泰尔大学的心理学教授一职——出版了《精神疾病与心理学》一书。

有一位叫福柯的认识论专家,他以疯癫为主题发表了论文《癫狂与非理性——古典时代癫狂的历史》,他还以临床医学为研究对象,创作了一部名为《临床医学的诞生:医学视角考古学》(1963年)的专著。

有一位名叫福柯的编辑,他同德勒兹合作,致力于尼采全集的翻译工作。他们所采用的文稿为科利与蒙蒂纳里编撰的意大利文版本,后交付伽利玛出版社予以发行。

有一位名叫福柯的结构主义者,他放弃续写研究精神病学的《疯癫与文明》(由《癫狂与非理性》更改后的书名),转而致力于创作一本有关符号的书,即1966年出版的《词与物》。该书一经出版便大获成功,报刊评论为其摇旗呐喊,并掀起数股哲学浪潮——继存在主义之后,结构主义大显身手,随后,新哲学家派紧跟其后,福柯成为《新观察家》的撰稿人。

20世纪70年代,有一位名叫福柯的后结构主义者,此后,这位68岁的老人以尼采的特征来铭刻自己的作品。1969年,他在万森纳大学开讲"性与个性"。

最后一位福柯是一名伦理学家。1970年,他对监狱系统与囚禁展开研究,组建"监狱情报小组"(GIP),并发表了《规训与惩罚》(1975年)。1975年,生活在美国西海岸的他,对禅、素食主义、女权主义、同性恋等微型社团兴味盎然;1976年,他发表了《知识意志讲稿》,它成为《性史》的第一卷;1977年,由于《新观察家》起到的媒介作用,他与新哲学家派联系密切,而与吉尔·德勒兹逐渐疏远;1978年,他发表了一本关于雌雄同体者赫尔克林·巴宾的日记,其中,他提出疑问:"是否必须拥有性?"同年,他为意大利《晚邮报》撰写了四篇文章,它们凝聚了福柯对其时发生在伊朗的伊斯兰革命所做出的抱有同情心的思索,这可看作他从精神到政治的转折点。1981年,他转向思考存在的全新可能性,并对古希腊罗马时代、基督教教父们提出疑问,目的在于思考一种新式的主体间沟通的方式。此后,他成为一名反马克思主义者,他反对共产党身份的部长加入密特朗总统的政府,他为接待船民遇难者而积极奔忙,他与社会主义左派阵营日渐疏远,他支持波兰的团结工会,与爱德蒙·迈尔(Edmond Maire)一起在法国民主劳工联合会工作。

1983年,他生病了——艾滋病,他看起来对它一无所知。他才刚刚有时间可以去修改《性史》后续部分的两份手稿:《快感的享用》和《自我关切》,它们均于1984年出版。1984年6月25日,福柯去世,年仅57岁。《性史》第四卷的标题为《肉欲的忏悔》,出版于2018年。与其余几卷相比,第四卷遭到冷落。

职业方面:

有一位师范生福柯在亨利四世的文科预备班学习,随后,他通过会考并取得了教师职衔;他在瑞典任教师研究员,之后去往波兰;他成了哲学博士。

有一位体制内的福柯,他是法国国家科学研究中心的铜牌获得者,巴黎高等师范学院及国立行政学院入学考试的主考官,《世界报》对其赞赏有加。他在《新观察家》引发开放式辩论,1970年就任法兰西学院院士,彼时的就职演说内容交由伽利玛出版社出版,名为《话语的秩序》。

另外,还存在一位颇具颠覆性的福柯,他为精神病人、犯人、同性恋、变性者、伊朗穆斯林四处奔走。

从人的方面来看:

福柯对如下主题产生兴趣绝非偶然:临床医学、疯癫、性、同性恋、雌雄同体、监狱。实际上,有关福柯的传记均讲述了他那痛苦的一生:他的父亲是一名外科医生,福柯曾将在其父那里找到的所有药品一齐吞下(《福柯》,保罗·韦纳,P208);就读于高等师范学院时,一位教员曾发现他倒在血泊中——他用剃须刀的小刀片割伤了自己的胸膛;有人在走廊惊讶地发现他正手持刀具尾随一名学生;1948年,他首次自杀未遂;他的危险举止使他被送进医务室;他尝试过其他的自杀方式;他无法面对自己的同性恋倾向,夜半回家时总被罪恶感缠身;他对保罗·韦纳忏悔道:"在我开始的第一年,我跟两百名男性上了床。"(P208)他精神消沉地躺在床上好几个小时;他酗酒,尝试过戒酒治疗,但仍无节制地饮酒;他与作曲家让·巴拉凯(Jean Barraqué)保持的同性恋关系时刻受到死亡的压迫;他在瑞典驾驶一辆带有黑色皮革内饰的白色捷豹,开得非常快;1968年,他感到一阵神经质的沮丧,等等。他喜欢如下作家也绝非偶然:萨德、阿尔托、鲁塞尔、热内、巴塔耶、布朗肖、克罗索夫斯基。

福柯之所以思考,是为了拯救他自己的性命,同时也是为了自我理解。他提出一些关于存在主义的哲学问题：什么是疯子？我们何时成为疯子？何时不是疯子？何为病理学中的正常？谁监禁他人，出于怎样的动机？以何种理由或哪些理由？对于社会所定义的"疯癫"而言，何为古典理性？在此种观点逻辑下，何为笛卡尔提出的"我思"的界限？我们可以从自称疯子的人身上学到什么——荷尔德林、尼采或阿尔托？谁杀死他人，什么时候，为什么？谁折磨他人？以何种名义或为何判处其死刑？谁被谁囚禁在避难所或监狱里？原因为何？以何种推论的名义？根据何种理由？雌雄同体者可以教会我们哪些关于他的性别的知识？关于一般的性别？尤其关于我们的性别？是否可能从充满负罪感的犹太－基督教伦理中走出来呢？基督徒的身体，后成为我们的身体，它的构成如何？后基督徒的身体长成何样？同性恋友情在新式主体间沟通方面可以教会我们什么？

这位外科医生的儿子在思考有关临床医学的问题；这位曾企图自杀、沮丧的年轻人也在思考疯狂与监禁；这位负罪感缠身的同性恋者思考着与性有关的问题；这位受到幻想侵扰的人远离全世界，思索着监狱；美国西海岸让成年后的同性恋者感到欣喜，他在那里思考新式的主体性，即一种新式的主体间的沟通。

米歇尔·福柯的名字与两个哲学时刻密不可分：结构主义及法国理论思潮。

何为结构主义？

作为一场思想运动，它让语言学家罗兰·巴特、人类学家和伦理学家克劳德·列维－斯特劳斯、精神分析学家雅克·拉康及马克思主义哲学家路易·阿尔都塞等人参与其中。众人的共同点在于相信结构的存在，并将其看作语言、亲属系统、无意识、历史及资本主义的构造者。

问题在于：结构既不可见，也无法言说，它们无处不在，可也踪迹难寻，另外，我们无法澄清结构如何产生一切，它们又如何运作——唯有吉尔·德勒兹在一篇名为《何为结构主义》的文章中对其进行了阐释，此文收录在哲学家弗朗索瓦·夏特莱（François Châtelet）主编的《观念史》中。

结构看上去像是柏拉图的理念、亚里士多德的形式、托马斯主义的实质、康德的本体、黑格尔的精神的无限变异。换言之，属于哲学理想史的某一时刻。

作为一名合格的马克思主义者、无神论者及唯物主义者，萨特并未弄错。他快速且准确地明白了，结构主义如战争机器一般运转起来，并转而攻击自身的权威，这架马车旨在毁灭自己的领地，即第二次世界大战以来的哲学领域。萨特相信主体、我思、自由、意识、历史、历史的意义、革命；结构主义者们解释称，以上一切均不存在：没有主体，仅存有一具经历过人潮的身体；不存在我思，仅有穿透肉体的能量；没有自由，唯有完全的决定论；没有意识，唯有如语言一

米歇尔·福柯的名字与两个哲学时刻密不可分：结构主义及法国理论思潮。

般的、结构的无意识；不存在历史，唯有力量之间的关系游戏。年老的萨特感到有人推着他走向出口，但他十分清醒，因为他拥有令人畏惧的智力，他明白是哲学打开了虚无主义的大门，自此以后，任何社会变革均不可能发生。他也知道哲学打开了一个新时代：哲学在新的时代里，客观地为资产阶级工作，后者被证实对哲学无害。他没有错，后续的发展已为其提供理由，这很可能会超出他原本的想象。

结构主义制造了不少混乱的作品，它们晦涩难懂，风格艰涩，难以接近——与经院哲学孕育的作品别无二致。的确，此僵局的产生源自结构那充气般的哲学特征。难以读懂的哲学书籍不可胜数，它们就这样诞生了。

结构主义同样生产出许多夸张或荒唐的观点。是以，为了激发求知欲并促进结构主义变身为一股潮流的"人之死"——是人原本的模样。

福柯在《词与物》中写道："人是一种发明，我们思想的考古学轻易地展示了其最近的日期。可能末日即将来临。"（全集，卷一，P1457）福柯提出了一个假设——"可能"——他再次重申这一假设。他认为必须考虑它的可能性，他补充写道："于是，我们可以打赌，人可能会消失，如同一张海边沙地上的脸消失在海洋。"在"可能"之后，哲学家打赌，随后，他使用了条件式——这过于微妙，以至于无法预测某种微妙的感受：简言之，福柯宣布人之死，与此同时，他对死亡可能变成的模样做出了阐释。

如此一来，宣告变成预言，它的追随者们曾竭力置人于死地。福柯宣布了"人"诞生的日期，即18世纪末期，而人们代替福柯，宣告了它的死亡，福柯曾三次以假设的方式提及它：那将是1966年，《词与物》的出版年。

1968年五月风暴后，其参与者们还尽力使"可能"萌芽，目的在于利用事实代替其中

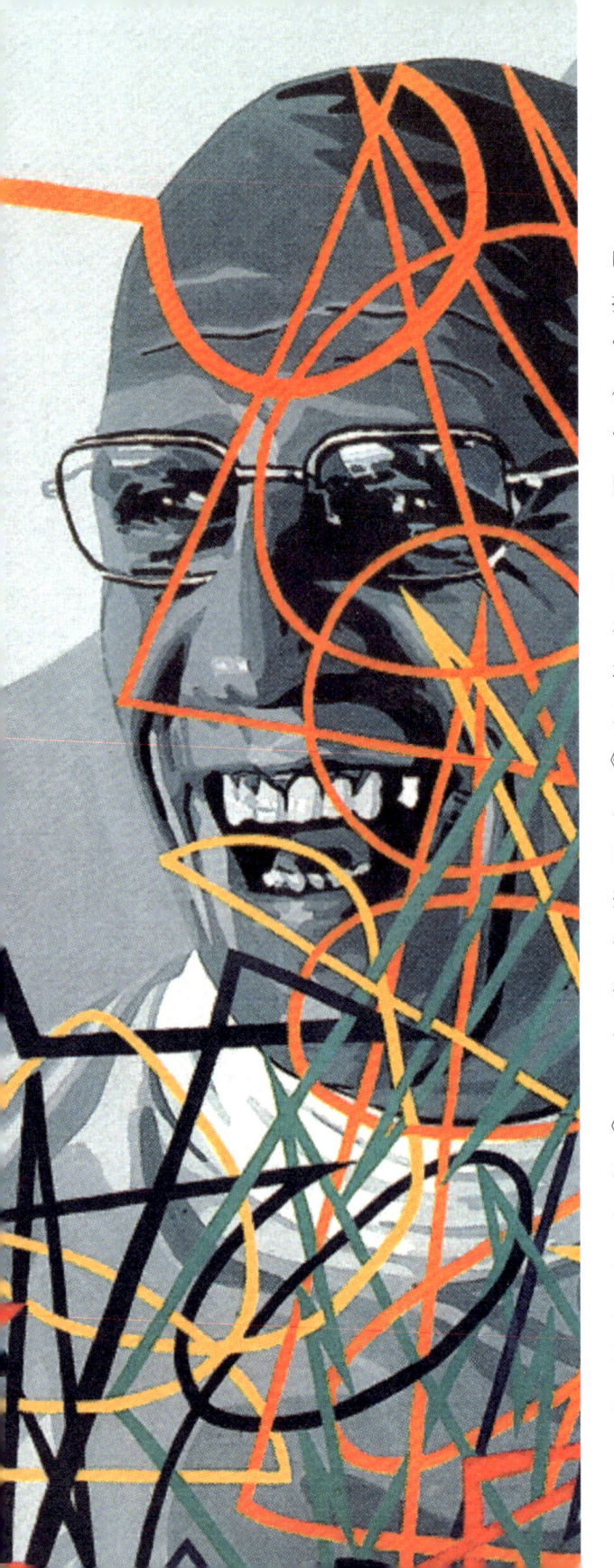

的一个"可能"。他们同样用"肯定"抹去了"打赌"一词,并使用动词"抹去"的现在时变位代替其条件式变位。是以,我们可以得到如下这句话:"于是,我们可以肯定,人在消失,如同一张海边沙地上的脸消失在海洋。"

计划中的人的死亡像一个假设,由于"法国理论"思潮,它变成了谋杀。因为,在此假设之后,福柯不停地追随着人!不然,《性史》的最新三卷可能意味着什么:《自我关切》《快感的享用》以及《肉欲的忏悔》?显然,这三本大部头构建于一段消逝的生命的紧急关头——福柯身染艾滋病,它们的诞生是为了建造一栋继基督教之后,利用一种新式的主观性追捕人的建筑。福柯把前基督教思想用作实验室,用以构建后基督教思想。

福柯曾阅读皮埃尔·阿多的作品《精神修炼与古代哲学》(1981年),他将入选法兰西学院一事归功于此。阅读后,福柯开垦出一片新天地,他把心理学、认识论、结构主义的阶段弃之身后,目的在于享受一段笔者将之称为"伦理主义"的阶段——并非取其教诲训诫之道德意义,而在于取其有待建立的实践伦理之意义，即在一张纯粹的内在地图上，远离任何超验性而有待建立的实践伦理。"身体可以做什么？"对于德勒兹而言，这是信奉斯宾诺莎学说的人所提出的问题；这一问题属于最后的福柯。然而，死亡却使福柯的努力付诸东流。

口中的空洞。它是存在的空洞。这是一个新洞，我们可以通过它抵达哲学家的肉体空洞，那是观念诞生的地方。

何为法国理论思潮？矛盾的是，该思潮的名字由英文构成，即利用一种异质的潮流来命名同质化。这一空谈理论的研究材料包括许多碎片化的、去上下文语境的、本质化的作品，它们译自福柯、德勒兹与伽塔利、德里达、布尔迪厄的作品，同时也包含众多源自20世纪七八十年代的文化产物。此类从完整作品中截取的片段构成并滋养了来自美国的政治正确：关于性别的研究、去殖民化研究、非裔美国人研究、女权主义研究均源自一种对思想家们的意识形态方面的片段阅读，他们比拉丁文《圣经》更为复杂与微妙。

当我们阅读上述作者的某些晦涩书籍时，我们会衡量英文译本中所失去的东西。相较于从哲学角度分析，从文学与诗意中更能提取一部分拉康、德里达或德勒兹与伽塔利的思想。比如拉康的《文集》（1966年）、德里达的《丧钟》（1974年）、德勒兹与伽塔利的《反俄狄浦斯》（1972年）及《千高原》（1980年），而我们几乎无法赋予它们意义，它们常常不将理性意义作为目的，反而追求马拉美提出的叠韵及其产生的音律美或雷蒙·鲁塞尔提出的文学创作之自由想象。

例如，拉康创造数百个新词的目的并不在于提出一种空谈理论的研究材料，它们构成了一首马拉美式的长诗，胜利属于新造词。然而，相较于弟子门徒，一门被发明的语言会导致更多的宗派信徒，后者满足于无聊地重复或呆蠢地移印名作家的言论。存在一种为了艺术的艺术时刻，是以，我们同样可以说，在哲学领域，也存在一个为了文本的文本时刻，即一个为了哲学的哲学时刻。那曾是一段有关文本的宗教时期，其时，写作变成祷告、咒语般的思想、无理智的方法。

当美国大学着手研究上述作品时，它们已变成解构，并毁灭古典主体、西方历史、笛卡尔式的理性、性别生物学的战争机器，目的在于享受一种完全的虚无主义，被福柯采用的尼采谱系为教义问答让出了空间，后者服务于饱含基督教道德的政治正确的利益——而基督教道德正是那段无道德时期的道德的别称。并不确定福柯能否在其中辨清他的利益。

热拉尔·弗罗芒热在其画作中融合了上述与哲学家有关的所有主题。它的出发点是一幅摄影作品。我们从中可以看到，福柯正看向他的右侧，那画框之外的地方，平头，额头上有几条横向的皱纹，戴着一副钢质托架的眼镜，双手背在身后，上身穿着一件白色莱卡的翻领套头衫，此款衣服常见于许多照片，他放声大笑，露出牙齿，我们还可以看见一个因缺牙而暴露的空洞。

在此幅蓝灰调的画中，他的皮肤呈深色；中性背景在经处理后也处于同一颜色区间。我们注意到，在一片蓝灰中，存有三层浓度。在此般色彩浓度的梯级中，背景也因此充满活力，让人联想到20世纪70年代服用幻觉剂后的幻觉状态。而画中的幻觉是克制而冷静的，几乎中性，是灰色的，静止而庄严的，是一种复杂的幻觉状态。哲学家的身体没有线条，没有痕迹，仅仅依靠可见的不可见，即通过并置两种不同的颜色而达到分界效果。这位米歇尔·福柯几乎是黑白分明的，但他既非黑色，也非白色。

色彩的线条——红色、橙色、蓝色、黄色、绿色——从画布之外抵达画布之上，它们穿透画布，而我们无法得知它们从何而来。它们来自画布以外的现实。线条走向哲学家的身体，它们混合在一起，呈Z字形、成圆圈、成角度，它们构成如此的力量。在《人是机器》中，存在一种笛卡尔式或拉美特利的机械论隐喻，我们可以自主想象动力——薄片、螺旋形、圆锥形、扭曲、绷紧、牵引、弹性重复、悬浮、粗短的螺旋、环绕上升的螺旋——一切的目的是一种能量的、压力的、折叠的、推动的、放松的物理。在此种"离心力的阅读"后，世界外部进入哲学家内部，这些线条代表着世界的能量，它们穿透思想者的肉体。它们穿透思想者的身体的现实。

我们同样可以对此作品进行一次向心力的解读。需从米歇尔·福柯的身体内部出发，走向外部世界。这些相同的线条——红色、橙色、蓝色、黄色、绿色，来自哲学家的肚子，来自他的五脏六腑，来自他的肌肉、血液、肺脏、肝脏、脾脏、大脑和动脉，尽管从画中无法看出，但这些线条同样来自他的小腹及他的性器官。通过上述向心力的解读，世界内部在世界现实中喷发，这些线条代表着哲学家的能量，后者穿透世界的肉体。

从世界到哲学家的离心力解读与从哲学家到世界的向心力解读并无冲突。二者相互补充，而非将对方排除在外。交替的流动使哲学家内部的世界能量与世界内部的哲学家能量成为可能。这是紧随空气喷发后的吸入，放松后的紧张，松弛后的压缩。心在跳动，肺在呼吸，行星在移动，宇宙在震颤，这是与它们相关的运动。以上便可证明此幅静态画为何活跃，且如何活跃。

热拉尔·弗罗芒热是我的朋友，他向我确认，他是对着一张照片作画的。但他对那颗缺失的牙齿并无印象。在核实后，他证实道：福柯左上部的前臼齿确实掉落了——牙医们所说的第二颗前臼齿。

福柯的笑很出名。他的笑声十分洪亮。保罗·韦纳是福柯的朋友，他曾谈起"福柯那充满幽默的、爽朗的笑声"（P204）。我们无法不觉察，在尼采身上，笑容将苦难转变为愉悦，作为一种肯定力量，笑容对抗消极以及世界的虚无。尼采在《查拉图斯特拉如是说》中写道："还有多少事情是可能的！学会在你们的头上笑！我曾过分称赞笑容；高等人，请你们学习——笑。"（《论高等人》Ⅳ，20）笑容，意即展现我们已抵达的智慧，它属于知道事物永恒回转及未来发生之事不可避免的人；意即证明我们知道一切都在重复，我们喜欢那些重复之事，我们从中得到快乐，并通过笑表现我们的愉悦。福柯的笑容是尼采式的，也即哲学的笑容。

然而，福柯的笑容旨在向我们展示理性的狡黠吗？一颗脱落的牙齿，突然的空洞，口中的空洞。它是存在的空洞。这是一个新洞，我们可以通过它抵达哲学家的肉体空洞，那是观念诞生的地方。

作为一名合格的尼采主义者，米歇尔·福柯应该不会否认此种断言，即尼采在《快乐的科学》的第二个版本的前言中肯定道，任何哲学皆自传。

存在一种福柯的一致性；它令自身与色彩、痛苦、悲伤共存。在他的笑容里，他把自己受伤的身体及因伤口而开放的身体展示给我们看。

是以，存在多名福柯，但他们终将合而为一。

30

德勒兹与伽塔利的皱纹

（1925—1995年，1930—1992年）

在伽塔利之前，有一位德勒兹。吉尔·德勒兹曾在一所高中担任教员，随后在大学教书，他出版了多部与哲学名家有关的作品：关于休谟的《经验主义与主体性》（1953年）、《尼采与哲学》（1962年）、《康德的批判哲学》（1963年）、《普鲁斯特与符号》（1964年）、《尼采》（1965年）、《柏格森主义》（1966年）、《马索克主义：冷漠与残酷》（1967年）、第二篇论文《斯宾诺莎与表现问题》（1968年）。他还出版了另一篇论文《差异与重复》（1968年）和一本出自作者评论及总结学术工作的书：《意义的逻辑》（1969年）。

在德勒兹之前，有一位伽塔利。菲利克斯·伽塔利是一名精神分析学家，曾受到雅克·拉康的分析，其时，他在拉博德诊所工作，那里距离卢瓦和谢尔省的布鲁瓦不远。伽塔利与极左派人士交往密切，为毒物瘾者、巴勒斯坦人、经历过恐怖主义的意大利政治避难者提供帮助，并通过自由电台为自由发声。他在1968年的五月风暴中表现活跃，并为其命名的"生态哲学"（écosophie）挺身而出。在与吉尔·德勒兹相识以前，他从未写过任何书籍，仅留下数篇文章。德勒兹后将其结集出版，并为其作序，即《精神分析与横贯性》（1972年）。伽塔利离世后，众多从未出版过的文章均被收录在《反俄狄浦斯著作》（2004年）中，该巨著内容丰富，涉猎广博。

后来，有一位吉尔·德勒兹与菲利克斯·伽塔利，他们相识于1969年。这对好朋友为我们树立了一种全新的工作模式，他们用四只手、两颗脑袋、两具身体一同工作，共享唯一的一个灵魂，一种哲学幻想，他们共同创作并署名了多部作品：《反俄狄浦斯》（1972年）、《卡夫卡：为弱势文学而作》（1975年）、《千高原》（1980年）、《什么是哲学》（1991

▷ 《吉尔·德勒兹的肖像》，热拉尔·弗罗芒热，艺术家本人收藏

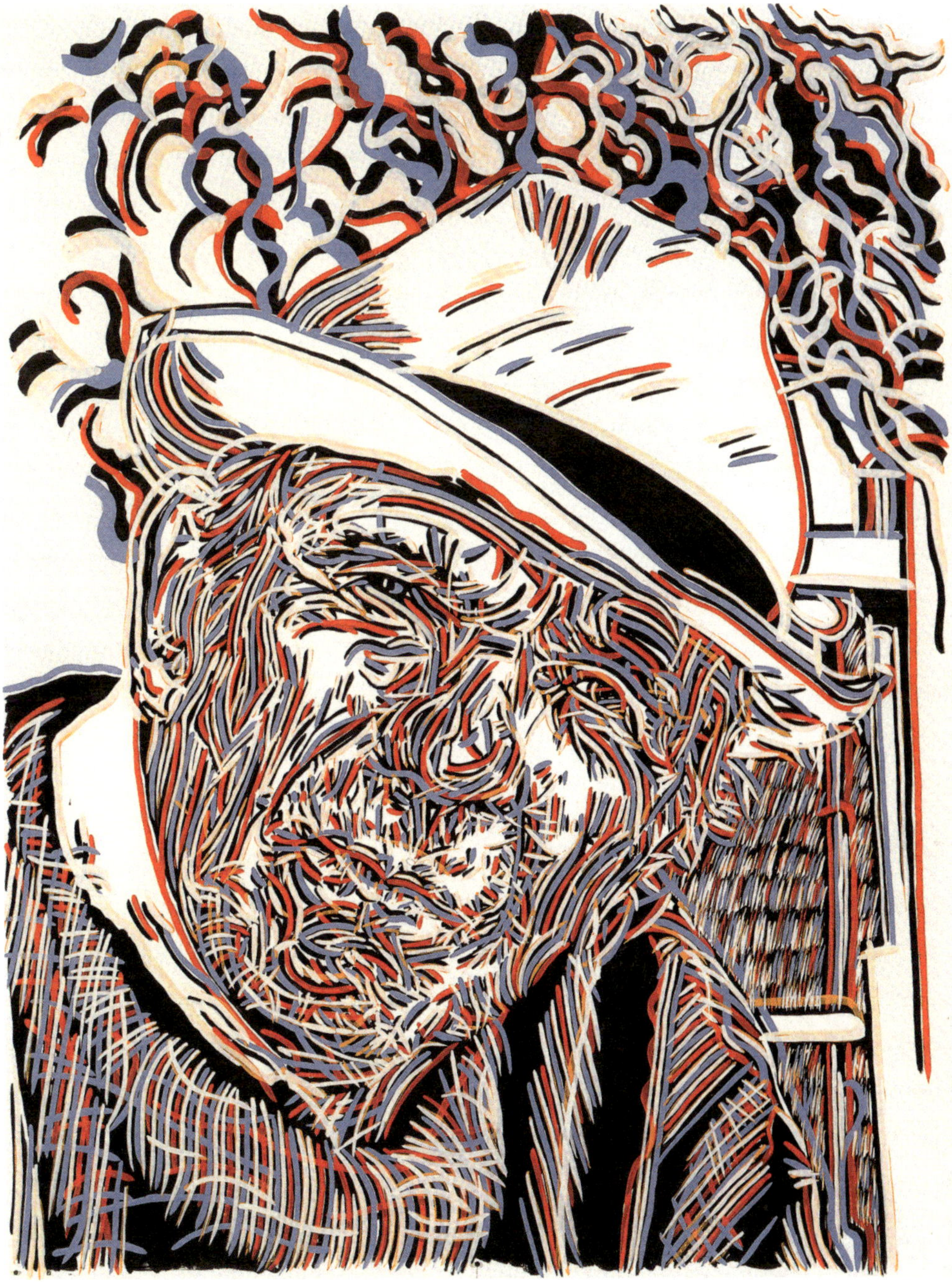

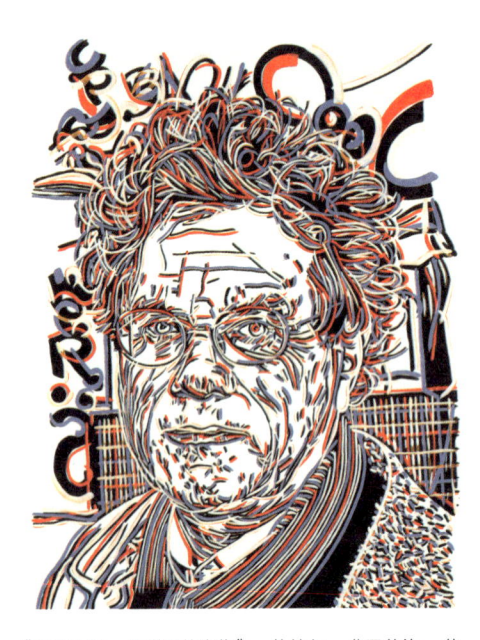

《菲利克斯·伽塔利的肖像》，热拉尔·弗罗芒热，艺术家本人收藏

年）。这一双重智慧的历险总共持续了22年多——从1969年到1992年，菲利克斯·伽塔利英年早逝的那一年。据说，两人之间一直以"您"相称，尽管他们以"你"称呼所有人。

这场相识发生在里昂学院。已婚，两次为人父，这位极左精神分析学家，曾受过1968年五月风暴的洗礼：德勒兹倾慕疯子，但面对他们时，德勒兹却胆战心惊，他甚至无法忍受来自对方的视线；他恳求一位名叫让-皮埃尔·梅豪的医生朋友，正是后者让德勒兹与伽塔利二人产生交集：写书的哲学教授被疯子所吸引，却不认识任何疯子，而与疯子朝夕相处的精神分析学家想要写作，却不知如何下笔。于是，三人约定在利穆赞的圣-莱奥纳尔-德-诺布拉市镇见面，地点定在德勒兹每年度夏的家庭别墅里，他总是在那里花费三到四个月的时间写作。德勒兹的烟瘾很大，刚刚做完摘除肺脏的手术；他同样嗜酒成瘾。1969年6月，两人一见如故。德勒兹戒断烟酒，并投身这场哲学史中独一无二的冒险：二人一同构思、思考、写作。或者说，并不是只有两人在场。总有其他人在场，有时是画家热拉尔·弗罗芒热。团队一起构思、思考、写作，在同一个炼丹炉里修炼他们的金丹。

德勒兹提供方法。他们之间也通过信件交流看法：每天起床之后，伽塔利必须写下所有涌现的想法。这往往会花上一整个白天的时间，之后，他会大快朵颐一顿，他不再全身心地投入诊所事务中，往往会在傍晚时分去一趟那里。他们每周二下午碰面。由伽塔利提供素材，德勒兹则规定格式。人们认为，精神分析学家菲利克斯找到了钻石，而哲学家德勒兹则为其抛光磨亮。1971年12月31日，《反俄狄浦斯》得以完成。它于1972年3月出版。

德勒兹在《差异与重复》中写道："依旧沿用曾经的方法来创作哲学作品已变得几乎不可能了：'哎呀！还是老一套……'探寻哲学的全新表达方式始自尼采，如今也与其他门类的艺术革新息息相关，比如戏剧、电影。"（P4）当代艺术，同样可以列在其中。

在阅读德勒兹与伽塔利合著的作品时，我们会联想到同时代的美学产物：雷蒙德·海恩斯的撕裂的海报、尚·丁格利的机械、妮基·德·桑法勒的娜娜系列、阿尔曼的"累积"雕塑、激浪派的达达主义、博伊斯的行为艺术、非主流艺术的材料——纸板、细绳、电线、沙子、碎屑、垃圾、灰尘、沥青……

德勒兹希望以其他方式写作或构思作品，还希图通过不同的方式去阅读它们。作为《访谈录》的首篇文章，《致一位严厉批评家的信》劝告人们换一种方式阅读：不再使用原先的老办法，那样很蠢，而在于寻找能指与所指之间的联系，换言之，在言物的词语以及被词语言说的物之间的联系，但以一种彻底革命的方式，进行"密集阅读"（P17），即找寻唯一的、绝对的、固定不变的、静止的意义，并遵循"无须解释、无须领悟、无须说明"的阅读逻辑。人们估摸着此种全新文本类型的难度，即是否可以立即理解来自作者一方的说法。写作是一种流：若阅读无法抓取它，那就作罢，这无关大体。

正因如此，如拉康或德里达一样，德勒兹与伽塔利发明了一种拥有专属词汇及风格的语言，一如画家自有的风格，比如培根，或作曲家独特的风格，比如布莱兹。德勒兹曾把这位英国画家和法国作曲家作为两个思考对象。

哪些词语或表达方式让这两位哲学家声名大噪呢？欲望机器与无器官身体、解辖域化与游牧思想、集体装配与块茎论、光滑空间与条纹空间、内在性平面和精神分裂分析、反复与颜貌化、混沌与折叠、克分子与分子、强度的宇宙与平世、混沌和褶子。以上列举并非面面俱到。假若存在类似"血管褶裂"（《差异与重复》P242）的新词，或类似存在的"个体性"的某个经院哲学的概念被重新激发，抑或存在类似"不可区分性"的关于空间类型的表达，都必须通过某种诗意的写作将其计算在内，从词源意义看"诗意"，则可将其理解为创意写作、创造者写作、创造性写作。

新词对于新式写作的欲望而言是必不可少的，它们不一定可被解释清楚、被理解、被阐释，但它们能使僵局或骗局受到高度关注。

存在鹦鹉僵局，它们知道，玩弄向德勒兹与伽塔利借来的一点概念，便足以让愚蠢之人印象深刻，后者在口才的鞭挞下难以动弹，他们担心自己被别人当成笨蛋，于是不肯承认自己一窍不通；存在猎犬僵局，它们清楚，鹦鹉的团聚可以作为它们成群追猎的榜样；存在变色龙僵局，它们让德勒兹与伽塔利说出自己未曾说出口的但人们让他们说的话，而这既没有让德勒兹也没有令伽塔利心生惶恐，原因在于，他们已采取预防措施，以肯定自己的书是一类工具箱，人们可以争着使用箱内的工具，无须担心除理论及实际价值以外的事情。这有用，这行得通，这在运转，在修补，在拧紧，在拆开，在切断，在截断，这在起作用？这便很好，书籍在守诺……不论人们是否曾遵守矩阵：它之所以产生，是为了人们可以占有它、吞服它、消化它、重复谈论它以及管束它。

可是，对于《反俄狄浦斯》，我们还能够尝试去说些什么呢？首先，这部作品典型地承继了1968年五月风暴的精神。它未能产生五月风暴，理由可想而知：这本书的出版年月为1972年5月，在五月风暴以后。因此，是五月风暴孕育了它。若想从五月风暴中找寻一些理论根源，则可去了解马尔库塞与列斐伏尔、德博（Debord）与托洛茨基、毛泽东与赖希、弗洛姆与马克思，或其他年代更久远的前辈，如傅立叶与洛特雷亚蒙、兰波与圣-鞠斯特；但若想了解到底哪部哲学作品疏通了五月风暴，则必须联想到《反俄狄浦斯》。

是什么原因呢？

福柯在美国版本的序言中解释道，《反俄狄浦斯》是一本伟大的"关于伦理的书，在相当长的一段时间以来，第一次有人在法国写出了一本关于伦理的书"（《言论与写作集》，Ⅲ，P134）。准确地说，伦理书不能等同于道德书：伦理在于思考游戏规则的原则，道德着手于颁布行为举止的原则。伦理是一则道德理论；道德，则是一次伦理实践。

其时，五月风暴猛烈撞击并摧毁了古典伦理与道德之建筑，那么，该书是如何在犹太-基督教的旧道德倾圮之际，被人们称为伦理书的？一神教中的上帝力量提供了一类伦理的提纲：千余年间，男性统治女性，父亲统治孩子，丈夫统治妻子，老板统治工人，老师统治学生，军官统治士兵，牧师统治基督教徒，白统治黑，异性恋统治同性恋，基督徒统治异教徒，西方统治世界其他地区。

《反俄狄浦斯》拆解了这整个犹太-基督装置，它对这一逐渐朽烂的文明中的对跖点或界限提出质疑。作为一部已运转起来的战争机器，它反对抑制欲望并产生患神经官能症的身体的资本主义，反对不废除主人而只想改变他们的马克思主义，反对圈禁身体、欲望与欢愉的基督教家庭，反对从父亲—母亲—孩子的俄狄浦斯式三角关系开始解读世界的精神分析，反对为统治言论而控制文学、写作、推理、辩证法、思考、思想、哲学的古典理性。

为反对资本主义，德勒兹与伽塔利提出"微政治"（micropolitique）。该词出现的时间较晚，在1977年的《对话》中，它类似于一种抵抗政策，后者在《反俄狄浦斯》中自称为"分裂分析"（schizo-analyse）。"微政治"正是在《千高原》一书中取代了"分裂分析"。"微政治"这一概念蕴含着什么？法西斯主义并非单一形式，而是多形态的，是以，存在一些须通过"微－抵抗"作出回应的"微－法西斯主义"（《千高原》，P262）。

为反对马克思主义，德勒兹与伽塔利断言：权力并非集中在需在大革命的某天攻占下来的国家机构中，权力比比皆是。在马克思的支持者们看来，只要权力被无产阶级握在手中，便是好的，比如列宁领导的政党中，那些经验丰富的无产阶级前锋，可是，当权力被资本运作者操纵时，它便是坏的。作为自由人士，德勒兹与伽塔利拒绝权力，在他们看来，权力使一部分人成为另一部分人的仆从，也让自己变成自己的奴隶。他们揭露自愿的奴役，服从主人的欲望，将自我的生命托付给第三方的渴望，它们均属于异化之进程，必须与它们一刀两断。

为反对基督教家庭，德勒兹与伽塔利提议去区域化及重新区域化，在他们看来，配偶与家庭均可看作同样多的区域化，它们为存在指定一块区域，那里的人员无法流动，不再流动，或流动不佳。两位哲学家的思想属于生机论的，充满活力的，流动的与能量的，在柏格森主义的逻辑下，加增两种哲学实在：生命冲劲及创造性能量，它们运用唯物主义的方式思考，与唯灵主义或理想主义无关。对于它们而言，无意识并非超心理，而是机械式的。

为反对昔时流行的弗洛伊德及拉康的精神分析言论，德勒兹与伽塔利提议与弗洛伊德的无意识分道扬镳，他们更倾向于机械式无意识：欲望机器不是一种形而上学或一种比喻，而是一台流动装置。德勒兹与伽塔利向阿尔托借来"无器官的身体"（corps sans organe）这一概念——也可写成CsO。这是一具被精神分裂症患者及受虐狂或毒瘾者所体验的身体。它是无人称的，却由专有名词构成。它限制着被体验的身体。是以，德勒兹与伽塔利所创作的，乃是一部欲望机器，它"只能在朽败的过程中运转"。

为反对古典理性，《反俄狄浦斯》为精神分裂症患者塑造了一个组织角色。德勒兹与伽塔利将疯狂——神经质、偏执、妄想狂、精神分裂症——变成一个全新的处于同一意群的语言互换单位。远非笛卡尔的方法论，也与康德的纯粹理性或黑格尔的辩证法，抑或马克思的辩证唯物主义无关。在分裂分析的猛烈冲击下，西方哲学土崩瓦解。因此，《反俄狄浦斯》与《反方法论》《纯粹反理性批判》相似。若是想滑稽地模仿黑格尔，它倒也与《反逻辑》相似。

作为书名，《反俄狄浦斯》之上另有一个……副标题。实际是一个肩题：《资本主义与精神分裂症》。同一肩题也出现在《千高原》（1980年）之上，这本书被看作《反俄狄浦斯》的续集。第一卷一时洛阳纸贵，第二卷的销量下降。这部百科全书的出版正值新哲学家流派兴起，后者把代表五月风暴精神的哲学取而代之。《反俄狄浦斯》恰好以综述五月风暴的身份出现，凭借其内容与形式反映着代表五月风暴精神的思想；随后出版的《千高原》则着手于别处发生的历史。

1977年5月，德勒兹以单独署名的形式，针对新哲学家流派写下了数页朴素但恰如其分的文字——贝尔纳-亨利·莱维、安德烈·格鲁克斯曼及其他几位哲学家——文章名为《论新哲学家，以及一个更一般的问题》。为让自由权保持精神警惕，德勒兹指出一代"哲学家"的结束，与其说他们是一部作品的作者，不如说他们是上流社会的花花公子，在媒体中表现活跃。

《什么是哲学？》（1991年）重现了德勒兹与伽塔利的组合。他们两人均对此进行了回答，并断言：哲学家既是概念的创造者，又是概念化人物的创造者，比如查拉图斯特拉之于尼采。这种构想事物的方式相当德式，充满教训意味。蒙田既未发明概念，也没创造出概念化人物，他并不知晓被如此多的哲学团体排除在外的原因。与此相反，或许我们可以设想《悲惨世界》中的概念化人物：冉阿让、沙威、芳汀、珂赛特、马吕斯、加夫洛许、德纳第。是维克多·雨果塑造了如此之多的概念化人物，在德勒兹与伽塔利看来，《悲惨世界》是一部哲学作品。是以，我们可以清楚地看到这条被简化后的定义、哲学以及哲学家的局限。

弗朗索瓦·多斯为这一对好朋友作传，他告诉我们：这部署有两位作者名字的作品仅为吉尔·德勒兹一人所作。伽塔利曾倍感沮丧，因为德勒兹希望单独署他一人的名字。最终，在友情的责任的提醒下，德勒兹还是署上了两个人的名字。

1992年8月29日,菲利克斯·伽塔利死于心脏病;在地狱般的呼吸不畅的长久折磨下,吉尔·德勒兹于1995年11月4日从住所的窗户纵身而下。

画家热拉尔·弗罗芒热是两位思想家的朋友。

画家热拉尔·弗罗芒热是两位思想家的朋友,他讲述了两人的相识,回顾两人的友情,慷慨大方的吉尔·德勒兹和受欢愉的疯狂支配的菲利克斯·伽塔利之间非同寻常的友情。热拉尔·弗罗芒热在伽塔利的墓碑前朗读了一篇文章,并一一道出后者众多的情人,画家讲道:她们把各自房子的钥匙、戒指及"非同一般的物件"扔进了墓坑里!在《多彩的弗罗芒热》中,记录了画家与洛朗特·格雷尔萨默(Laurent Greilsamer)之间的谈话。热拉尔·弗罗芒热介绍了德勒兹是如何工作的。在哲学家的请求下,画家在自己的工作室接待了他;德勒兹去过十几次,每次持续三小时;他承认自己对画室的东西一无所知,并准备"提出一些愚蠢的问题"(P115)——对此,热拉尔·弗罗芒热也打算"作出一些愚蠢的回答"。人们怀疑事情并非如此。德勒兹提出如下问题,一眼可知它为何不被世人熟知:"为何你在那里涂上绿色?"画家回答:"因为那里的红色,前景中的红色,它非常孤独。它需要互补色。"洛朗特·格雷尔萨默评论道:"在他的教唆下,你解构了你的画。"画家赞同着:"他将一切平面化!一个螺栓接着一个螺栓,一个螺钉接着一个螺钉,一件接着一件,他拆解一切。栓塞、汽缸盖、蜡烛、汽化器、阀门,一切。最后,当一切都陈列在地上时,他用自己的声音说:'而我呢,热拉尔,我无法重新装配它。你拥有使其运动的钥匙。这一点非常棒!'总而言之,我更好地阅读了他的作品,我看向这幅画,它像一台欲望机器。他拆解了机器的发动机,目的在于理解它的运行。"(P115)

解构或者拆解两幅肖像可在德勒兹与伽塔利所提出的概念下发生。毋庸置疑的是,它们由力量之线条构成,即众多逃脱之线,其中之一可以称作"褶皱"。德勒兹的面孔是一团乱七八糟的皱纹,它像配电箱里的电线,或许会产生天才般的电流,那令人震颤的电。他的目光陷入褶皱中,嘴巴的褶皱是褶皱中的褶痕。而套头衫、衬衫的衣领、帽子、背景的装饰,一切均服从相同的一元论褶皱逻辑:脸上的肉、帽子的纹路、套头衫的绒毛,画面背景近似某种热带蔬菜,以上一切可看作一种以不同方式被改变的,唯一且相同的材质。

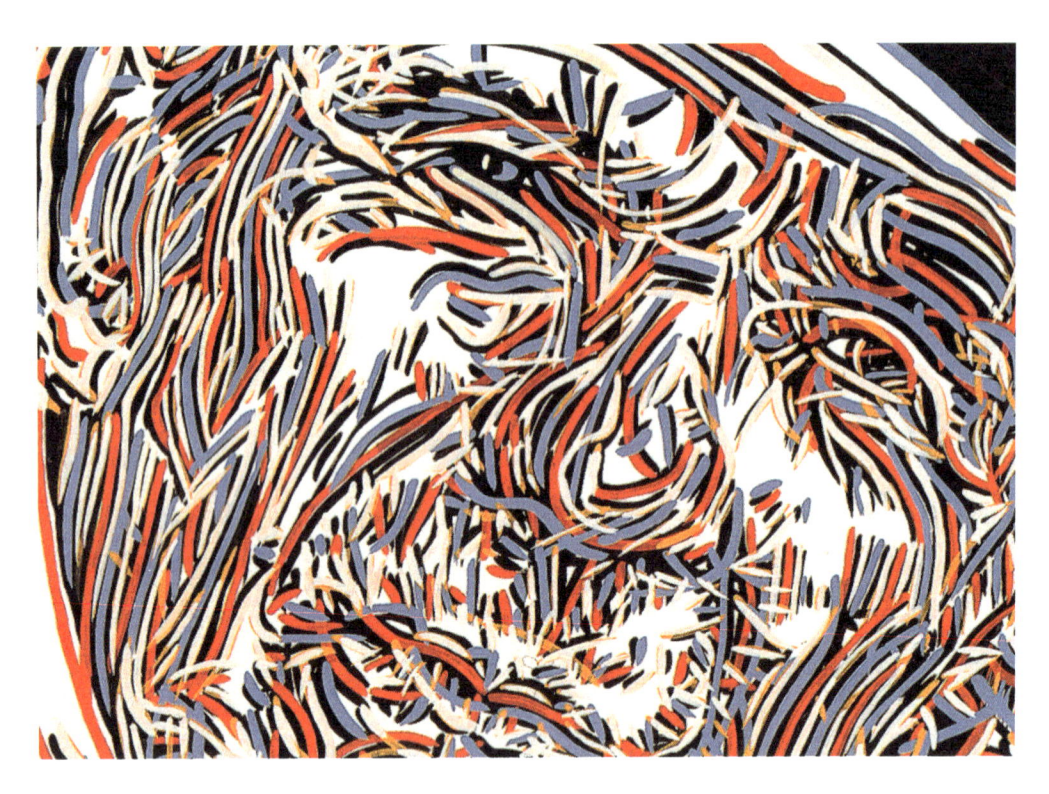

德勒兹是一元论者，换言之，他是柏拉图二元论最为顽强的对手，后者为世人熟知的形式为基督教。柏拉图主义是二元论、理想主义、唯灵主义、苦行思想；德勒兹主义是一元论、生机论、泛神论、享乐主义：德勒兹和伽塔利的肖像是一元论的，体现着唯一的能量；是生机论的，充满能量性的活跃；是泛神论的，体现着唯一的内在层面的真理；是享乐主义的，存在主义的生机从两位男士的眼神里透露出来。两幅画分别围绕两对瞳孔展开，后者构成焦点，旁边褶皱丛生，它们扭动着，像白色蠕虫，像在深渊蠕动。此即生命，纯粹的生命，然而它们却被固定在一切五彩缤纷的颜色以外——调色板仅由蓝、红、黑、黄构成。

我们可以借助"颜貌化"的概念。在《千高原》中，德勒兹与伽塔利把面孔和日期联系在一起，即"元年"的日期，换言之，基督的年份。事实上，面孔的诞生被他们看作基督的当代表达："面孔，即基督"（P216）。基督化意味着赋予人类以面孔。这一时刻同时也是"白人历史发展"的当代体现（P223）。在他们看来，自基督的面孔起，对其他面孔的轻视便开始了,判断标准:它们是否或多或少是白色的。种族主义在第一公民基督的脸上扎下了根。

因此,必须将面孔去面孔化,换言之,将其去区域化,去国家化,"拆解面孔",目的在于"从主观性的黑洞中走出来"(P230)。

毋庸置疑,这两幅画分别代表两种面孔。在

德勒兹的面孔是一团乱七八糟的皱纹,它像配电箱里的电线,或许会产生天才般的电流,那令人震颤的电。

《千高原》中:"面孔归属于一个表层–洞(穿洞的表层)系统。然而,这个系统无论如何都不应该被与本体感受性的身体所特有的体–凹陷的系统相混淆。头部被包含于身体之中,但面孔却不是这样的。面孔是一个表层:面孔的轮廓、线条、皱纹、长脸、方脸、三角脸;面孔是一个图样,即便当它被应用于、包裹着一个个体时,即便当它围绕着,邻接于那些只作为洞的凹陷之时。即便是人的头部,也并非必定就是一张面孔。只有当头部不再归属于身体时,当它不再被身体编码时,当它自身不再拥有一种多维度、多义的身体代码时,当身体(头部被包括)不被那种我们将称为面孔的事物进行超编码时,面孔才能产生。这就是说,头部,以及头部的所有的体–凹陷的元素,都必须被颜貌化。"(P208)

热拉尔·弗罗芒热一边否定一边断言,或一边断言一边否定,他一边抓破脸,一边盯着脸看,或一边盯着脸看,一边抓破脸,他一边解构面孔,一边构思面孔,或一边构思面孔,一边解构面孔。换言之,他像人们谈论倒霉运那般玩弄辩证法。唯有辩证法可以表现活人。他展现两种旨在消失于流动、编码、速度之后的主观性。他指出渴望隐藏之人,后者很可能想通过第三位名为德勒兹与伽塔利的作者的断言以达到自我废除的目的。

这两幅肖像意味着德勒兹主义,甚至在它们分离的联结及联结的分离中——该幅虚假的双联画却被认为是真正的双重奏。多样性集聚在分离中。如何能描绘出一位哲学家的哲学思想,在这里便是:如何能描绘出两位哲学家的哲学思想,通过把他们各自的肖像变成他们特有的一种思想方式?

31

德里达的猫

（1930—2004年）

当瓦莱里奥·阿达米为他的朋友雅克·德里达创作此幅画像时，彼此心照不宣的事情是，胰腺癌将很快夺走这位哲学家的生命。

先让我们从画面的整体入手，将画中包含的元素清点如下：哲学家出现在前景中，一只猫位于他的右侧——若从观众视角来看，它处于画面左侧并看向观众，猫的脑袋将前景与中景连接起来；这位书写者用右手拿着一支笔，面前是一册打开的纸页，笔尖看上去仿佛在纸页之外；他的左手边竖立着两排书，共有九本，它们遮挡住人物的左手与左臂；哲学家坐在一张扶手椅上，木质靠背的顶角饰有某种旋涡形雕塑；德里达身穿一件开领衬衫和一件深色上衣，袖口处可见一枚圆形小纽扣；沿着斜线的方向，我们同样可以在他的左肩上看见一枚纽扣。

在他身后的中景处，即画面中间的位置，可以观察到一种双重装饰：左侧为空荡荡的墙角；右侧则可见到由两棵枯树构成的风景。雅克·德里达的面孔处在画面中央，他正在抽烟斗，但画面中并无任何可见的烟雾，而他的烟斗里似乎也无炭火。哲学家的三张面孔交错在一起，仿佛只有一张脸，却有三只眼睛。

在画面的背景中，一个弧形盖在德里达的头顶上方；右侧是一处山岭风景；猫头的上方是四分之一张桌子，我们仅可看见一根桌腿，木质平面上画着一个十字架；最后一层背景被一条斜线切开，由此形成了一个直角三角形；在三角形的斜边上，是阿达米常见的笔触，他书写了德里达的名字，一个小点区隔着名与姓。

该画可看作一个竖直放置的矩形，它被横向三等分，调色板的色彩仿佛秋天的颜色，

▷ 《德里达》，瓦莱里奥·阿达米，私人收藏

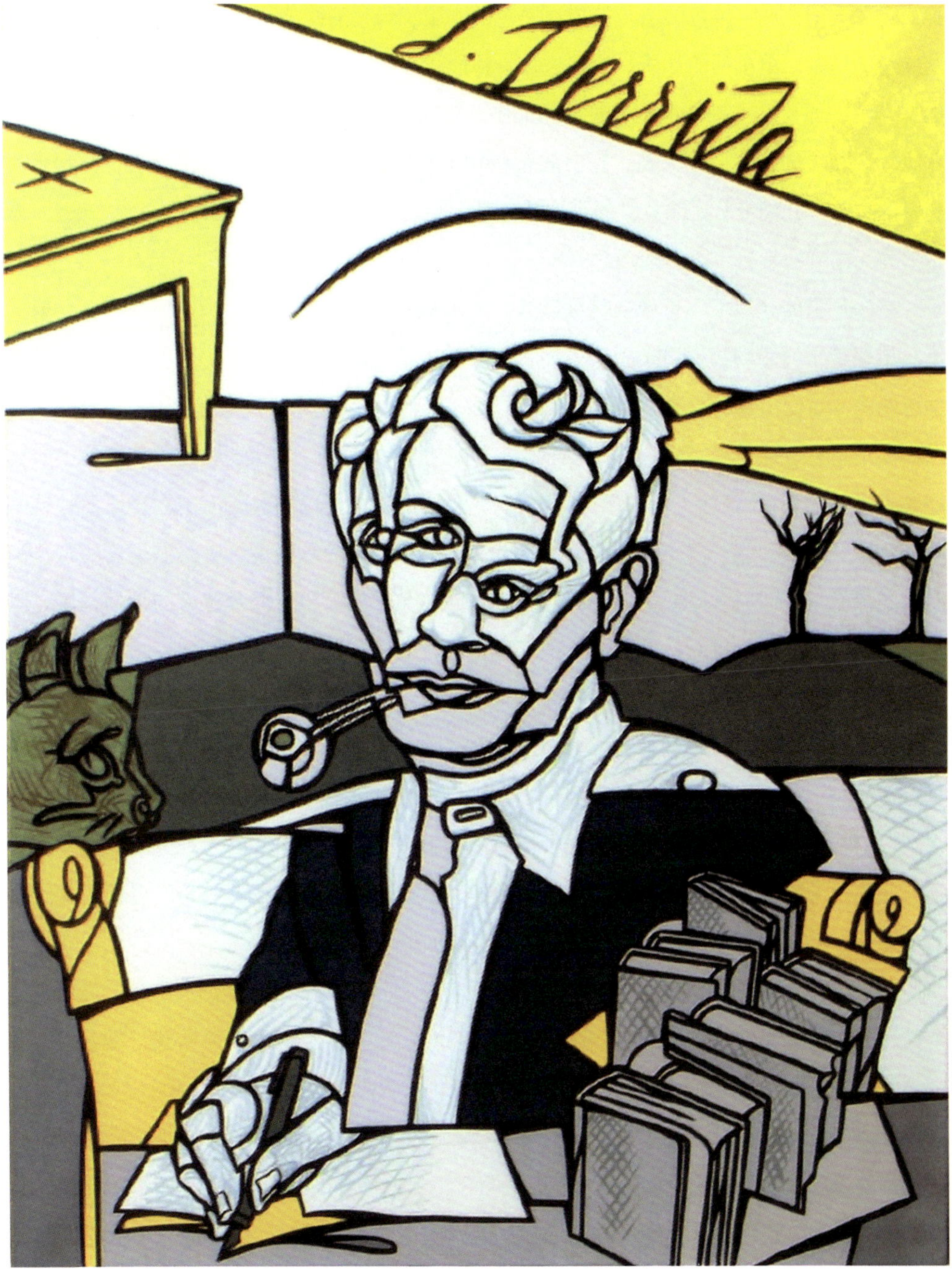
J. Derrida

抑或是冬天的色调：栗色的猫与枯树；黑色的衣服、勾勒的线条与名字；空荡荡的房间里，暗绿色的地板；单色调的加线影处理法，具体而言，是冷蓝灰色，这也是画面的主要颜色，如哲学家的面孔；零星的黄色分散在画面中，包括椅子的碎片、桌角、内含签名的三角形背景等。秋天的最后一簇火苗，苍白的黄色几乎泛着冷意，它无法再提供温暖，并预示着初冬的来临。此幅带有比喻意义的肖像从色彩上生动地诠释了舒伯特的作品《冬之旅》。画布上并无画家的签名。

在一只猫的注视下，肖像画徐徐展开——那只猫，这只猫。阿达米在他那些谜一般的作品里描绘了许多动物。对于思考者而言，它们可谓是谜中谜。此外，德里达也将具有哲学意味的"动物饲养场"搬进他的作品里：蚂蚁、刺猬、蚕；《书写与差异》与《哲学的边缘》中的蜘蛛、蜜蜂和蛇；《韦尔比耶狼人》中的狼；《马刺》中尼采的马；《绘画中的真理》中康德的马；《丧钟》里的西班牙马、牛、猪和驴；《耳朵的自传》中查拉图斯特拉的动物伙伴——鹰和蛇；《马克思的幽灵》中的鼹鼠；《友爱的政治学》中弗洛里安的野兔和康德的黑猴子；《割礼忏悔录》中的鸟；《签名蓬热》中的燕子、虾及诗人的牡蛎，还有海绵动物；随后，在《我所是的动物》中，德里达直截了当地展示了一份列表，它被阿达米作为参考，德里达写道："在《绘画中的真理》中，'+R'的鱼，同耶稣鱼中的鱼，扮演着'我'的角色，另外，根据交错配列法，'+R'的鱼与狮头羊身龙尾的吐火怪物在Ki相遇，在《丧钟》一书中，狮头羊身龙尾的吐火怪物（Chi-mère）的名字被一分为二，某只鹰翱翔在两根列柱之上……"这段简短的援引反映出一种风格、一种声调、一种方法：德里达的签名。我们无法概述德里达，不仅是因为他的思想在逃匿，也是因为他的思想解构着任意的结构。

《我所是的动物》是哲学家的最后一部作品。开篇从回顾一只猫的仪式讲起。这是一只小猫，且我们无法知晓它的名字——尽管让-吕克·南希在《不止一种标题，雅克·德里达，关于阿达米的一幅肖像画》中提到，它的名字叫卢克莱修。

哲学家详细解释道，这并非一种隐喻或譬喻，也无关象征或修辞，他所谈论的猫的确存在，故事也一如他叙述的那样。在每天清晨的浴室时间，"小猫-猫"会一直陪伴哲学家走进浴室，因而它不可避免地会面对裸体的哲学家。动物离开了。由此，哲学家的思考将引出一种最为成功的解构风格练习。

猫逃走了，它的脑袋里发生了什么？哲学家的脑袋里又发生了什么？小猫看见赤裸的哲学家，哲学家也看见了赤裸的猫。问题在于，赤裸的猫身上长有绒毛，它无惧自己的裸体，而赤裸的

> 绝对他者的观点，没有什么比我看见自己赤身裸体地被一只猫注视更能让我联想到邻居或同类的绝对他性。

哲学家身上，虽然也长毛，但皮肤清晰可见，他惧怕自己的裸体。名叫卢克莱修的猫感知到哲学家的不适，这或许是它逃走的原因？德里达被猫看见自己赤身裸体的样子，于是他开始沉思羞耻、羞耻的羞耻、谨慎、动物性、人类的动物性或动物的人性，事物从未被如此言说，而精神存在于对其可能性的思考中，或无法继续存在于野兽与晚期智人之间的分界线上。

德里达讲述着清晨浴室相遇时的失礼。之后，他在沉思中创造了一个新词，以便更恰当地形容当时的情形：动物前的失礼（animalséance）。当然，这是一个混合，即动物（animal）与在场（séance），动物（animal）与失礼（malséance），动物、在场与失礼的混合，一切紧密围绕着谨慎、羞耻与自我意识展开，如同一只赤裸的动物面对另一只赤裸的动物，有可能，是对人类赤裸本质的意识。哲学家的羞耻，他因自感羞耻而羞耻。德里达自问道：赤裸是否已经失去了它的意义？或者反之，它在这样的特殊情况下重新找到了意义？

他写道："动物在那里，在我之前，在我旁边，在我前面。我跟在它后面。由于它在我之前，它也在我身后。它围绕着我。自'在－我－前面'起，它或许可以任凭自己被观看，另外，哲学可能已经把它遗忘，甚至哲学本身也可能是这种已计算好的遗忘。它可以看我。它对我有自己的看法。绝对他者的观点，没有什么比我看见自己赤身裸体地被一只猫注视更能让我联想到邻居或同类的绝对他性。"

雅克·德里达在《我所是的动物》中思考动物，更准确地说，思考猫，思考他的猫，但画作中的时刻无法详细述说哲学家的思想。因为必须谈到"动物词"（animot），这又是一个新词，为了摒弃"动物"一词——后者过于模糊，过于宽泛，它无法对应任何事物，

原因在于它涵盖了草履虫与鲸鱼、蛆虫与大象、海绵动物与黑猩猩、原生动物与……人类。然而，人类往往被排除在列表之外。但是它包括猫，一只需要我们的猫，画上的猫。

这只猫，是一只猫，它是雅克·德里达的猫，瓦莱里奥·阿达米的猫，是猫的理念，以及其具体化的现实，为实现和它共同生活之人的最高幸福。此之谓"我所是的动物"，它或许可以表示解构哲学家，并扮演双重意义："我是动物"（c'est l'animal que je suis）——最后一个词为动词"是"（être的变位）？或"我所跟随的动物"（c'est l'animal que je suis）——最后一个词为动词"跟随"（suivre的变位）？或两者皆可：尤其当和一只猫有关，且这只猫属于沉思的作者时，我们在跟随的同时，才是自己。

让我们假想一下作品的标题：或许是《养猫的哲学家的肖像》，或是《养猫的雅克·德里达的肖像》，抑或是《养哲学家的猫的肖像》，甚至是《养雅克·德里达的猫的肖像》。根据本体论的观点，这只猫构成了创作。它的头构成了一张正在注视着哲学家面孔的脸。它进入画框，将身体留在画框之外，它既身处边缘，又在画外，它像以上半身形象示人的思想家，以古代颂扬伟人的半身像的方式，唯有躯干，无下肢，无可见的性器官，无脚。猫脖被切断，哲学家也被拦腰截断。猫的身体与思想家的性器官，或猫的性器官与思想家的身体，被自己的脑袋处死。

肖像画中的这只猫表露着（可能）进行哲学思考的动物和（肯定）知道自己是一只动物的哲学家的谜团，还有第三者，即画家瓦莱里奥·阿达米和观看已完成画作的观众的谜团（您，我）。尽管猫的独眼仅为侧面像，但它看向我们，看向观众，并与哲学家的三只眼睛取得联系（后文将再次提及此处），四只眼睛看向观众的双眼。

画中，眼部所呈现的微妙几何在空间中形成一个三角形。猫眼为三角形的第一个角；哲学家的眼睛为第二个角；而第三个角，则存在于画布之外，画作前面，面向画作，此为观众之眼。因此，观众得此暗示：要么自己入画，成为所绘制的图像世界的一部分，要么猫与哲学家从画中走出，进入现实，重返现实，他们不再受艺术作品的时间性制约，从而进入当下世界的时间性。换言之，他们将永恒弃之身后，一心坠落在时间的洪流中。

或者，维持一种古怪的平衡：猫、哲学家及第三者。哲学家注视着画家，或旁观者；猫注视着相同的人，其方向与哲学家一致。这一次，不再是思想者与猫的对望，不再是自知被注视的思想者的注视，而是猫与思想者，猫成为思想者，思想者变成猫，二者一同注视着观众，而画家便是第一位观众。注视游戏塑造着德里达与卢克莱修的复杂性——长有绒毛的卢克莱修，而非那位哲学家。它就是他，二者肩并着肩，一个挨着另一个，它与他十分默契，永恒地联结、组合在一起。一个讲述着另一个的真理，具体是谁却不得而知。自始至终，与猫儿们一起。

德里达在《我所是的动物》中谈道"诗人与哲学家的猫家族……"，他举出以下名字：波德莱尔与里尔克，布伯与刘易斯·卡罗尔，他进而提到，自己的猫"还并不属于"这一家族，但也狡黠地补充道，"但我们正在靠近"。瓦莱里奥·阿达米的肖像画塑造出德里达与卢克莱修的组合，正如蒙田与无名小猫，阿波利奈尔与皮佩，巴尔蒂斯与咪仔，巴尔贝·多尔维利与德蒙内特，拉·封丹与米内特，雨果与加夫洛许，克利与宾博，于斯曼与毕博罗，科莱特与米索，马尔罗与刮羽器，马拉美与白雪、莉莉特，塞利纳与贝博特，巴勒斯与卡丽斯……出人意料的是，其中几乎不见任何哲学家的名字。

德里达告诉我们，人和野兽之间不存在本质差别，只有程度的差异。长久以来，所有的唯物主义思想家及非典型哲学家均持有相同的看法。例如，蒙田在《为雷蒙·塞朋德辩护》中所写的与动物有关的精妙段落。

上述断言被认为是在向基督教宣战。对于基督教而言，它所创建的世界观与德里达的断言截然相反，即根本本质的差异：人类拥有灵魂，而动物没有。在基督教的世界观下，存在一个等级制度，即人类比野兽高级，由此，剥削得以正当化，同样，这也令蓄奴合乎正义，即主人可以任意处置、处死及消费奴隶的肉体。通过哲学家与猫的并置（词源意义上的"并置"：肩抵着肩），旨在告诉旁观者：他们与其他组合一样都是动物。

哲学家的面孔似乎由两部分构成：一部分为叼着烟斗的下颌，它似乎固定不动，下唇为其上界；三张轻微错位的面具构成另一部分，上唇为其下界。举例而言，卡尔帕乔的经典绘画同样借助于同一作品时间内，多重物质世界的时间并置。设想一下，在某幅作品唯一的画框内，同一个人物本可以画在摇篮里，也可以画成一名孩童、青少年、年轻人、成年人、成熟男性、衰老的人、老年人，行将就木之人、在棺材内死去的人，随后他可能被分解，变成皑皑白骨，他再也无须受到时间的制约。

瓦莱里奥·阿达米所绘制的面孔上部在动，它曾动过，却在运动中保持不动。自相矛盾的是，同一面孔的三种状态的叠放产生了一种运动的效果，整体均处在画作的固定不变之中。与艾蒂安－儒勒·马雷的连续摄影术类似，哲学家的面孔曾三次被捕捉于三个不同的时间，即把同一种绘画姿势合并在同一时刻——肖像画的时刻。面孔出现在最后一个姿势当中；而首个姿势却因为叠放而被隐藏得最多，也可称为最里面的一个；是以，滑动已从画布的左侧向右侧进行，或为了转换视角，从哲学家的右侧向其左侧滑动，或更为客观地说：从猫滑向书。哲学家使灵魂向左移动。

这既是美学的加工，也是本体论的加工，它重塑了一个温和的姿势。脑袋倾斜的姿势类似于某种打破强硬战争的轻柔姿势，脑袋像字母"i"上的小点。事实上，叠放令面孔产生了一种正弦曲线的效果：左眼与中间眼睛所体现的上升曲线，其后，中间眼睛及右眼呈现一种反曲线的下降。因此，共三只眼，中心眼为单眼。三种注视（猫、哲学家及第三者）与哲学家的三只眼产生共鸣。

瓦莱里奥·阿达米对印度倾慕有加。自此，如何能不让人联想起湿婆看向思想者面孔的第三只眼呢？右眼象征太阳，左眼象征月亮，意即雄性与雌性，中间眼为第三只眼，即知识眼，它是尼采所言的超人状态的器官：这只眼属于见识过现实悲剧本质之人，他知道，他认同，甚至更青睐这一超人符号。额中之眼为火之眼，意即任意称得上哲学家这一名号之人所散发的光。第三只眼与远见之眼一致，毋庸置疑，它被看作解构哲学家区别于他人的符号之一。

哲学家绷紧双唇，紧闭的嘴边叼着一支烟斗。在他的多数照片里，哲学家都在抽烟，甚至是在法国社会科学高等研究院的阶梯大教室里。卡洛斯·弗雷尔（Carlos Freire）在哲学家站上讲台前的两分钟为其拍摄，其时，哲学家站在一幅巨大的海报底下，海报上明确注明"严禁吸烟"……这张照片被《文学杂志》登在了特刊报道中，另有一组特殊的静物陈列其上，包括烟斗、烟渣、欧石楠根烟斗、皮质烟斗匣及这个传说："他不仅收藏烟斗，还是个老烟枪。"

假如我们希望以正确的方式填满烟锅，既不过多，也不过少，慢慢地吸，既不过快，也不过慢，不冒烟，也不让唾液填满底部，假装成一个真正的行家，那么，则需注重烟斗的仪式性及其操作之复杂性。如何选择烟斗，其材质、年代、结垢质量均需纳入考量，与日本书法、花道或茶道的仪式相当：无限微小之艺术，几乎空无一物之技巧，火葬的细小宗教。

德里达的烟斗并无烟雾产生。烟锅中连一星半点的火炭也没有，更不用提火红的炽热感了。其色彩处理呢？中间有一点栗色，与猫的皮毛及枯树相似；其余部分为蓝灰色，与画作剩余部分的颜色一致。冷感的烟斗；无火的炉膛；熄火的烟斗。雅克·德里达不再消耗世界，他被它消耗。冬之旅的后续……

瓦莱里奥·阿达米在画面的右下角绘制了九本书。若根据书脊来数的话，有些侧边与本子类似，因此难以计算清楚。且上面并无书名，无任何标记可让人识别作品。其他作家的书？德里达的书？可让思想者着手写作，并发动解构机器的第三者的书？

"九"，恰好是希腊神话中缪斯的数量。因此，画中的九本书或许既非德里达全部著作的象征——他写过上百本书，也非德里达用作参考的书籍——海德格尔的《存在与时间》、胡塞尔的《现象学的观念》、乔伊斯的《尤利西斯》、列维纳斯的《另外于是，或在超过是其所是之处》、克罗索夫斯基的《一个如此致命的欲望》、巴塔耶的《内在经验》、布朗肖的《无尽的谈话》、雅贝斯的《问题之书》、保罗·策兰的《密接和应》，为了只选择九本书，当然就排除了弗洛伊德的《梦的解析》、卢梭的《论语言的起源》，或是康德的《判断力批判》。

九本书，正如九位缪斯。德里达曾在作品中援引九位缪斯之名，并借助全部作品向其致敬。唯有一位除外，我将在后文说明。一、卡利俄佩与雄辩术。她拒绝把至高水准的雄辩术、迷人的动词、诱人的词句、抒情的散文等属于业余诗歌爱好者的天赋赐予德里达？二、克利俄与历史。如何拒绝给予哲学家最为内在的现实天赋？《另一个海角》中的欧洲正在形成，或还未成形；《9月11日的概念》中记叙的曼哈顿袭击事件后的世界状态；《从权力到哲学》中谈论的哲学教育问题；在《马克思的幽灵》中谈论重读马克思的必要性，彼时的自由主义大获全胜，在全世界无一敌手。三、厄剌托与爱情诗。爱情导致的欢乐与悲伤，构成了一系列私人篇章，而这些丰硕的成果均以加密、编码的形式叠接在作品全集中。四、欧忒耳佩与音乐。相对而言，有关音乐家的书面创作较为冷清，尽管德里达的编辑米歇尔·德洛姆曾把德里达关于印度音乐或巴洛克音乐的谈话告知我；但对于德里达在散文中所使用的音乐象征，譬如犹太教法典的阿拉伯花式乐曲，则无法不令人联想起美国最低限度派的艺术家们所创作的重复音乐——拉·蒙特·杨、斯蒂夫·莱奇、菲利普·格拉斯、约翰·亚当斯——或印度拉格。五、墨尔波墨涅及悲剧。德里达对于历史的思考或许可以解读为对于悲剧的思考，借助苦难与死亡，从而编织出一道困境，譬如《论精神》中关于海德格尔的沉思，其副标题恰好是《海德格尔与问题》。六、波吕许谟尼亚与颂歌。笔者再一次提及卡利俄佩与《丧钟》，是为纪念20世纪70年代的审美形式主义，在斯托克豪森及雷蒙·格诺的《一百万亿首诗》中扮演偶然性。七、塔利亚与喜剧。很可能存在于众多面向全世界的交谈中，德里达在两卷本的《心灵：他者的发现》中扮演成德里达，不扮演成德里达，假装耍花招，假装避免，假装排斥，假装离开，或在以德里达为中心的电影中扮演角色，如萨法·法蒂的《此外，德里达》，或科比·迪克与齐尔林·考夫曼的《德里达》，哲学家清楚，嘲讽哲学即正确传授哲学。八、忒耳普西科瑞与舞蹈。查看《档案之恶》和哲学家对于舞蹈表演的哲学思考。九、乌刺尼亚与天文学。除非是笔者的误读，否则，我并不认为德里达曾向这位缪斯致敬。

以上是数字"9"所蕴含的意义猜想。不论有意识还是无意识，瓦莱里奥·阿达米清晰地引入或再次引入数字"9"，并赋予其两层含义：哲学家端坐在座椅上，椅背上刻有装饰，它们古怪得与两个小圆相像，圆中的数字"9"清晰可见。出现两次的数字"9"，加上九册书的数量，构成了一个与"9"有关的三角结构，它容纳了德里达的胸廓，换言之，它将德里达的心脏，即精神、感情、道德、情感、智慧的代表，包括其中。此处的心脏，意即灵魂，中心。

《犹太教神秘哲学》(*Kabbale*)是一本讲述犹太教神秘传统的书，数字"9"与自省、精神性、庇护、精神追寻相对应。为期九个月的妊娠令人联想起创作一本书的必要时间。它表示存在的承诺，代表基督显灵及智慧。矩阵的数字，它是好消息的宣布者，在哲学方面，它是生命的信号，是完成、实现的信号。对于德里达而言，它与书相连，与他的书籍相关，要么是他自己所创作的书，要么是他阅读过的书，"9"或许意味着受自身天才启发而赫赫有名的缪斯。

在这幅画作的最上层,即第三层——虚构的天空,它盖住猫头及哲学家的头部(猫-哲学家的头部及哲学家-猫的头部),一个弧形穿透空间,止于雅克·德里达的头顶上方。它并非一团光晕,并非某个意味着天主教神圣性符号的圆圈的碎片。(在哲学家的神话中寻找某种基督教符号的关联,多么违背逻辑!)但这从天空掉落或来自高处的,像是一顶遵守犹太教规的犹太人所戴的无边圆帽。

阅读或重读《割礼忏悔》足以展现雅克·德里达是一位犹太人,他是一名十足的犹太人,他一生不停地塑造自身以成为犹太人。他被禁止向国旗致意,通常情况下,第一名可以向国旗敬礼——只要不是犹太人,为此,出于民族主义的幌子,他不得不被降为第二名;由于犹太籍而被高中退学;注册一门由犹太教师所授的课程,但这些犹太教师被排除在公职人员范畴外,以上种种创伤性的经历深刻地影响着哲学家的童年、青年及成年。

由词源可证,无边圆帽来自拱顶、圆屋顶及穹顶。它代表祭司亚伦的圆锥形冠及其儿子的包头巾,随后,它也意味着佩戴者承认某事物位居其上,而自己受其制约。虔诚者康德心中依恋着的布满星星的拱顶,也让犹太灵魂欣喜若狂,得以找到一种方法来想起:上帝覆盖一切,它处在世界的悬崖边,它创造了世界。

雅克·德里达生前不曾在任何地方表达对上帝的信仰,以色列或其他的上帝,斯宾诺莎或否定神学的上帝,以撒或哲学家的上帝。相反,一旦去世,他在生前便将自己的死亡搬上了舞台,即死亡下的最后一次存在,德里达式的终极矛盾,哲学家曾希望人们在他的棺木前读一篇文章。是他的儿子朗读了这篇文本。朋友们可以听见以下的话语:"我为你们祝福,我喜爱你们,不论我身在何处,我向你们微笑。"在笔者看来,对坟墓外的言语加以评论是不合适的。此处仅为转述,并恳请每个人自行理解其中的含义。

让我们将德里达的临终遗言与摘录自《坚持》中的一句话放在一起看。《坚持》是德里达的朋友埃莱娜·西苏所作,叙述了一段与德里达在拉斯帕耶大道进行的对话。她写道:"我们二人是改信天主教的半犹太法国人。"这种说法听起来十分古怪,一半是犹太人,另一半是改信天主教的犹太人:哪一半非犹太(半犹太人的"半")与另一半非犹太(犹太-改信天主教)相对应,此为同义叠用——一直以来,改信天主教的犹太人被认为是一种保持犹太人身份的方法?

很可能雅克·德里达是一名改信天主教的犹太人。以他自己的方式……众所周知，改信天主教意味着强迫犹太人改宗，它从外部表现出对规则的表面服从以及对所谓的新宗教的表面服从，但就内部而言，他仍认同自己原本的宗教信仰，并秘密观察其信仰与仪式。被强迫改宗（被彼时法国的维希政府，法国未来也将如此？），雅克·德里达本可做做样子，在他内心深处，仍旧保留自己的犹太身份？可能，只是对于成为改信天主教的犹太人而言，秘密成为必要，而《割礼忏悔》打破了秘密，使秘密曝光在光天化日之下……但他以其成为改信天主教的犹太人的方式成为雅克·德里达笔下的信奉德里达学说的人！此外，他还有什么其他办法呢？

是否需要为阿达米所作肖像画中缺少的左臂与左手找回意义呢？这只被隐藏的左手会创作出被隐藏的文字，即九本书所隐藏的文本。但那些可能被书写的文字在一种共情的墨水中被创作出来，换言之，借助一种秘传写作的隐秘方式。众所周知，一些古代哲学家，如柏拉图，把传道授业区分为两个部分：一部分对所有人公开传授，另一深奥部分，仅针对精英人士，通过拣选，哲学家向被选中之人传授知识，常常以口授的方式，以防逃课。信奉德里达学说的人是否得到了左手书写的秘传？若此为真，该假设已被仔细研究过，哲学家注视着我们，他看见我们，为我们祈福，对我们微笑……

该作品的倒数第二个未解之谜是桌上画的十字架，它处在作品的左上方。黄色的桌子，仅有一角可见。在桌面上，有一个十字架。它可能来自被德里达提及的阿达米的引用，它被嵌套在两位创作者的风格当中。实际上，名为"+R"的文本是哲学家献给艺术家的。在文本中，德里达就交错配列法发表看法，并借助希腊字母"chi"将其呈现——根据雅克·德里达的说法，即"传播的主题画"。而"chi"是一种柔韧的十字架……

德里达建议对阿达米的画使用"+R效果"，这意味着，必须以Glas（义同《丧钟》）中的"gl"相同的方式使用"R"，并跟随一个自由的联合机械装置，它可模仿同音异义、言语的相似性、东拉西扯的声音，并将其变成全新的语义组合，由于已变成意义载体的音乐渗透其中，因此，"+"包含着德里达的反方法的方法。桌子上的十字架可能援引了一段朋友间的回忆，它将哲学家的健康期具体化——1975年。

让我们先将基督教的十字架放置一旁，它连同在某位对着彩绘玻璃窗沉思的使徒身上所诱发的,天主教圣人的光晕,均被认为是不妥的……与其说关于基督的引文与雅克·德里达有关,不如说它与沾染福音神学的《圣经》注解者有关。再看看哲学家自己的引文及阿达米与德里达的友情中的谱系时刻。笔者联想起《丧钟》。是以,联想到黑格尔。在黑格尔的作品里,也有一个十字架,它存在于《法哲学原理》的序言当中,此书的副标题为《或自然法和国家学纲要》。

为明确哲学家的任务,黑格尔写道:"承认理性为当前十字架上的玫瑰,享受理性,此之谓理性观,这是与现实的和解,这是哲学引发的,对人的和解,后者须应对某天出现的内在要求,意即获得且保持实体中的主观自由,且不将此类自由放在特殊及偶然的事物中,而是置于自我中且为了自我。"

德里达可能曾在此伏案写作。在那张画着十字架的桌子上,两条线相互交错,由轴节及东西轴线构成,此语出自蒂托-李维,在罗马人看来,交点决定城邦的建设,亦即世界与古罗马广场的建设,一个点位于那里:"当前的十字架。"黑格尔让我们享受它。德里达竭尽全力让那个计划变成现实。德国哲学家知道现实充满理性,而理性与理念一致,理念、观念或理性构成了诸多称呼上帝的名词……黑格尔的德里达,以《丧钟》的方式现身,这或许正意味着他作为一名改宗天主教的犹太人的真相。

菲利普·包那菲斯(Philippe Bonnefis)出版了一本精美的书籍,它的书名迷雾重重:《论直角三角形的性质》。事实上,此乃沉思,即对断头台、著名的直角三角形及文学的三角关系的沉思。当笔者着手完成画作分析的最后一行时,我想起了这本书。在那顶可能的无边圆帽上方,画面上三分之一处的位置,该作品右上方的边线,它们构成了两条直角边,而哲学家的姓名正位于直角三角形的斜边上:名字的首字母,一个点,姓氏,该签名"有棱有角",是瓦莱里奥·阿达米的手笔(《绘画中的真相》的德里达)。黄色的三角形,哲学家的姓名被包含其中,它贴合着菜刀的刀片,与断头台那准备垂直下落的铡刀类似。

这把钢刃,如同达摩克利斯之剑,威胁着一切:哲学家的脑袋、猫头、书籍、正在写作的手、手臂、烟斗(弄碎烟斗)。流血场景中的幕布。作品结束了。完成了。一切停止。肖像画在三重符号下展开,关于猫的符号,沉默的命运;关于专有名词的符号,一部完整作品的签名;关于死亡的符号,它如同刽子手的斧头一般,威慑四方。不幸的三角测量。

冬之旅最后的追逐……

死亡的符号，画面背景处的两棵枯树。雅克·德里达正处在生命冬季的冰天雪地里，他自己当然知道，阿达米对此也一清二楚。被生命掏空的两棵树干正诉说着冰寒的冬季。枝丫向着天空无言号叫。雅克·德里达的生命，男性与哲学家，爱人与教授，朋友与作家，思想家与诗人，犹太人与艺术家，旅客与知识分子，父亲与丈夫，读者与讲演人，比阿尔（El Biar）的小犹太人与世界的演说家，如此生命，将近尾声。七十四个冬天，这里画的是最后一个。

这两棵树当然会让人联想起生命树与智慧树，德里达为其付出时间，如最富灵感的园丁。这里，它们枯死了，干巴巴的，失去了水分，中心空洞，被那精液，对月亮、季节、夜晚与太阳的炙烤敏感的精液所掏空。曾经有过生命，噢多少；曾经有过科学，噢多少；但时间已至，这棵高大的橡树，正遭遇着最后的雷击。雅克·德里达死于2004年10月9日。20世纪的哲学以他而告终。

结语

绘画修改痕迹之想象博物馆

1. 谦逊的面孔

绘画中的修改痕迹（repentir）与道德无关。并非不道德，而是与道德无关，换言之，在道德之外。当然，该词的谱系并非与道德毫无关联：我们为错误、罪恶、纰漏感到懊悔（se repentir），为做过的或未做过的事、说出口的或未说出口的话而后悔。我们之所以重新思考已发生之事，是为了替它后悔。

尽管画家认为作品已经完成，但他仍着意为其添补些许，此之谓修改痕迹。他本以为画作已大功告成，但实际并非如此，画中仍缺少……一个细节，一个"我不知道是什么"的东西或某个微不足道的事物，正是这个细节才能为作品画上圆满的句号。笔触的运用可起到增添、覆盖、明确及消除的作用。笔刷效果、厚涂、内容覆盖、颜色消除、色彩烘托、润色……这一次，看似已完成的画作才真正完成。笔者的修改痕迹并未涉及具体文本，而是与某一时刻相关。必须画上句号，再去别处瞧一瞧。不存在任何一部完美的作品，不完美亦是作品的一部分。

修改痕迹与收藏品中的缺陷有关。

若一段哲学史遗漏了柏拉图，或某位新柏拉图主义的代表，如波菲利或杨布里科斯，则会造成一个空洞……同时，某些哲学家所占比例过大，比如前文介绍的奥古斯丁或托马斯·阿奎那，他们曾多次入画，成为诸多肖像画的主人公。不过这样的现象实属正常：作为天主教会、使徒教会及罗马教会的英雄，他们的形象塑造对教会大有裨益。因此，我们不难理解，教会着意展示他们身着不同服饰的形象，有利于感化信徒。

上文提及的肖像画可看作不同方式的护教活动。千余年来，意识形态的专制统治为绘

《圣托马斯·阿奎那战胜阿威罗伊，在柏拉图和亚里士多德之间》，贝诺佐·戈佐利，巴黎卢浮宫

画的积累提供了绵长的时间。笔者仅针对首先出现的壁画及随后的油画，这两种方式进行阐释，不再涉及其他。

其余的空缺造就意义。阿威罗伊、阿维森纳与迈蒙尼德以《塔木德》或《古兰经》为基础，齐向犹太-基督教哲学家提出疑问，是以，他们三人开启了另一个与神学、哲学、精神性及画像艺术相关的世界。犹太人与穆斯林禁止雕像与具象画，这令肖像画只减不增。

当阿威罗伊出现在肖像画中时，与其说画面中的人物形象贴合实际，不如说他已沦为西方基督教哲学家的配角。譬如，在路易吉·穆西尼的《马尔西利奥·费奇诺的花园》中，阿威罗伊是一名谨慎的弟子：他存在的目的仿佛是汲取柏拉图主义的教训，换言之，为使自己开始进入西方学校学习，他希望不再成为他自己，而意在——若使用一个当代词语来表述的话——融合。

阿威罗伊在另一幅图画中的姿势是有辱尊严的：他平躺在托马斯·阿奎那的脚下。

显而易见，这是西方哲学中的某个历史时刻，但它让我感到张皇不安。最初，我曾将它置于一旁不予理会，在书稿收尾时，我倒退一步，自言自语，这部作品被遗漏了。我翻开索引，其中一章的标题本该是《阿威罗伊的头巾》。其时，该画令我局促不安，我便把它置于一旁不予理会。如今，我为自己当时的局促而忐忑不安。

这幅戈佐利的作品在述说什么？它由三段时间构成，自上而下被横截为三段水平层，意即柏拉图所言理想国的三种等级，对于乔治·杜梅齐尔而言，它们分别对应社会的三重功能。

顶层仿佛置于玻璃球之下，那是天上世界：峰顶的基督普世君王被包罗在一个太阳盘状物中，他赞美托马斯·阿奎那的著作，其下为预言者摩西及第十三位使徒圣保罗，往下则是福音书的四位作者：马可、马太、路加、约翰。根据柏拉图所作《理想国》中的逻辑，顶层意味着绝对权力的精神空间，它归哲学王所有。

中层，托马斯·阿奎那庄严地端坐着，头部环绕着一圈光环。是以，上帝曾为其涂抹圣油，他的才能出众，神情威严。在柏拉图看来，中层为战士的空间，位列战士之上的哲学王受到他们的保护，从而免受下层奴仆的微弱愿望的伤害。托马斯·阿奎那端坐在老师中间，他的右侧是柏拉图，左侧为亚里士多德。他手持《圣经》，翻开《箴言》（Ⅷ，7）。以下文字出现在《反异教大全》中：

*Veritatem meditabitur guttur meum
et labia mea detestabuntur impium*

这意味着：

我的嘴唇将思考真相

而我的舌头将诅咒亵渎宗教之人

光线从《箴言》中射出，走向哲学家们，与此同时，光线也来自他们：哲学家们为福音书提供养料，后者也为他们提供养分。平躺在地上的阿威罗伊被柏拉图、亚里士多德及托马斯踩在脚下，像一个奴隶，被羞辱着。他戴着头巾，满脸花白胡

《圣托马斯·阿奎那让阿威罗伊很狼狈》，乔瓦尼·迪保罗，美国圣路易斯艺术博物馆

子，不论是头巾，抑或是胡子，均与伊斯兰教有关。他趴在地上，手持《亚里士多德的第一本书的注解》。

此处画面意味着一场神学争论；它同样预示着基督教与伊斯兰教的关系，它们的关系通过透视法得以呈现，即征服者统治并羞辱被征服者的关系。笔者随后将阐释这场争论。

底层属于人民，画家在底层描绘了一个群体。对于该群体的解释存在不少分歧，它们提供了各式各样的历史时刻以供阐释。尽管无法明确教皇的真正身份，但我们可以确定，这涉及天主教会、使徒教会及罗马教会的领袖聚会。

我们可以看到教士，他们当中为首的，是教皇，还有其他神职人员。在以教皇身份主持仪式并行使教皇职权的最高权力周围，是红衣主教及大主教，他们的帽子便是明证。僧侣身穿白色服饰，他们是多明我会的修士。一组人背向观众。其中一人，位于左侧，头戴缠头巾；其余三人，则头戴天主教的无边圆帽。该作品之上，共有不到十本书。教皇的膝盖上放着一本书，他的手指指向其中一行。是以，他们可能在讨论书中的某条教义。

是哪条教义呢？我们有选择的余地。阿威罗伊是一位伟大的、亚里士多德的注解者。于是，他从中得出了数条教训，令天主教教会十分不满。让我们举一个例子，与世界的起源相关。在新柏拉图学派之后，阿威罗伊断言，世界自上帝那儿永恒坠落：因此，它是神性的产物，持久且有活力。官方基督教不会同意这一版本，因为它相信世界以静止的方式被创造，仅一次，世界就变成了它的模样。

但我们也许还可以提出其他异议：通过评论亚里士多德的专著《论灵魂》，阿威罗伊总结道，存在一种被动理智，以及一种独特的主动理智，它汇聚所有人的理智灵魂，我们将他的这篇论文称为"一心论"。对于托马斯·阿奎那而言，理智并未与身体分离，它多种多样；不同的理智与地球的人类一样多。我们之后还可以就双重真理问题进行讨论。哲学所传授的事物与信仰所传递的恰恰相反，但并不存在正确与错误之分。某些人将提起，阿威罗伊把哲学家理性与信仰者信仰隔离开，这并非他的思想根基，但它属于阿威罗伊主义。

贝诺佐·戈佐利绘制的时刻与阿威罗伊相关——不管是与人类智慧相关，或是与世界流动，抑或与双重真理相关。这是全部的天主教会，为首的教皇，身旁是红衣主教和大主教，不同等级的僧侣，大学教员及其他神职人员，他们在预审阿威罗伊的诉讼——我们可以想象当时的场景，在画作底部，那是世界的底层，位于中心的人物裹着缠头巾，我们仅能看到他的背影，他端坐在作品底线之上。

中层，我们看到阿威罗伊平躺在地上，姿势羞耻，左侧写着此句拉丁引言"Vere hic est lvme ecclesie"，意为"这里是真正的教会之光"，右侧为"Hic adinvenit omnem viam discipline"，意为"这里，他发现了朝向惩戒之路"。

《大卫·休谟的肖像》，艾伦·拉姆齐，苏格兰国立美术馆

托马斯·阿奎那与阿威罗伊展开斗争：他写出的《论反阿威罗伊主义者的唯一智慧》（约1269年）及《论世界之永恒》（1270年）均证实了这场斗争。此幅教会画展示的是此场斗争的获胜方。托马斯·阿奎那于1323年被封圣，这场对抗阿威罗伊的战争使其获得贵族头衔，且令其无限接近上帝，而阿威罗伊却趴在地上，如同象征原罪的蛇一般。

我曾暂时性地将此画搁置一旁，它关于斗争由来的艺术处理令人震惊：画上的基督教显得桀骜不驯、自命不凡，它瞧不起哲学家，对其十分轻慢，后者满足于一种不同于教会的构思方式，去阐释亚里士多德的学说。

此幅画作表现出，只要基督教凭借自身的力量与能力，它仅能靠卑鄙和羞辱的方式，去解决不服从的问题，甚至最精妙的、智慧层面的问题。哲学家被迫像爬行动物一样匍匐前行，他像一只蜥蜴，一条蠕虫，一只原始动物，图画中的他看起来比地面还低。

笔者之所以没有挑选此幅画作为正文内容，是因为内心或多或少的政治考量，它势必引发当代解读。

是的，这是一幅反映传统主题的绘画，它表现着一位阿拉伯哲学家，他的名字叫阿威罗伊，由此我们联想到14世纪意大利的历史文化期，想起奥尔卡尼亚、博夫马科、特里尼（Traini）、加迪（Gaddi）、博纳奥托……换言之，其时，基督教正处在发展顶峰，它将伊斯兰教牢牢拿捏在手；而基督教衰落之时，它自身暴露在全然相反的价值观之下：一位威严的阿威罗伊，这会儿便轮到托马斯·阿奎那吃灰了……

2. 无素材思考的脸

在笔者所评价的肖像画中，存在另一类修改痕迹，它们不符合前文所述的、与细节、类似物相关的理论，凭借这些，我得以全身心地抓取并评价各幅肖像画中的哲学家的理论。我身处在一幅威严的肖像画面前，它无法从哲学的角度切入分析。与其说这是一幅哲学肖像，不如说是一幅空白肖像，一幅中性肖像，换言之，是哲学意义上的空洞。

例如，艾伦·拉姆齐绘制的卢梭肖像，它与大卫·休谟的肖像（见上页）被看作一对双联画。画家对英国哲学家的观点兴趣浓郁。在为当时的资产阶级作画后，画家成为乔治三世的皇家御用画师，他同样还是一位小有名声的哲学家。他频频为当时重要的人物作画。在构图方面，他倾向把面孔、半身像放在画面中，尤其注重人物的服饰。

对于那顶卢梭的毛边软帽而言，它之所以成为卢梭的象征，是因为它表现着哲学家区别于世界的意志，他渴望吸引大家的注意力，与此同时，对于他所恳求得到的注视，他也不吝批评。

休谟所拥有的那些富贵堂皇的服饰，如丝绸内衣，是如何成为休谟的象征的呢？不过，就政治层面来看，哲学家实际是一名自由人士，于他而言，商业、奢侈、交流为个人自由与国家繁荣提供了保证。但相较于其他哲学家，笔者对此的解读会比较勉强，由于他所提出的怀疑主义思想。已故的克莱门特·罗塞特（Clément Rosset）对其十分感兴趣，即质疑存在、真相及现实的真实性，该思想在丝绸内衣中飘荡。

笔者原本意在解释将休谟排除在外的原因，但突然想起自己提出的反论据，我的收藏里或许可以容纳一位休谟吧。

对于前文所谈到的31位人物的全部作品，我可以如数家珍，但这并不适用于大卫·休谟，因为我几乎不曾读过他的作品，即使读过也还是很久以前，当时的我很可能并未理解。

细节，将其作为钥匙，
来打开各位哲学家的锁。

如今，我所能回忆起的，是休谟的作品被列入教师资格会考的必读书目中，它与会考的英语测试相关。通过写下以上字句，笔者很可能会再次修改！

问题同样出现在约瑟夫·卡尔·斯蒂勒所绘制的约瑟夫·冯·谢林的肖像中。我同样不了解这位哲学家。对于笔者所研

《雅典学院》中被认为代表着伊壁鸠鲁的细节，拉斐尔，梵蒂冈签字厅

究的其他哲学家来说，我要么曾阅读过他们的作品全集，要么曾读过他们的主要作品，对他们所作研究的无知会阻碍我通过某一标志进入他们的研究，是以，无知让我无法找到这一标志。对于谢林而言：某件很可能是紫红色的大斗篷，以及围绕着脖子的巨型衣领，其功能很可能与类似物一致，若从衣领出发，笔者则有可能扯开整个线团。此处的帝王来自哪个帝国呢？看起来被画之人并非象征德国理想主义的、追随黑格尔的、思考宗教与神话的哲学家，而是头衔与荣誉等身之人——副主席、慕尼黑科学院主席、同座城市的美术学院名誉秘书、巴伐利亚王储马克西米利安二世的家庭教师、法兰西学院通讯会员、于1841年被封为贵族之人。难以从中找到适用于哲学绘画的素材。

诸如此类的，还可算上克里斯托夫·伯恩哈德·弗兰克所绘制的莱布尼茨的肖像。在此幅巴洛克的肖像画中，画着一头宛如瀑布一般的假发，这让笔者在阐释肖像画时轻易联想起吉尔·德勒兹，他曾发表一部取名为《褶子》的作品，副标题为《莱布尼茨与巴洛克风格》。画中形象看上去并非哲学家，而是外交家，其时，他的所作所为令人们心生敬意。画布上的人物是一位庄重的外交人士，而非提出单子论及微积分的思想家。

我对黑格尔的认识更为清楚。他就像我大学论文中的阿里阿德涅线团。当时的我并不认为自己可以找到线团的端头：雅各布·施莱辛格（Jakob Schlesinger）所绘制的黑格尔的

《M.O. 的肖像画，伊壁鸠鲁的花园》，奥利维尔·德·里瓦兹

肖像（1831年）并未给我提供任何细枝末节——皮质衣领像是一条狐狸毛？领带在一件白色织物的绉泡中被系好？以上所有并未向我提供用以分离类似物的相关素材。索利梅纳笔下的维科也是同样的情况。

泰奥多尔·夏塞里奥所绘的托克维尔肖像也是如此，《旧制度与大革命》的作者站在一把椅子后面，身处一间中产阶级的客厅里，墙上带有建筑物的装饰线脚。笔者无法在此幅肖像中找到用以展开论述的类似物。

对于莱布尼茨、维科、休谟、黑格尔、谢林、托克维尔而言，画家们似乎已经重塑了一张面孔，而无须在肖像中提供思考素材，或无须向笔者提供用以思考的素材：可能其他人已顺利找到了某个细节，将其作为钥匙，来打开各位哲学家的锁。

3. 看不见的面孔

最令笔者感到遗憾的修改痕迹与伊壁鸠鲁有关，也与卢克莱修有关。

当我发现并不存在任何一幅伊壁鸠鲁的肖像画时——不算上拉斐尔在《雅典学院》中想象的伊壁鸠鲁——我的第一反应是怀疑自己收集文献时存在缺漏。于是，我向我的朋友——哲学家布鲁诺·皮科特（Bruno Picot）求教，也向其他几位好友求助：他们或许可以帮我，从这里或那里找到一幅作品，甚至一幅平庸的、画工糟糕的作品。这样的肖像画可能存在于一座昏暗的外省博物馆中，我们时常可以在其中找到一些杰作；它也可能湮没在世界各大博物馆的诸多收藏里。而这样一幅肖像画的主人公，却是一位在观念史、思想史、哲学史，即人类的历史长河中地位超群的哲学家。

笔者在前文同样提及了这种令人惊愕的缺失，以及他与奥古斯丁或托马斯·阿奎那不可胜数的肖像画之间的对比。数量悬殊的原因如下：画家会根据委托方的意愿称颂那些伟大人物。我们难以想象一位教皇订购一幅梅叶的肖像，后者因《遗书》（1729年）而声名大噪。时至今日，《遗书》仍被认为是第一部讲述当时的异教哲学家的作品。

绘画作品包含价值，唯有有钱人可以购得，这是显而易见的事实。肖像画中的思想家们与委托者的意识形态相一致，对此我们并不感到诧异：从前的教皇、大主教、红衣主教，还有国王、帝王、王子、贵族，以及富有的资产者、现代资本主义的荷兰商人、资本主义全球化下的百万富翁，他们渴望拥有可见的社会标志，希望为投资与投机找到支撑物。

因此，我们无法看到伊壁鸠鲁的面孔。

除了一幅肖像。我的朋友布鲁诺·皮科特提醒我注意："你在寻找一幅有关伊壁鸠鲁的绘画作品？据我所知，这样的肖像画并不存在。但命运的嘲弄是，你该清楚，并对其展露微笑，你那来自诺曼底的邻居——奥利维尔·德·里瓦兹（Olivier de Rivaz，1959年生人，业余画家）曾创作一幅名为《M. O. 的肖像画，伊壁鸠鲁的花园》的画作。"M. O. 实际就是我。哎呀……画中的我长着一张鸡蛋脸或一张屁股脸，总之，那是一张我们无法喜爱的面孔。巨大的头部，肿胀的圆脸，没有大脑，没有眼睛，因此，也不存在注视，被切除了大脑的面孔，是以，他无法成为智慧的哲学家，也无法高喊那唯一合理的字眼。公牛般的脖子与脸同宽，头发如漂白后的母鸡绒毛，玫瑰王冠上并无玫瑰，唯有花刺。我们可以下此结论，这个无头怪物，并非一幅圣徒传记的肖像。

是以，传递了世俗的荣耀！

参考文献

前言

Livre de Tobie, 6,8, in *La Sainte Bible*, tr. abbé Crampon, Paris, Desclée, Lefebvre, 1904.

Livre de Tobie, 11,2, in *La Sainte Bible*, tr. M. de Genoude, Paris, Méquignon fils aîné, 1821-1824.

1. 毕达哥拉斯的鱼

Diogène Laërce, *Vies et doctrines des philosophes illustres*, livre VIII, tr. Robert Genaille, Paris, Garnier Frères, 1933.

Plutarque, *Œuvres morales*, t. III, trad. Ricard, Paris, Lefebvre éditeur, 1844.

2. 阿那克萨戈拉的油灯

Diogène Laërce, *Vies et doctrines des philosophes illustres*, livre II, op. cit.

Anaxagore de Clazomènes, *Fragments*, in Jean Voilquin, *Les Penseurs grecs avant Socrate, de Thalès de Milet à Prodicos*, Paris, Garnier Frères, 1964.

Plutarque, *Vies des hommes illustres*, t. I, tr. Alexis Pierron, Paris, Charpentier, 1843.

3. 德谟克利特的地球仪

Diogène Laërce, *Vies et doctrines des philosophes illustres*, livre IX, op. cit.

4. 克桑蒂贝的水壶

Diogène Laërce, *Vies et doctrines des philosophes illustres*, livre , op. cit.

5. 苏格拉底的杯盏

Platon, *Phédon*, in *Œuvres de Platon*, tr. Victor Cousin, Paris, Hachette, 1896.

Diogène Laërce, *Vies et doctrines des philosophes illustres*, livre II, op. cit.

Platon, *Phédon*, tr. Monique Dixsaut, Paris, Flammarion, 1991.

7. 第欧根尼的提灯

Diogène Laërce, *Vies et doctrines des philosophes illustres*, livre VI, op. cit.

8. 普罗泰戈拉的柴捆

Aulu-Gelle, *Œuvres complètes*, tr. E. de Chaumont, F. Flambart et E. Buisson, revue par J.-P. Charpentier et F. Blanchet, Paris, Garnier frères, 1863.

9. 亚里士多德的鳄鱼

Diogène Laërce, *Vies et doctrines des philosophes illustres*, livre V op. cit.

Aristote, *Histoire des animaux*, tr. Pierre Pellegrin, Paris, Garnier-Flammarion, 2017.

11. 塞涅卡的刺血刀
Tacite, *Annales*, in *Œuvres complètes*, tr. J. L. Burnouf, Paris, L. Hachette, 1859.

13. 奥古斯丁的贝壳
Henri-Irénée Marrou, « Saint Augustin et l'ange. Une légende médiévale », in : *Christiana tempora. Mélanges d'histoire, d'archéologie, d'épigraphie et de patristique*, Rome, École Française de Rome, 1978, p. 401-413.

Saint Augustin, *De la Trinité*, in *Œuvres*, tr. P. Agaësse, Paris, Desclée de Brouwer, 1955.

16. 伊拉斯谟的戒指
Jean Levesque de Burigny, *Vie d'Érasme*, t. Ⅱ, Paris, chez De Bure l'aîné, 1757.

17. 蒙田的诗琴
Michel de Montaigne, *Essais*, texte établi par l'abbé Musart, Lyon, Perisse Frères, 1847.

18. 马基雅维利的手套
Diderot et d'Alembert, *Encyclopédie, ou Dictionnaire raisonné des sciences, des arts et des métiers*, t. 9, Paris, Briasson, 1765.

Nicolas Machiavel, *Le Prince*, in *Œuvres complètes*, t. 3, tr. Jean-Vincent Périès, Paris, Michaud, 1825.

加注
Patrick Boucheron, *Léonard et Machiavel*, Paris, Verdier, 2013.

Léonard de Vinci, *Carnets*, tr. Louise Servicen, Gallimard, 1942.

19. 笛卡尔的手
René Descartes, *Méditations métaphysiques*, in *Œuvres*, tome Ⅰ, Levrault, 1824.

René Descartes, *Cogitationes privatae*, in *Œuvres*, tome Ⅹ, publiées par Charles Adam et Paul Tannery, Paris, J. Vrin, 1957.

20. 帕斯卡的纸卷
Blaise Pascal, *Mémorial*, in *Œuvres de Pascal, Discours sur la vie et les ouvrages de Pascal*, t. 1, La Haye, Detune, 1779.

Blaise Pascal, *Pensées*, in *Œuvres complètes de Blaise Pascal*, t. 1, Paris, Hachette 1871.

21. 狄德罗的睡袍
Denis Diderot, in *Œuvres complètes de Diderot*, t. Ⅺ, Paris, Garnier Frères, 1875-1877.

Denis Diderot, *Correspondance générale*, in *Œuvres complètes de Diderot*, t. ⅩⅨ, *op. cit.*

Denis Diderot, *Regrets sur ma vieille robe de chambre ou avis à ceux qui ont plus de goût que de fortune*, in *Œuvres complètes de Diderot*, t. ⅩⅨ, *op. cit.*

22. 伏尔泰的羽毛笔
G.W.F. Hegel, *Leçons sur la philosophie de l'histoire*, tr. Gilles Marmasse, Paris, Vrin, 2004.

23. 卢梭的软帽

Jean-Jacques Rousseau, *Émile*, in *Œuvres complètes*, t. Ⅱ, Paris, chez Alexandre Houssiaux, 1852.

Jean-Jacques Rousseau, *Discours sur les sciences et les arts*, in *Œuvres complètes*, t. Ⅰ, op. cit.

Jean-Jacques Rousseau, *Confessions*, in *Œuvres complètes*, t. Ⅰ, op. cit.

Jean-Jacques Rousseau, *Correspondance complète*, Oxford, The Voltaire Foundation, 1978.

Jean-Jacques Rousseau, *Rousseau juge de Jean-Jacques*, in *Œuvres complètes*, t. 4, Paris, Furne, 1886.

Maximilien de Robespierre, *Œuvres*, éd. Albert Laponneraye, Paris, chez l'éditeur, 1840.

24. 康德的桌子

Emmanuel Kant, *Critique de la raison pratique*, in *Œuvres philosophiques*, t. Ⅱ, tr. Fernand Alquié (dir.), Paris, Gallimard, Bibliothèque de la Pléiade, 1980.

Emmanuel Kant, *Critique de la faculté de juger, raison pratique*, in *Œuvres philosophiques*, t. Ⅱ, op. cit.

Emmanuel Kant, *De l'empire de l'esprit sur les sentiments maladifs par la seule volonté de les maîtriser*, in *Anthropologie*, tr. Joseph Tissot, Librairie Ladrange, 1863 (p. 447-473).

Emmanuel Kant, *Doctrine de la vertu*, in *Principes métaphysiques de la morale*, tr. Tissot, Paris, Librairie de Ladrange, 1837.

Ehregott Andreas Christoph Wasianski, « Emmanuel Kant dans ses dernières années », in E. Borowski, R.B. Jachmann, E.A. Wasianski, *Kant intime*, tr. Jean Mistler, Paris, B. Grasset, 1985.

Reinhold Bernardt Jachmann, in E. Borowski, R.B. Jachmann, E.A. Wasianski, *Kant intime*, op. cit.

27. 弗洛伊德的鱼钩

Sigmund Freud, *Études sur l'hystérie*, in *Œuvres complètes*, tr. P. Cotet (dir.), t. Ⅲ, Paris, PUF, 1988-.

Sigmund Freud, *La Technique psychanalytique*, Paris, PUF, 2013.

Sigmund Freud, *L'Interprétation du rêve*, in *Œuvres complètes*, t. Ⅳ, op. cit.

Sigmund Freud, *Psychopathologie de la vie quotidienne*, in *Œuvres complètes*, t. Ⅴ, op. cit.

Ernest Jones, *La Vie et l'Œuvre de Sigmund Freud*, t. I, tr. Liliane Flournoy, Paris, PUF, 1969.

Sigmund Freud, Ludwig Binswanger, *Correspondance 1908-1938*, tr. R. Menahem et M. Strauss, Paris, Calmann-Lévy, 1995.

Sandor Ferenczi, *Journal clinique (janvier-octobre 1932)*, trad. Coq Héron, Paris, Payot, 1985.

Sigmund Freud, « L'analyse avec fin et l'analyse sans fin », in *Résultats, idées, problèmes, Œuvres complètes*, t. Ⅱ, op. cit.

Sigmund Freud, *La Science des rêves*, in *Œuvres complètes*, t. Ⅳ, op. cit.

Sigmund Freud, *L'Intérêt de la psychanalyse*, tr. Paul-Laurent Assoun, Paris, Retz, 1980.

Sigmund Freud, *Abrégé de psychanalyse*, tr. Anne Berman, Paris, PUF, 1997.

Sigmund Freud, *Pour introduire le narcissisme*, in *Œuvres complètes*, t. XII, op. cit.

Sigmund Freud, *Métapsychologie*, in *Œuvres complètes*, t. XIII, op. cit.

Sigmund Freud, *Malaise dans la civilisation*, in *Œuvres complètes*, t. XVIII, op. cit.

28. 萨特的眼睛

Jean-Paul Sartre, *Les Mots*, in *Les Mots et autres écrits autobiographiques*, Paris, Gallimard, Bibliothèque de la Pléiade, 2010.

Jean-Paul Sartre, *L'existentialisme est un humanisme*, Paris, Gallimard, Folio, 1996.

29. 福柯的牙齿

Michel Foucault, *Les Mots et les Choses*, in *Œuvres*, t. Ⅰ, Paris, Gallimard, Bibliothèque de la Pléiade, 2015.

Paul Veyne, *Foucault, sa pensée, sa personne*, Paris, Albin Michel, 2008.

Frédéric Nietzsche, *Ainsi parlait Zarathoustra*, tr. André Albert, Paris, Mercure de France, 1898.

30. 德勒兹与伽塔利的皱纹

Gilles Deleuze, *Différence et répétition*, Paris, PUF, 2013.

Gilles Deleuze, *Lettre à un critique sévère*, in *Pourparlers (1972-1990)*, Paris, Éditions de Minuit, 2003.

Michel Foucault, *Dits et écrits*, t. Ⅲ, Paris, Gallimard, 1994.

Laurent Greilsamer, *Fromanger de toutes les couleurs*, Paris, Gallimard, 2018.

Gilles Deleuze, Félix Guattari, *Mille plateaux*, Éditions de Minuit, 1980.

31. 德里达的猫

Jacques Derrida, *L'animal que je suis*, Paris, Galilée, 2006.

Philippe Bonnefis, *Sur quelques propriétés des triangles rectangles*, Paris, Galilée, 2008.

Hélène Cixous, *Insister*, Paris, Galilée, 2006.

Copyrights

Plat 1 de couverture, p. 43, 44 et 4ème de couverture : Photo © Château de Versailles, Dist. RMN-Grand Palais/Christophe Fouin ; Photo *Philosophe au livre ouvert* © RMN-Grand Palais (musée du Louvre)/Jean-Gilles Berizzi ; p. 2, 4 : Photo © RMN-Grand Palais (musée du Louvre)/Hervé Lewandowski ; p. 3(en haut) : akg-images/Erich Lessing ; p. 3 (en bas) : © Musée des Beaux-Arts de Dijon/François Jay ; p. 7, 9 : Royal Collection Trust/© Her Majesty Queen Elizabeth II 2019 ; p. 11, 12 : © bpk/ Gemäldegalerie, SMB/Jörg P. Anders ; p. 15, 16 et 4ème de couverture : © F. Lauginie/ Musée Girodet ; p. 19, 20, 21 : © Museo Nacional de Escultura de Valladolid ; p. 23, 24, 25 : © Photo Musées de Strasbourg, M. Bertola ; p. 27, 28, 29 et plat 1 de couverture : Metropolitan Museum of Art, New York, USA/Bridgeman Images; p. 31, 33 : © Douai, Musée de la Chartreuse/Photographe : Image & Son ; p. 35, 36, 37 : © FineArtImages/Leemage; p. 39, 40 : © akg-images/Sputnik ; p.47, 48, 49 : © DeAgostini/Leemage ; p. 55, 56, 57, 117, 119, 120 : Photo © RMN-Grand Palais (musée du Louvre)/Stéphane Maréchalle ; p. 59: Photo © RMN-Grand Palais/Christian Jean/Jean Schormans ; p. 63, 64 : Photo © Archives Alinari, Florence, Dist. RMN-Grand Palais/Fratelli Alinari ; p. 67, 68, 69 : © akg-images ; p. 71 : © DeAgostini/ Leemage, p. 77, 78 : © Photo Josse/Leemage ; p. 81, 87, 89 : © photo Jean-Christophe Garcia/Musée des Beaux-Arts de Libourne ; p. 91, 94 : © Electa/Leemage ; p. 97, 100 : château de Valençay/photo Benjamin Chelly ; p. 103, 108 : Photo © RMN-Grand Palais (musée du Louvre)/Thierry Le Mage ; p. 107 : © Éditions Einaudi ; p. 111, 113, 114 : © DR ; p. 123 : © Aisa/Leemage ; p. 124 : Photo © Musée du Louvre, Dist. RMN-Grand Palais/Pierre Philibert ; p. 127 : © Bridgemanimages/Leemage ; p. 131 : © FineArtImages/ Leemage, p. 137, 140: © akg-images ; p. 145, 150, 151: © DeAgostini/Leemage ; p. 153 : akg-images/De Agostini Picture Library ; p. 154 : © Bibliothèque Duchesse Anne Amalia, Stiftung Weimarer Klassik, Allemagne/Photo Hans Olde ; p. 161, 171, 203 : © Valerio Adami/Adagp, Paris, 2019 ; p. 170 : © DR/Sigmund Freud Copyrights ; p. 175, 178, 179 : © Robert Combas ; p. 183, 188, 193, 194, 200 : © Gérard Fromager ; p. 216 : Photo © RMN-Grand Palais (musée du Louvre)/Hervé Lewandowski ; p. 217 : © Saint Louis Art Museum ; p. 219: Photo © National Galleries of Scotland, Dist. RMN-Grand Palais/Scottish National Gallery Photographic Department ; p. 221 : Photo © Archives Alinari, Florence, Dist. RMN-Grand Palais/ Fratelli Alinari ; p. 222 : © Olivier de Rivaz.

亚里士多德的鳄鱼：
画中有部哲学史

[法]米歇尔·翁弗雷 著
邬亚男 译

Le crocodile d'Aristote
Une histoire de la philosophie
par la peinture

By Michel Onfray

图书在版编目（CIP）数据

亚里士多德的鳄鱼：画中有部哲学史 /（法）米歇尔·翁弗雷著；邬亚男译. -- 北京：北京联合出版公司，2022.10
ISBN 978-7-5596-6424-2

Ⅰ.①亚… Ⅱ.①米… ②邬… Ⅲ.①哲学史－世界 Ⅳ.①B1

中国版本图书馆CIP数据核字(2022)第145110号

© Michel Onfray et Editions Albin Michel - Paris 2019
Current Chinese translation rights arranged through
Divas International, Paris
巴黎迪法国际版权代理（www.divas-books.com）
Simplified Chinese translation copyright © 2022 by
United Sky (Beijing) New Media Co., Ltd.
All rights reserved.

北京市版权局著作权合同登记号 图字：01-2022-2603号

出 品 人	赵红仕
选题策划	联合天际·文艺生活工作室
责任编辑	龚 将
特约编辑	张雪婷
美术编辑	程 阁
封面设计	CINCEL at 山川制本

出　　版	北京联合出版公司
	北京市西城区德外大街83号楼9层 100088
发　　行	未读（天津）文化传媒有限公司
印　　刷	北京雅图新世纪印刷科技有限公司
经　　销	新华书店
字　　数	240千字
开　　本	710毫米×1000毫米 1/16 15印张
版　　次	2022年10月第1版 2022年10月第1次印刷
ISBN	978-7-5596-6424-2
定　　价	88.00元

本书若有质量问题，请与本公司图书销售中心联系调换
电话：(010) 52435752

未经许可，不得以任何方式
复制或抄袭本书部分或全部内容
版权所有，侵权必究